Arnoldshainer Texte – Band 133

Schriften aus der Arbeit der
Evangelischen Akademie Arnoldshain

Arnoldshainer Texte

Schriften aus der Arbeit der Evangelischen Akademie Arnoldshain

Herausgegeben von Hermann Düringer, Margrit Frölich, Annette Mehlhorn, Kurt W. Schmidt, Ulrich O. Sievering, Gotlind Ulshöfer

Gott – Geist – Gehirn

Religiöse Erfahrungen im Lichte der neuesten Hirnforschung

Wolfgang Achtner / Hermann Düringer /
Hubert Meisinger / Wolf-Rüdiger Schmidt (Hrsg.)

HAAG + HERCHEN VERLAG

Bibliografische Information Der Deutschen Bibliothek
Die Deutsche Bibliothek verzeichnet diese Publikation in der Deutschen Nationalbibliografie; detaillierte bibliografische Daten sind im Internet über http://dnb.ddb.de abrufbar.

ISSN 0720-9177
ISBN 3-89846-356-7

Fuchshohl 19a, 60431 Frankfurt am Main

Produktion: Herchen + Herchen & Co. Medien KG, Frankfurt am Main
Satz und Korrektorat: Karin Weintz, Schmitten
Herstellung: W. Niederland, Königstein
Printed in Germany

Verlagsnummer 3356

Inhalt

Vorwort

„Dass die Gehirnforschung in den letzten Jahrzehnten sensationell erfolgreich war“, konstatiert Robert-Benjamin Illing zu Beginn seines Beitrags in diesem Buch.

Dieser Erfolg, die vielfachen öffentlichen Debatten, die er ausgelöst hat und die in die unterschiedlichsten Bereiche hineinragen, waren der Anlass für die Tagung „Gott – Geist – Gehirn“, die vom 21. bis 23. Januar 2005 in der Evangelischen Akademie Arnoldshain stattfand. Die Tagung ist Teil eines Akademie-Programms, das sich die Förderung des Dialogs zwischen Theologie und Naturwissenschaften zum Ziel gesetzt hat.

Der Erfolg der Neurowissenschaften ist sensationell und verwirrend zugleich. Mit der Lokalisierung spezifischer Hirnaktivitäten und der Einsicht in ihre Funktionsweisen eröffnen sich großartige medizinische Möglichkeiten und Heilungschancen für neurologisch bedingte Krankheiten. Gleichzeitig aber erschüttern Erkenntnisse der Hirnforschung jahrtausende alte Grundlagen menschlichen Selbstverständnisses und erscheinen als tief greifende anthropologische Kränkung durch die Naturwissenschaften. Die kopernikanische Wende rückte den Menschen aus dem Zentrum des Universums, mit der Evolutionstheorie Darwins wurde die Auffassung von der Sonderstellung des Menschen nicht länger vertretbar, die Psychoanalyse Siegmund Freuds schließlich destruierte das idealistische Menschenbild mit dem Hinweis auf die Macht des Unbewussten und die Triebstruktur. Aber wenn er immerhin noch forderte, wo *Es* war, soll *Ich* werden, so scheint nun die Hirnforschung auch die Vorstellung eines autonomen *Ich* und eines traditionellen Selbstbewusstseins in Frage zu stellen.

Damit aber gehen ihre Auswirkungen weit über den naturwissenschaftlichen Bereich hinaus und betreffen die Bereiche von Philosophie, Psychologie, Sozialwissenschaften und Theologie. Ja, man könnte den Eindruck gewinnen, die Neurowissenschaften wären dabei, den Rang einer Leitwissenschaft anzustreben.

Auch im Blick auf die Theologie sind die Entwicklungen im Bereich der Hirnforschung ambivalent und unübersichtlich. Während einerseits Begriffen wie Geist und Seele jede Form von Eigenständigkeit jenseits hirnphysiologischer Vorgänge abgesprochen wird, hat die Lokalisierung religiöser Aktivitäten im Hirn („Gott im Schläfenlappen“) Ansätze zu einer so genannten Neurotheologie geliefert.

Die Beiträge des vorliegenden Bandes versuchen in diese verwirrende Unübersichtlichkeit mehr Klarheit zu bringen.

Robert-Benjamin Illing, Neurobiologe in Freiburg/Br. gibt einen wissenschaftshistorischen Überblick über die Entwicklung von Begriffen wie Seele, Leib, Gehirn, Bewusstsein in der europäischen Geistesgeschichte. Besonders interessiert ihn dabei, wie im Grenzbereich zwischen Natur- und Naturwissenschaften um die menschliche Freiheitsintuition gerungen wurde. Als entscheidendes Argument für die Freiheitsintuition rekonstruiert Illing eine logische Beweisführung, die von dem Physiker Max Planck angestoßen und von den Philosophen Karl Popper und Donald MacKay aufgegriffen und weiterentwickelt wurde.

Der Darmstädter Biochemiker *Hans Günter Gassen* stellt in seinem Beitrag die neusten Erkenntnisse der Hirnforschung dar. Bei allem Erkenntniszuwachs plädiert er für naturwissenschaftliche Bescheidenheit statt spekulativer Grenzüberschreitungen. Für die Bestimmung des Bewusstseinsbegriffs schließt er sich als Naturwissenschaftler der Bois-Reymondschen Kurzformel „Ignorabimus“ an. Dafür hebt er die Chancen zur Behandlung hirnphysiologischer Erkrankungen hervor.

Der Bonner Neuropsychologe und katholische Theologe *Christian Hoppe* geht zunächst ausführlich auf die Dualismus-Problematik ein. Was kann ein Hirnforscher zum Verhältnis von Körper und Seele, Geist und Materie, bzw. geistigen und physiologischen Vorgängen sagen? Hoppe weist nach, dass es sich um zwei Seiten einer Medaille handelt und spricht von einem „nicht monistisch auflösbaren Nichttrennbarkeits-Dualismus“. Theologisch korrespondiert für ihn dieses Konzept mit der mystischen Rede von der realen Gegenwart Gottes.

Martin Petzold, Theologe aus Leipzig, setzt sich mit den noch nicht ganz eindeutigen Ergebnissen der Hirnforschung in Bezug auf eine neuronale Lokalisierung religiöser Aktivitäten auseinander. Er plädiert für einen offenen interdisziplinären Dialog, in dem er seitens der Theologie eine Präzisierung des Religionsbegriffs zwischen Erfahrung und Kognition für notwendig hält. Besonderes Gewicht legt er dabei auf die kognitiven Elemente der Religion und die Fähigkeit gedanklich-geistiger Transzendierung.

Ulrich Eibach, Theologe und Medizin-Ethiker aus Bonn, sieht demgegenüber die „entscheidende positive Bedeutung der neuen neurowissenschaftlichen Erkenntnisse für den christlichen Glauben“ gerade darin, dass das Augenmerk wieder stärker „auf die wesentliche Bedeutung der Gefühle für das menschliche Erleben“ gelenkt wird. Neurowissenschaften, so seine These, können die Bedingungen der Möglichkeit religiösen Erlebens deutlich machen, haben aber keinen Zugang zum Verstehen subjektiven Erlebens.

Der Darmstädter Entwicklungsbiologe und Neurogenetiker *Paul Gottlob Layer* beschreibt in seinem Beitrag die entwicklungsbiologische und entwicklungspsychologische Bedeutung des menschlichen Gehirns. Dabei versucht auch er, den Zusammenhang von neurophysiologischen Erkenntnissen einerseits und einer Deutung menschlichen Bewusstseins andererseits zu klären. Für den Naturwissenschaftler Layer wird hier der Dialog mit der Theologie und den Geisteswissenschaften unerlässlich. Sie stellen Deutungspotentiale zur Verfügung, die der Naturwissenschaftler nicht zur Verfügung hat. Mit der These von der „rationalen Glaubensbedürftigkeit“ des Naturwissenschaftlers verbindet Layer die andere, dass der Glaube erst dem sich erschließt, der die Leiter des Wissens hinaufgestiegen ist.

Danken möchte ich den Kollegen der Arbeitsgemeinschaft „Wissenschaft – Mensch – Religion“ der Evangelischen Akademie Arnoldshain, den Hochschulpfarrern Dr. Wolfgang Achtner (Gießen) und Dr. Hubert Meisinger (Darmstadt), sowie dem Wissenschaftsjournalisten Dr. Wolf-Rüdiger Schmidt (Wiesbaden). Die Arbeitsgemeinschaft „Wissenschaft – Mensch – Religion“ ist Teil eines weltweiten Netzwerkes von 200 regionalen Initiativen, die sich den Meinungsaustausch von Theologen und Naturwissenschaftlern zur Aufgabe gemacht haben, und ist mit beteiligt am Aufbau eines deutschen Netzwerkes von Gruppen, die sich mit dem Dialog zwischen Naturwissenschaftlern und Religion beschäftigen. Das Metanexus Institut on Religion and Science, Philadelphia/USA fördert diesen Dialog zwischen religiösen Traditionen und naturwissenschaftlichen Erkenntnissen. Dabei wird es maßgeblich von der 1987 gegründeten John-Templeton Foundation des US-amerikanischen Börsenmaklers und Milliardärs Sir John Templeton unterstützt.

Besonderer Dank gilt auch den Autoren für deren Bereitschaft, ihre Vorträge für die Publikation zur Verfügung zu stellen, sowie dem Metanexus Institut on Religion and Science, Philadelphia/USA für die finanzielle Unterstützung des Projekts.

Ohne die engagierte Mitarbeit aller Beteiligten wären weder die Tagung noch dieses Buch zustande gekommen.

Arnoldshain, im September 2005

Hermann Düringer

Wolf-Rüdiger Schmidt

Vielleicht war es gar nicht Ihr eigener Entschluss ...?
Einleitung zur Tagung „Gott – Geist – Gehirn“

Sie und ich, meine Damen und Herren, sind nach Arnoldshain irgendwo im hinteren Taunus gereist, vielleicht aus eigenem Entschluss. Vielleicht aber auch nicht.

Sie haben am Empfang gesagt, „*Ich*“ möchte ein ruhiges Zimmer, aber vielleicht war es auch nicht ein freies *Ich*, das da sprach.

Sie bereiten sich gerade *selbst* auf eine interessante Tagung vor, aber vielleicht ist dieses Selbst eine schiere Selbst-Täuschung, allerdings eine praktische, denn sonst wären Sie nicht hier und wären neugierig.

Und vielleicht sind die Körper, die hier vielfach sitzen, gar keine *Subjekte*, sondern jeweils eine kulturell vermittelte, leiblich gewordene Illusion, lediglich fixiert auf eine „Ich-Perspektive“.

Und schließlich ist die *Person*, die Sie zu sein bisher beanspruchten, nur eine Konstruktion, um eine biographische Kontinuität herzustellen und sich gegenüber anderen Lebewesen abzugrenzen, die sich ebenfalls überlebensorientiert nur eine Theorie von anderen Wesen, eine „theory of mind“, machen, um damit manipulativ operieren zu können:

> „Die Entthronung des Menschen“, so hören wir durchaus fasziniert vom großen Neurobiologen Gerhard Roth aus Bremen, „die Entthronung des Menschen als freies denkendes Wesen – das ist der Endpunkt, den wir erreichen. Nach Kopernikus, Darwin, Freud erleben wir (durch die Neuro-

> wissenschaften) den letzten großen Angriff auf unser traditionelles Bild vom Menschen". [1]

Und Gerhard Vollmer, der Braunschweiger Wissenschaftstheoretiker prophezeit:

> „Wir werden so viel über den Menschen herausfinden, dass wir wieder einmal von uns selbst enttäuscht sind".[2]

Tatsächlich ist es ein gewaltiger Erkenntnisgewinn, den Geist des Menschen in den Leib zurück zu holen, das Bewusstsein, das Denken und Fühlen, schließlich auch die Hinwendung zu Gott, genauso wie Nackenschmerzen, Rheumabeschwerden, das Genießen etwa eines Glases Martinstaler Wildsau, Jahrgang 2003. Jawohl, wir bleiben auch mit unseren schwachen und starken Kulturleistungen *Natur*. Und wir müssen uns im hoch auflösenden Magnetresonanzverfahren zeigen lassen, dass geistige Fähigkeiten *natürlich* eine neuronale Basis haben und visualisierbar sind als kleine rote und blaue Farbtupfer. Der Mensch kann sich beim Sehen im eigenen Kopf zusehen und zusehen lassen.

Wir können das Denken an einen tragenden Grund der Welt und des Lebens, den Glauben, gar das Beten, als Farbmarkierung festhalten. Ist die Menschheit auf dem Weg, Geist, Verstand, Vernunft, Gott *natürlich*, neuronal, elektrochemisch erklären zu können? Aber was heißt „*natürlich*" in einer Evolution, die den „Kosmos im Gehirn" in seiner Komplexität zu begreifen beginnt: Das Gehirn als Ort zahlloser, sich selbst organisierender Interaktionssysteme von Neuronenverbänden, die selbst wieder emergent Wirklichkeit schaffen, sonst hätten wir zum Beispiel seit 60.000 Jahren keine analytische, keine symbolische, keine diskursive Sprache, keine zweite Welt der Begriffe also, die bestens dazu geeignet ist, zumindest unseren Planeten im Kopf und mit der Hand tief greifend umzugestalten.

Möglicherweise ist meine Selbst-Wahrnehmung, dass *ich* ein entscheidungsfähiges *Ich* bin, tatsächlich primär „nichts anderes" als eine Überlebensstrategie. Wie auch unsere kollektive Selbstdefinition, die auf verantwortliche Individuen

---

[1] Gerhard Roth, Es geht ans Eingemachte, *Spektrum der Wissenschaft 10*, 2000, 75.

[2] Gerhard Vollmer, A.a.O., 74.

drängt, zunächst „nichts anderes“ ist als eine gesellschaftliche Praxis, ohne naturwissenschaftlichen Erkenntnisgewinn. Wie also bewältigen wir – das könnte uns noch länger beschäftigen – die *Naturalisierung des Selbst*, ohne an unserer Kultur, gar an unserer „Seele“ (um eine gänzlich überholte Vorstellung zu gebrauchen) Schaden zu nehmen?

Möglicherweise jedoch ist die erfolgreiche reduktionistische Sicht, wonach wir eben „nichts anderes als … Natur“ sind, nur etwas Vorläufiges. Und der konsequente Naturalismus, nach dem wir schließlich „nichts anderes“ seien als Elektrochemie, natürlich hochkomplex vernetzt in sich selbst organisierenden Neuronenverbänden, nur eine jetzt notwendige Korrektur des Wissens vom Menschen.

Unsere Gesellschaft, die Öffentlichkeit wird im Dialog mit der Hirnforschung Fragen stellen müssen, z. B. die, ob das wohl komplexeste Organ der Evolution, unser Gehirn, aus der Zufälligkeit des evolutionären Prozesses vielleicht doch so herausgewachsen ist, dass die Evolution sich selbst in ihm zu betrachten beginnt. Wie könnten wir sonst zu so einschneidenden Einsichten über den Ursprung des Kosmos, die Evolution des Lebens oder die Funktionen unseres Erkenntnisapparates kommen? Irgendetwas in der Evolution beginnt, sich selbst zu erkennen.

Wir brauchen eine Rahmentheorie für die aktuelle Hirnforschung, forderte kürzlich der Kognitionsforscher Wolfgang Prinz[3]. Dazu aber sei die Hirnforschung derzeit allein nicht fähig. Vermutlich – so meine ich – können wir das Gehirn nicht ohne die offene Frage nach unserem Bewusstsein und seiner Herkunft, nicht ohne die Begrenztheit unserer Lebenszeit voll erfassen, nicht jenseits der Vorfindlichkeit unserer ganzheitlich gedachten Existenz in einer nicht umkehrbaren Zeit – nur so können wir trotz vielfältiger biologischer Determiniertheit doch wissen, warum sich unser *Ich* gerade für diese Tagung bewusst entschieden hat und warum wir hier sind. Und nur so werden wir nicht mit Gerhard Vollmer wieder einmal „enttäuscht“ sein, weil wir zum x-ten Mal etwas Kränkendes über uns selbst erfahren hätten, sondern uns wieder einmal wundern über die Tiefe des evolutionär Gewordenen, die „Schöpfung im Werden“, wenn Sie es wollen.

---

3 Vgl. hierzu Wolfgang Prinz, Freiheit oder Wissenschaft? Zum Problem der Willensfreiheit, in: *Der entthronte Mensch*, Jan C. Schmidt, Lars Schuster (Hg.), Paderborn 2003, 261 ff.

Vermutlich brauchen wir also eine Theorie der Hirnfunktionen im Kontext des noch unabgeschlossenen Spiels – oder Kunstwerkes? – der Evolution, deren Ziel wir nicht kennen. Das Besondere und Singuläre kann nicht aus dem Erkenntnisprozess entlassen werden. Darum geht es auch hier auf unserer Tagung in Arnoldshain: Um Gott, Geist und Gehirn.

Viele Fragen also, einfach und schwer zugleich, viel zu lernen, ein wunderbares Feld des Dialogs zwischen naturwissenschaftlichem Erkennen und den Erfahrungen der jüdisch-christlichen Tradition, die in unserer Zeit zumindest neu übersetzt werden müssen, um erweiterte Einsicht zu gewinnen und ganz nebenbei auch dialogfähiger zu werden.

Robert-Benjamin Illing

Seelenintuition, Freiheitsintuition und Gehirnforschung

Einleitung

Es ist, denke ich, fair zu sagen, dass die Gehirnforschung in den letzten Jahrzehnten sensationell erfolgreich war. Wir haben ein detailliertes Bild der Anatomie und der Chemie des Gehirns erarbeitet. Wir erkennen den Zusammenhang zwischen unserer Sprachfähigkeit und den intakten Nervennetzen der linken Großhirnhemisphäre, oder zwischen dem Frontalhirn und unserer charakterlichen Disposition. Wir haben die genetischen Ursachen für neurologische Erkrankungen identifiziert und bereiten ihre gentherapeutische Behandlung vor. Eine wachsende Anzahl von Psychopharmaka ermöglicht eine differenzierte Behandlung seelischer Erkrankungen. Und wir sind in der Lage lokale hirnphysiologische Prozesse am wachen Mensch sichtbar zu machen, die mit seinem Denken, Fühlen und Wollen einhergehen. Aufgrund dieser Erkenntnisse bewegen wir uns nun unbekümmert, so scheint es, zwischen Seelischem und Physischem hin und her als wäre dies nicht nur eine alltägliche, sondern endlich auch eine wissenschaftliche Selbstverständlichkeit geworden.

Noch vor wenigen Jahren sind solche Erfolge unvorstellbar gewesen. Sie werden inzwischen in den Feuilletons großer Tageszeitungen und Wochenmagazine in treffenden und unzutreffenden Beiträgen präsentiert und diskutiert und bringen eine zunehmende Anzahl von Wissenschaftlern zu der Überzeugung, dass die Gehirnforschung nun auch Fragen beantworten kann, mit denen die Philosophie Jahrhunderte lang gerungen hat, ohne dabei zu konsensfähigen Ergebnissen zu kommen. Das abendländische Menschenbild müsse umgebaut werden, heißt es jetzt, die Kluft zwischen Leib und Seele sei endlich überwunden und die tradierten Vorstellungen individueller Freiheit als Illusion entlarvt[1]. Kurz: Die Seele sei erklärt, die Freiheit widerlegt.

---

[1] S. z. B. *Frankfurter Allgemeine Zeitung*, Dossier zum Thema ‚Bewusstsein und freier Wille: Neue Erkenntnisse der Hirnforschung', Beiträge seit 2002.

Hätten diese Forscher mit ihren Behauptungen Recht, stünden wir vor kulturgeschichtlichen Verwerfungen. Ob diese tatsächlich anstehen, möchte ich im Folgenden versuchen zu beleuchten, indem ich zwei der vielfältigen historischen Strömungen der Jahrtausende andauernden Gehirnforschung[2] skizziere. Diese Strömungen verliefen keineswegs laminar, die Wellen und Wirbel, die sie erzeugt haben, sollen hier in Andeutungen, illustriert durch 8 Abbildungen und begleitet von 67 Fußnoten, wiedergegeben werden. Beide Strömungen münden, wie ich zeigen möchte, in einer jeweils eigenen Art logischer Sackgasse, die man erst im Laufe des 20. Jahrhunderts zu erkennen begann.

Seele

‚Seele' ist ein uralter Begriff, der hier in einem weiten Sinne verwendet wird und die Annotationen seiner griechischen Form: Psych, seiner lateinischen Formen: Spiritus, Anima und Animus, seiner hebräischen Form: Ruach, und seiner indischen Form: Atman, mit einschließen soll[3]. ‚Seele' soll hier auch nicht von ‚Geist' und dem englischen Begriff ‚mind' unterschieden werden. Sie ist notwendige Bedingung für das Auftreten des individuellen Bewusstseins des Menschen, demzufolge die Gegenwart von Bewusstsein als hinreichendes Indiz für die Gegenwart von Seele/Geist/Psyche/Ich/Selbst/‚mind' gelten kann.

Detaillierte Ausführungen über die Seele sind uns von den Philosophen der klassischen Antike überliefert. Die Seele galt den Griechen als Lebensprinzip, Bewegungs- und Formursache. Sie war oberste Stufe der materiellen Welt, unterste Stufe der geistigen Welt, und wurde als Bindeglied zwischen Irdischem

---

2 Robert-Benjamin Illing, *4000 Jahre Gehirnforschung*. Biologie in unserer Zeit 26, 136-148, 1996. S. auch: Geschichte der Neurobiologie. In: *Lexikon der Biologie, Bd. 10*, 72-86, Spektrum Akademischer Verlag: Heidelberg 2002.

3 *Brockhaus*, Lexikon in 18 Bänden, F.A. Brockhaus GmbH: Leipzig 2002. Diese Begriffe wurden und werden von Philosophen in den verschiedensten Varianten voneinander unterschieden. Ein Beispiel: Für Georg Wilhelm Friedrich Hegel (1770–1831) macht erst das Denken die Seele zum Geist. Vgl. Georg Wilhelm Friedrich Hegel (1807), *Phänomenologie des Geistes*, z. B. Reclam: Ditzingen. Den hochinteressanten kulturgeschichtlichen Wandel des Verständnisses von Seele, Geist und Psyche von einem unveränderlichen, gottgegebenen Lebens- und Erlebensgrund zu einem biographisch gestaltbaren Kern des menschlichen Individuums können und müssen wir hier nicht weiter verfolgen.

und Göttlichem gesehen. Gleichzeitig war die Seele etwas Rätselhaftes. Heraklit von Ephesos (550–480 v. Chr.), der die Seele als Funke von der Substanz der Sterne erklärte, schrieb dazu:

> „Der Seele Grenzen kannst du nicht ausfindig machen, wenn du auch alle Wege absuchtest; so tiefgründig ist ihr Wesen.“[4]

Die Rede und Lehre von einer Seele basierte offenbar auf einer Intuition, auf etwas, dem wir begegnen, wenn wir uns selbst nicht äußerlich, sondern in der Innenansicht – sozusagen mit geschlossenen Augen – betrachten.

Dank einer Reihe unglaublicher Glücksfälle ist die Höhle von Lascaux im Périgord von Südfrankreich und die in ihr enthaltenen steinzeitlichen Malereien bis in unsere Zeit erhalten geblieben. Anhand dieser Dokumente können wir ahnen, dass der Ursprung der Seelenintuition noch viel weiter zurück liegt als die Epoche der klassischen Antike. Die Höhle ist mit kunstvollen, vielgestaltigen, perspektivisch abgestimmten Gemälden von Tieren ausgemalt. Während die Bilder bestimmter Arten von Tieren liebevoll ausgeführt wurden, findet man keine Andeutung von Landschaften oder Gestirnen, keine vergleichbar naturalistische Darstellungen von Pflanzen und keine Darstellungen des Menschen – mit einer bemerkenswerten Ausnahme. Auch die präsentierte Tierwelt ist keineswegs repräsentativ für die damalige Fauna: Rentiere, die als Hauptnahrung dienten, wurden kaum dargestellt, Insekten, Hasen, Vögel – hier wieder mit einer Ausnahme – wurden ignoriert.

An einer verborgenen Stelle der Höhle findet sich ein besonderes Gemälde, die Brunnenszene (Abb. 1). Nur hier findet man eine menschliche Gestalt dargestellt, nur hier erkennen wir einen Vogel. Beide bilden mit einem Bison, einem Speer und einem Stab eine Komposition, die offensichtlich keine abstrakte Repräsentation ist, sondern eine konkrete Episode andeutet. Mensch und Tier befinden sich in einem besonderen Zustand. Der Bison, dem seine Gedärme aus dem Bauch hängen, ist auf den Tod verletzt. Er senkt seinen Kopf wie zu einem letzten Angriff gegen die menschliche Figur, die hinten über fällt oder gefallen ist. Der im Gegensatz zu den vielen dreidimensional ausgestalteten Tieren anderswo in der Höhle eher flüchtig skizzierte Mensch (an den Händen sind z. B.

[4] Wilhelm Capelle, *Die Vorsokratiker*, Kröner: Stuttgart 1968.

nur jeweils 4 Finger gemalt) trägt einen Vogelkopf. Im Vordergrund sitzt ein Vogel auf einem Pfahl. Verschiedene Versuche wurden angestellt, die Bedeutung dieser Szene zu entschlüsseln: Ist es die Darstellung eines tragischen Unfalls? Soll hier die Austreibung eines bösen Zaubers durch einen Schamanen symbolisiert werden? Oder ist ein Mythos von Leben und Tod Gegenstand dieses Bildes?[5] Sicher scheint zu sein, dass hier der Tod und eine mit diesem einhergehende Verwandlung der Menschenseele dargestellt werden.

Abbildung 1: Die Brunnenszene in der steinzeitlichen Höhle von Lascaux/Perigord in Südfrankreich. Dieses etwa 17.000 Jahre alte Gemälde ist unter allen steinzeitlichen Höhlenmalereien einzigartig, weil es eine der ganz seltenen Darstellungen einer Menschengestalt enthält und weil diese Darstellung eingebettet ist in eine Komposition, die eine Seelenintuition zu repräsentieren scheint. Der Bison ist tödlich verletzt und der liegende Mensch, der stirbt oder sich in Trance befindet, trägt einen Vogelkopf, der dem des Vogels gleicht, der auf einem Pfahl sitzt, um jeden Moment seine Flügel auszubreiten und davon zu fliegen.

[5] Jean-Michel Geneste, Tristan Hordé, Chantal Tante, *Lascaux, une oevre de mémoire,* Fanlac: Périgueux/France 2003. Engl. Übersetzung: *Lascaux. A Work of Memory*, Fanlac: Périgueux/France 2003.

Den Zusammenhang vom Sterben des Menschen und einem Vogel finden wir im antiken Ägypten wieder, in dem der Vogel als Symbol der Seele galt, die den sterbenden Menschen verlässt (Abb. 2). In der Tradition des christlichen Abendlandes klingt dieses Bild wieder an in Gestalt der Engel.

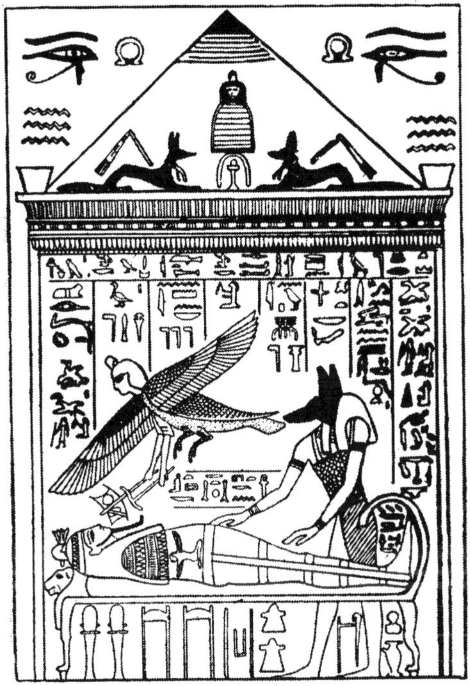

Abbildung 2: Der Seelenvogel Ba im antiken Ägypten. Der verstorbene Wesir Parser liegt auf dem Totenlager. An seinem Fußende steht der schakalköpfige Gott Anubis, der den Toten ins Schattenreich geleitet. Über der Bahre schwebt der durch einen menschlichen Kopf gekennzeichnete Seelenvogel Ba. Dieses Grabrelief entstand etwa 1300 v. Chr.

Die Lehre von einer unsterblichen Seele wurde im Mittelalter weiter entwickelt (Abb. 3). Augustinus (354–430) lehrte, dass die Seele Ursprung von Form und Leben sei. Unsere leibliche Konstitution verstand er als Ausdruck der Tätigkeit der Seele. Erst 1000 Jahre später begann sich diese Sichtweise unter dem Eindruck der Erfolge in den Naturwissenschaften zu wandeln. In einer Serie dicht aufeinander folgender Entdeckungen haben Nikolaus Kopernikus (1473–1543), Galileo Galilei (1564–1642) und Johannes Kepler (1571–1630) das Verständnis der Welt grundlegend verändert. Isaac Newton (1643–1727) führte die neuen Erkenntnisströme zusammen. Er erhob die Mathematik zur Sprache der Wissenschaft, indem ihm eine vollständige mathematische Formulierung eines mechanistischen Weltbildes gelang. Dies wird auch im Titel seines Hauptwerkes deutlich, das er *Philosophiae Naturalis Principia Mathematica*[6] nannte. Darin erklärte Newton die Identität von Natur und Vernunft und belegte durch sein Gravitationsgesetzt die Gültigkeit menschlichen Erkenntnisstrebens auf Erden und im Himmel. Natur erwies sich als berechenbar.

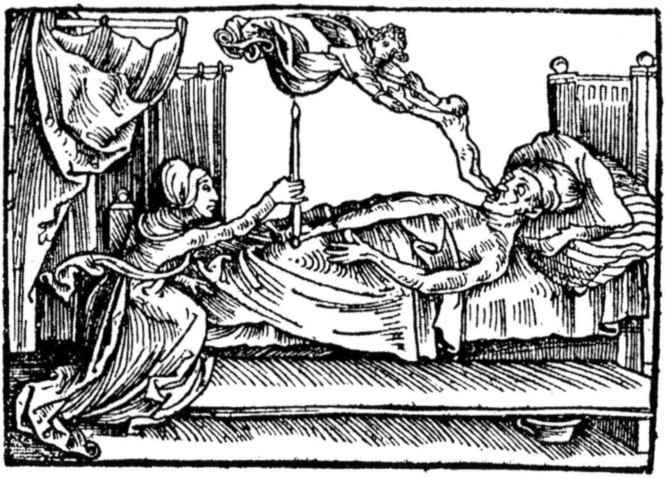

Abbildung 3: Der Todesengel empfängt die Seele des Sterbenden in Form eines kleinen Menschleins. Holzschnitt aus dem Mortilogus von Conrad Reitter, Augsburg 1508.

Der Erfolg und die Konsistenz dieser Welterklärung waren für viele Wissenschaftler und Philosophen so überzeugend, dass der Physiker und Mathematiker Pierre-Simon de Laplace (1749–1827) das wissenschaftliche Credo seiner Zeit in folgende Worte fasste:

> „Ein Geist, der für einen gegebenen Augenblick alle Kräfte kennte, welche die Natur beleben, und die gegenseitige Lage der Wesen, aus denen sie

[6] Isaac Newton, *Philosophiae Naturalis Principia Mathematica*, 1687.

> besteht, wenn sonst er umfassend genug wäre, um diese Angaben der Analyse zu unterwerfen, würde in derselben Formel die Bewegung der größten Weltkörper und des leichtesten Atoms begreifen: nichts wäre ungewiß für ihn, und Zukunft wie Vergangenheit wären seinem Blick gegenwärtig.“[7]

Diese Entdeckungen und Schlussfolgerungen blieben nicht ohne Einfluss auf das Denken über Seele und Leib. René Descartes (1596–1650) hatte sich bereits von den antiken und mittelalterlichen Lehren dadurch entfernt, dass er Seele (*res cogitans*) und Leib (*res extensiva*) als verschiedene, aber gleichwertige Weltreiche gegenüberstellte. Seine Vorstellungen von der Funktionsweise des Gehirns lehnen sich stark an die mechanistische Denkweise an, die Galilei soeben ersonnen und überaus erfolgreich angewandt hatte[8]. Nach Descartes bewegt sich in den Nervenbahnen, im Gehirn und seinen Ventrikeln der Lebensgeist (*spiritus animalis*) nach hydromechanischen Gesetzen, wodurch ein Schieben und Ziehen entsteht, welche Grundlage einer Bewusstseinsmechanik bilden.

Auch Gustav Theodor Fechner (1801–1887), der Begründer der Psychophysik, sah Seele und Leib noch auf gleicher Höhe stehen, nun aber in dem panpsychistischen Sinne, dass alles, was ist, als Geist und als Körper existiert[9]. Zur gleichen Zeit, und mit wenig Sympathie für Fechner, entstand in Deutschland jedoch die Physikalismusbewegung. Der Physiologe Emil Du Bois-Reymond (1818–1896), Entdecker der elektrischen Natur der nervösen Signalleitung und Mitbegründer dieser Bewegung, erklärte:

> „Wir haben uns verschworen, die Wahrheit geltend zu machen, dass im Organismus keine anderen Kräfte wirksam sind als die gemeinen physikalisch-chemischen“.[10]

---

7 Pierre Simon de Laplace, 1814, *Philosophischer Versuch über die Wahrscheinlichkeit.* 6 Aufl., Duncker & Humblot: Leipzig 1886.

8 René Descartes, 1664, *Traiter de l'homme.* Dt.: *Über den Menschen*, Schneider: Heidelberg 1969.

9 Gustav Theodor Fechner, *Über die Seelenfrage. Ein Gang durch die sichtbare Welt, um die unsichtbare zu finden.* 2. Aufl., Leopold Voß: Hamburg 1907.

10 Estelle Du Bois-Reymond, *Jugendbriefe von Emil Du-Bois-Reymond and Eduard Hallgarten*, Reiner: Berlin 1918.

Dies sollte nun auch für psychologische Prozesse gelten. Der Psychologe Georg Elias Müller (1850–1934) formulierte die erwarteten Zusammenhänge als psychophysische Axiome, dessen erstes lautete:

> Jedem „Zustand des Bewusstseins liegt ein materieller Vorgang, ein sogenannter psychophysischen Prozess zugrunde, an dessen Stattfinden das Vorhandensein des Bewusstheitszustandes geknüpft ist".[11]

Damit wird nun klar ausgedrückt, dass nicht die Seele den Leib bildet, sondern umgekehrt der Leib Ursache für Existenz und Eigenschaften der Psyche und des Bewusstseins ist. Seit der Antike hat also eine Art Rochade stattgefunden: Jetzt wird versucht, die Brücke über den psychophysischen Abgrund hinweg nicht mehr von der Seele zum Leib, sondern vom Leib zur Seele zu schlagen (Abb. 4).

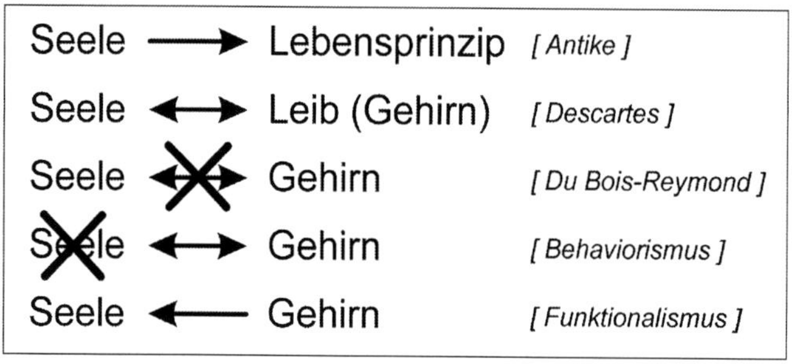

Abbildung 4: Zusammenhänge zwischen Seele/Geist/Psyche zu Leib/Körper/Gehirn, wie sie in der Vergangenheit gesehen wurden. Die Pfeile sind zu lesen als ‚konstituiert' oder ‚wirkt auf'. Hätte man erwartet, in der Abfolge der historischen Positionen zum Verhältnis von Leib und Seele die gegenwärtig populären Erklärungsmodelle als Abschluss einer konvergenten Entwicklung zu erkennen, würde man enttäuscht.

Aber schon Du Bois-Reymond äußerte Zweifel, ob es gelingen könne, diese Brücke zu bauen, so wie das diesseitige Ufer beschaffen war, nämlich nach den Gesetzen des Laplace'schen Geistes, der nichts außer mechanischer Bewegung kennt. Nach diesen Gesetzen könne es gelingen, „die mit geistigen Vorgängen der Zeit nach, also wohl notwendig zusammenfallenden materiellen Vorgänge" vollkommen zu durchschauen. Aber:

---

[11] Georg Elias Müller, *Zur Grundlegung der Psychophysik*, T. Grieben: Berlin 1878.

> „Die mechanische Ursache geht rein auf in der mechanischen Wirkung, ... durch keine zu ersinnende Anordnung oder Bewegung materieller Teilchen läßt sich eine Brücke ins Reich des Bewußtseins schlagen".[12]

Du Bois-Reymonds Ausführungen enden mit der viel beachteten Formel: *Ignorabimus*, d. h. wir werden niemals verstehen können, wie die Seele mit dem Leib, wie der Geist mit dem Gehirn, wie die Psyche mit der Physis zusammen hängt. Für diese Erklärung erhielt er große Zustimmung, zu seinem Missvergnügen allerdings auch aus spiritistischen Kreisen, die in seiner Charakterisierung des Bewusstseins „als durchaus transzendentes Problem" ihre Existenzberechtigung durch die strenge Naturwissenschaft ableiteten. Viele Philosophen und Naturwissenschaftler wandten sich daraufhin gegen Du Bois-Reymonds Schlussfolgerungen, die sie als resignativ abtaten. Zwei Strategien konnten aus dieser zweifelhaften Lage heraus führen. Nachdem der Psychologe William James bereits die provokative Frage stellte: „Gibt es überhaupt ‚Bewusstsein'?"[13], wählte sein Fachkollege John Broadus Watson (1878–1958) die Strategie, das Phänomen ‚Bewusstsein' für alle Wissenschaften als subjektivistisch zu stigmatisieren und auszugrenzen:

> „Die Zeit scheint gekommen zu sein, dass die Psychologie alle Verweise auf ein Bewusstsein verwerfen muss".[14]

Der Zoologe, Künstler und Naturphilosoph Ernst Haeckel (1834–1919) wählte eine andere Strategie. Auch er war nicht bereit, der „schönen Predigt" Du Bois-Reymonds, seinen „metaphysischen Trugschlüssen" und der Sanktionierung eines Leib-Seele-Dualismus zu folgen. Er wollte die Ansicht nicht teilen, dass Seelisches und Physisches zwei Welten konstituieren, die selbst unter größten wissenschaftlichen Bemühungen nicht als Ausdruck eines gemeinsamen Prinzips erkennbar würden. Im Gegensatz zu Watson erklärte er jedoch das Phänomen

---

12 Emil Du Bois-Reymond, *Über die Grenzen des Naturerkennens*. Rede auf der 45. Versammlung Deutscher Ärzte und Naturforscher in Leipzig, 1872.

13 William James, *Does ‚consciousness' exist?* Journal of Philosophy, Psychology and Scientific Methods 1, 477-491, 1904.

14 John B. Watson, *Psychology as the behaviourist views it*, Psychological Reviews 20, 158-177, 1913.

Bewusstsein als legitimen Gegenstand naturwissenschaftlicher Untersuchungen. Er gründete den Monistenbund und schrieb:

> „Die eigenartige Naturerscheinung des Bewusstseins ist ... ein *physiologisches Problem* und als solches auf die Erscheinungen im Gebiete der Physik und Chemie zurückzuführen."

Haeckel glaubte sogar schon das Organ – und damit ein physisches Korrelat – des Bewusstseins identifizieren zu können:

> „Physiologische Beobachtungen und Experimente haben ... den sicheren Beweis geführt, daß derjenige engere Bezirk des Säugetiergehirns, den man ... als ‚Sitz' (besser als ‚Organ') des Bewußtseins bezeichnet, ein Teil des Großhirns ist, und zwar jener spät entstandene ‚graue Mantel', oder die ‚Großhirnrinde', welche aus dem konvexen Dorsalteil der primären ersten Hirnblase, des Vorderhirns, sich entwickelt."[15]

Haeckel schien allerdings auch schon zu ahnen, dass der Ausgangspunkt, von dem aus eine Lösung des Problem vom Zusammenhang organischer und psychischer Prozesse versucht werden muss, von besonderer Art ist:

> „Da Naturerkenntnis ... eine richtige Erkenntnis der ‚Psyche' zur Voraussetzung hat, so kann man die Psychologie, die wirklich wissenschaftliche Seelenlehre, auch als das Fundament und als die Voraussetzung aller anderen Wissenschaften ansehen; von der anderen Seite betrachtet ist sie wieder ein Teil der Philosophie oder der Physiologie oder der Anthropologie".[16]

Nachdem der Behaviorismus, der von Watson begründet und von Borrhus Frederik Skinner (1904–1990) populär gemacht wurde, die Neurowissenschaften für mehr als ein halbes Jahrhundert dominierte, kippte die Stimmung mit dem Ende der 70er Jahren erneut. Die Hauptströmung der Neurowissenschaften griff jetzt wieder den Ansatz Haeckels auf und entwickelte ihn bis in die Gegenwart

---

[15] Ernst Haeckel, *Die Welträtsel. Gemeinverständliche Studien über monistische Philosophie*, Kröner: Leipzig 1909.

[16] Ebd.

hinein weiter – zumeist ohne sich seiner historischen Wurzel bewusst zu sein. Eine prominente und repräsentative Stimme dieser modernen Entwicklung ist die des Gehirnforschers Wolf Singer, der unlängst schrieb:

> „Alles deutet darauf hin, dass die Hirnforschung auf dem Weg ist, ihren reduktionistischen Ansatz auf alle relevanten Ebenen lückenlos auszudehnen. Sie wird die Phänomene neuronaler Kommunikation auf ihre molekularen und zellulären Grundlagen zurückführen, und sie ist dabei, Verhaltensphänomene, einschließlich psychischer und mentaler Funktionen, durch neuronale Kommunikationsprozesse zu erklären“.[17]

Dieser Funktionalismus[18], der auf der Überzeugung beruht, dass Psychischem keine eigene Realität zukomme, sondern dass es in den funktionellen Zuständen eines (der Art nach beliebigen) physischen Systems bestehe, herrscht von nun an unter Gehirnforschern vor. Die Vorstellung Haeckel's, seelischen Vorgängen bestimmte Regionen des Gehirns oder besonderen Mustern hirnphysiologischer Aktivität zuzuweisen, wurde nun durch eine Vielzahl neuer Befunde erweitert. Neuronalen Korrelate des Bewusstseins sind Nervenaktivitäten, Zustände bestimmter Nervenzellen oder Teilsysteme des Gehirns[19]. Die Hoffnung, mit dieser Art von Forschung einen Durchbruch bei der Lösung der Frage nach den kausalen Beziehungen zwischen Leib (*body*, Gehirn) und Seele (Geist, Psyche, *mind*) zu erzielen, wie es von manchen Gehirnforschern in Aussicht gestellt wird, erfüllte sich indessen bisher nicht[20]. Korrelate implizieren weder eine Identität des Physischen mit dem Psychischen noch eine kausale Abhängigkeit zwischen

---

17 Singer, in: Peter Sitte (Hg.), *Jahrhundertwissenschaft Biologie. Die großen Themen*, C.H. Beck: München 1999.

18 David M. Armstrong, *A Materialist Theory of the Mind*, Routledge and Kegan Paul: London 1968. Patricia S. Churchland, *Neurophilosophy. Toward a Unified Science of the Mind/Brain*, MIT Press: Boston/USA 1986.

19 Francis C. Crick, *The Astonishing Hypothesis. The Scientific Search for the Soul*, Simon & Schuster: New York 1994, Dt.: *Was die Seele wirklich ist*, Rowohlt: Reinbek 1997. Thomas Metzinger (Hg.), *Neural Correlates of Consciousness. Empirical and Conceptual Questions*, MIT Press: Cambridge/USA 2000.

20 Rüdiger Vass. *Why Neural Correlates of Consciousness are Fine, But Not Enough*, Anthropology and Philosophy 3, 121-141, 1999.

ihnen, sie sind mit den meisten Lösungsvorschlägen des Leib-Seele-Problems[21] kompatibel. Es ist bisher nicht erkennbar, ob dieser Weg überhaupt zu einer Lösung des Problems führen kann.

Dass dieses klassische Problem der Philosophie, das der Philosoph Arthur Schopenhauer (1788–1860) aus guten Gründen den *Weltknoten* nannte, sich einer Lösung ausdauernd widersetzte, wird von vielen Jahrhunderten Philosophiegeschichte illustriert. In der Gehirnforschung, die sich wegen der Existenz der neuronalen Korrelate des Bewusstsein nun permanent mit diesem Problem konfrontiert sieht, wächst deshalb die Ungeduld, die gelegentlich so begründet wird: Die Philosophie hatte lange genug Zeit, dieses Problem zu lösen, sie ist dabei offenkundig gescheitert, deswegen ist jetzt die Gehirnforschung aufgerufen, sich dieses Problems anzunehmen, und bei allen Triumphen, die sie in den vergangenen Jahrzehnten feiern konnte, wird sie die in sie gesetzten Erwartungen auch diesmal nicht enttäuschen.

Ist diese Hoffnung berechtigt? Vielleicht nicht. Die Frage, die durch das Leib-Seele-Problem formuliert wird, weist zwei Besonderheiten auf, die unter allen denkbaren wissenschaftlichen Fragestellungen einzigartig sind. Die erste dieser Besonderheiten besteht darin, dass wir zu den mit dem Leib-Seele-Problem in Frage stehenden Phänomenen einen doppelten Zugang haben: einen äußeren Zugang, wie wir ihn zu allen anderen Gegenständen der Naturwissenschaft haben, und einen inneren Zugang, durch den wir Erlebnisqualitäten *(Qualia)* erfahren. Wir können ein Bild in der Wahrnehmung erleben und wir können das Erleben dieses Bildes als hirnphysiologische Prozesse beschreiben. Würde aber etwa eine farbenblind geborene Gehirnforscherin, die in der Literatur den Namen Maria erhalten hat und buchstäblich alles nur denkbare Physikalisch-Biologische über die Farbe Rot und ihre Verarbeitung und Repräsentation im menschlichen Gehirn weiß, nach einer Augenoperation, die ihr plötzlich die Farbwahrnehmung ermöglichte, nur Bekanntes erleben oder doch eine völlig neue Erfahrung machen? Obwohl dieses Gedankenexperiment[22] hypothetisch bleibt, herrscht ein weitest-

---

[21] Heiner Hastedt, *Das Leib-Seele-Problem. Zwischen Naturwissenschaft des Geistes und kultureller Eindimensionalität*, Suhrkamp: Frankfurt/M. 1988.

[22] Frank Jackson, *Epiphenomenal qualia*, Philosophical Quarterly 32, 127-136, 1982. Ein ähnliches Gedankenexperiment wurde zuvor schon von Nagel präsentiert. Vgl. Thomas Nagel, *What is it like to be a bat?* Philosophical Review 4, 435-450, 1974.

gehender Konsens darüber, dass nur die zweite Option zutreffen kann: Wissen, so scheint es, kann nicht dasselbe sein wie Erleben[23]. Diese Schlussfolgerung wird von Vertretern des Funktionalismus relativiert, die glauben zeigen zu können, dass Qualität aus Quantität, Semantik aus Syntax, und Erleben aus Wissen entstehen kann, Versuche, die dem Philosophen John R. Searle zufolge jedoch zum Scheitern verurteilt sind[24].

Unbestreitbar ist auch die zweite Besonderheit der wissenschaftlichen Frage nach dem Zusammenhang von Leib und Seele. Während sich nämlich das erkennende Subjekt und das zu erkennende Objekt im Prozess naturwissenschaftlicher Forschung im Allgemeinen voneinander unterscheiden lassen, geht dieser Unterschied bei dem Versuch verloren, die Gesetze des Zusammenhangs zwischen Hirnphysiologie und Erlebnisinhalten, d. h. zwischen Innen- und Außenperspektive, zu verstehen: Subjekt und Objekt sind hier – und nur hier – das selbe, das Subjekt nimmt als Objekt seiner Erkenntnisbemühung sich selbst ins Visier[25].

Die Konsequenzen, die aus Situationen der Selbstreferenz erwachsen, die man oft auch als Rekursion[26] bezeichnet, sind den Logikern seit Jahrtausenden be-

---

23 Dieses Experiment wird sich nach Einschätzung des Autors auch in Zukunft nicht durchführen lassen. Es gibt zwar farbenblinde Menschen, und zweifellos werden wir die genetischen Ursachen dafür eines Tages entschlüsseln und etwa durch eine Keimbahntherapie heilen lernen. Sind aber die Nervenbahnen, die farbspezifische Signale vom Auge ins Gehirn senden, bis ins Erwachsenenalter hinein funktionslos geblieben, so sind alle Ressourcen des Gehirns durch die tatsächlich aktiven neuronalen System längst plastisch gebunden worden und können nicht plötzlich Funktionen ausüben, die sie während der Ontogenese nicht einüben konnten: wir müssen sehen können um sehen zu lernen.

24 Dazu trug Searle sein vielbeachtetes Gedankenexperiment des Chinesischen Zimmers vor. Vgl. John R. Searle, *Minds, Brains, and Programs*, Behavioral and Brain Sciences 3, 417-424, 1980. S. auch: J. Preston, M. Bishop (Hg.), *Views into the Chinese Room. New Essays on Searle and Artificial Intelligence*, Clarendon Press: Oxford 2002.

25 In der Atom- und Elementarteilchenphysik stößt man erstaunlicher Weise auf ein vergleichbares Problem, das hier jedoch nicht weiter verfolgt werden kann.

26 Rekursion, auch *Rekurrenz* oder *Rekursivität*, bedeutet *Selbstbezüglichkeit* (von lateinisch *recurrere* = zurücklaufen). Sie tritt immer dann auf, wenn etwas (direkt oder indirekt) auf sich selbst verweist. Bei der Programmierung von Computern bedeutet Rekursion der Aufruf oder die Definition einer Funktion durch sich selbst. Ohne geeignete Abbruchbedingung geraten solche rückbezüglichen Aufrufe jedoch oft in eine Endlosschleife. Das

kannt (Abb. 5). Dem Kreter Epimenides, der im 7. Jahrhundert v. Chr. in Knossos lebte, wird die paradoxe Aussage zugeschrieben: *Alle Kreter lügen (immer)*[27]. Eubulides von Milet variierte dies im 4. Jahrhundert v. Chr. zu: *Diese Aussage ist falsch.* Paradoxien sind diese Aussage deshalb, weil sie sich selbst widerlegen sobald man ihnen Wahrheit zugesteht und sich selbst bestätigen, sobald man sie für falsch hält. Es sind Aussagen, die weder wahr noch falsch genannt werden können. Das Problem der Unentscheidbarkeit kann in dem Moment entstehen, wenn sich Aussagen auf sich selbst beziehen, oft in Verbindung mit einer Verneinung (Negation).

Abbildung 5: Der Ouroborus (gr. oura = Schweif, boros = verschlingend), die sich in den Schwanz beißende Schlange, alchemistisches Symbol kreisförmiger Prozesse, bei denen es keinen Sinn macht, nach einem Anfang oder Ende, nach Vorgänger oder Nachfolger, nach Ursache oder Wirkung zu suchen; mit den Konnotationen Ewigkeit, Unendlichkeit, Weisheit und Totalität in dem Sinne: mein Ende ist mein Anfang. Die sich aus diesem Symbol entwickelnde Redensart 'Sich in den eigenen Schwanz beißen' bedeutet soviel wie zu keinem Ergebnis kommen, unlösbar sein, nicht fertig werden, wieder zum Anfang zurückkehren, da ankommen, wo man schon war. Als Ouroborus erscheint auch der ringförmige Ozean im Mythos der Germanen und die Midgardschlange als jörmungard = Erdumgürterin. Aus: Synesius, 14. Jahrh., Bibl. Natl., Paris.

berühmte Halteproblem besagt, dass der Beweis, ein solcher *infiniter Regress* liege nicht vor, nicht immer möglich ist.

27 Die Überlieferung dieser Behauptung verdanken wir dem Apostel Paulus (Titusbrief 1, 12-15).

Zunächst wurde diese Unsicherheit der Unzulänglichkeit natürlicher Sprachen zugeschrieben. Tatsächlich bekam der Mathematiker Alfred Tarski (1901–1983) die klassischen Paradoxien dadurch in den Griff logischen Denkens, dass er Aussagen *der* Logik von Aussagen *über* die Logik unterschied. Es tauchten jedoch Paradoxien auf, denen durch die Einführung einer solchen *Metasprache* nicht beizukommen war. Der Mathematiker und Schriftsteller Bertrand Russell (1872–1970) gab dafür ein Beispiel. Er schlug vor sich ein Dorf zu denken, in dem ein Mann genau dann von dem einzigen Barbier rasiert wird, wenn er sich nicht selbst rasiert. Rasiert sich der Barbier nun selbst? Wenn er es tut, dann dürfte er es gerade nicht tun, wenn er es aber nicht tut, gerade dann müsste er es tun. Warum ist diese schlichte Regel unerfüllbar? Wieder geht das Paradoxon mit einer Rekursion einher. Russell glaubte noch, dass Widersprüche dieser Art im Grunde unerheblich seien und wurde das Gefühl nicht los, seine Zeit zu vergeuden, wenn er sich mit ihnen beschäftigte. Dennoch fürchtete er um die Widerspruchsfreiheit der Logik und verfasste mit Alfred North Whitehead (1861–1947) die 3-bändige *Principia Mathematika*[28], ein monumentaler Versuch, Rekursionen aus der Logik, der Mengenlehre und der Zahlentheorie zu verbannen. Er scheiterte.

Der berühmteste und vermutlich bisher folgenreichste Versuch, die Gesetze rekursiver formaler Systeme zu untersuchen und zu nutzen, wurde 1931 von dem Mathematiker Kurt Gödel (1906–1978) veröffentlicht[29]. In einem virtuosen Ansatz gelang es ihm, Aussagen *über* ein beliebiges formales System, also metamathematische Aussagen, in der Symbolik eben dieses Systems auszudrücken. Das System repräsentiert dann Aussagen über sich selbst. Im Rahmen dieser Doppelstruktur konstruierte Gödel nun einen Satz G, dessen metamathematischer Inhalt die Behauptung ist, er sei innerhalb des betreffenden formalen Systems *nicht* beweisbar. Gödel konnte beweisen, dass G nur dann aus dem System beweisbar ist, wenn auch nicht-G beweisbar ist. Daraus folgt, dass jede wider-

---

28 Alfred North Whitehead und Bertrand Russell, *Principia Mathematica*, Cambridge Univ. Press: Cambridge/UK 1910–1913.

29 Kurt Gödel, Kurt, *Über formal unentscheidbare Sätze der Principia Matematica und verwandter Systeme I*, Monatshefte für Mathematik und Physik 38, 173-198, 1931. Gödel's Forschungsgebiet war die mathematische Logik, die zum Zwecke einer Vertiefung und Befestigung der Grundlagen der Mathematik geschaffen wurde. Eine viel gelobte nicht-technische Darstellung der Arbeit Gödels haben Nagel und Newman verfasst. Vgl. Ernest Nagel, James R. Newman, *Gödel's Proof*, New York Univ. Press: New York 1958.

spruchsfreie formale Theorie der Mathematik notwendigerweise unentscheidbare Aussagen enthält.

Gödel's Gedanken, die sich auf die Grenzen formaler Beweisbarkeit beziehen, also Aussagen über die Syntax formaler Systeme treffen, wurden von Tarski unter Einbeziehung der Semantik formaler Systeme weiter entwickelt[30]. Sein Ergebnis war, dass es für jedes hinreichend komplexe formale System semantisch wahre Sätze gibt, die nicht beweisbar sind. Damit kommen wir zur Mitte des 20. Jahrhunderts zu einem zentralen Ergebnis der mathematischen Logik, das in der Formel kulminiert:

Wahrheit ≠ Beweisbarkeit

Die rekursive Struktur der Gödel'schen Beweisführung führt offenbar aber nicht nur in eine Art logische Katastrophe, nämlich dem Nachweis der Unentscheidbarkeit von G, sondern gleichzeitig zu einer tiefen und weitreichenden Erkenntnis: dem Nachweis einer verbindlichen Erkenntnisgrenze. Logische Zirkel können bösartig oder teuflisch sein (*Circulus vitiosus*), sie können aber auch gutartig oder virtuos sein (*Circulus virtuosus*), wie der Philosoph Gerhard Vollmer ausgeführt hat[31]. Virtuose Zirkel führen nicht (nur) ins Nichts, sondern ermöglichen Ergebnisse, die anders nicht zu erzielen wären. Gödel's Gedankengang ist dafür das eindrucksvollste Beispiel.

Zunächst wurde Gödel's Beweis als Ohnmachtspostulat bezeichnet und als fundamentale Krise innerhalb der Mathematik empfunden[32]. Langsam realisierte man, dass diese Erschütterung auch all jene Wissenschaften betrifft, die sich di-

---

30 Alfred Tarski, Logic, *Semantics*, Metamathematics. Oxford Univ. Press: New York 1956. S. auch seinen Beitrag in: Gunnar Skirbekk (Hg.), *Wahrheitstheorien. Eine Auswahl aus den Diskussionen über Wahrheit im 20. Jahrhundert*, Suhrkamp: Frankfurt/M 1977.

31 Gerhard Vollmer, *Was können wir wissen? Band 1: Die Natur der Erkenntnis*, Hirzel: Stuttgart 1988.

32 Die drei größten Krisen in der Geschichte der Mathematik waren vermutlich die Entdeckung der irrationalen Zahlen durch die Griechen, die die Pythagoräische Philosophie erschütterte; die Entwicklung der Infinitesimalrechnung im 17. Jahrhundert und die damit verbundenen Ängste, der Umgang mit dem Unendlichen sei unerlaubt; und die Begegnung mit logischen Antinomien durch Russell, die im Nachweis der Unvollständigkeit formaler Systeme durch Gödel mündete.

rekt oder indirekt auf die Mathematik beziehen. Galilei hatte festgestellt, das Buch der Natur sei in der Sprache der Mathematik geschrieben[33], Immanuel Kant (1724–1804) hatte davon gesprochen, dass in jeder Naturlehre nur soviel an eigentlicher Wissenschaft angetroffen werden könne, als darin Mathematik anzutreffen ist[34], und der Mathematiker David Hilbert (1862–1943) erklärte in einer Rede im Jahre 1917:

> „Alles, was Gegenstand des wissenschaftlichen Denkens überhaupt sein kann, verfällt, sobald es zur Bildung einer Theorie reif ist, der axiomatischen Methode und damit mittelbar der Mathematik."[35]

Hat aber die Mathematik Gültigkeit für die Naturwissenschaften, so gilt dies auch für Gödel's Beiträge zur mathematischen Logik. Rekursive Systeme, deren Erforschung Gödel's Erkenntnis ermöglicht haben, erwiesen sich keineswegs als Kuriositäten der Logik ohne weiteren Belang für die Welt außerhalb der Mathematik, wie oft behauptet wurde. Dass sie Konsequenzen haben für die Welt, in der wir leben, und allen Bemühungen widerstehen, sie auszugrenzen, hat der Computerwissenschaftler und Philosoph Douglas Hofstadter vielleicht am überzeugendsten dargestellt[36]. Nach über 70 Jahren mathematischer Forschung haben Gödel's Einsichten allen Überprüfungen Stand gehalten, wir werden mit ihnen in Zukunft leben müssen[37].

---

33 Galileo Galilei, *Il Saggiatore*, 1623.

34 Immanuel Kant, *Metaphysische Anfangsgründe der Naturwissenschaft*, 14 f., 1786. Fast gleich lautende Äußerungen sind schon von Leonardo da Vinci (1452–1519) überliefert.

35 David Hilbert, *Axiomatisches Denken*, Zürich 1917.

36 Douglas R. Hofstadter, *Gödel, Escher, Bach. An Eternal Golden Braid*, Random House: New York 1979. 20th Anniversary Edition mit neuem Vorwort (1999). Dt. Ausgabe: *Gödel. Escher, Bach. Ein endlos geflochtenes Band*, Klett-Cotta: Stuttgart 1986.

37 Diese Formulierung ist vielleicht etwas verkürzt. Zum einen gibt es Mathematiker wie Domeisen, die Gödel in klugen Ausführungen widersprechen. Vgl. Norbert Domeisen, *Logik der Antinomien*, Peter Lang AG: Bern 1990. Diese ernst zu nehmenden Einwände haben jedoch ihrerseits problematische Stellen, die in den Augen der meisten Mathematiker viel schwerer wiegen als ihre vorgetragenen Argumente. Zum anderen muss man natürlich Russell Recht geben, wenn er feststellt: „Gibt es irgendeine Art von Wissen, das so sicher ist, dass kein vernünftiger Mensch sie jemals bezweifeln kann? Diese Frage, die auf den ersten Blick nicht schwierig erscheint, ist in Wirklichkeit eine der schwierigsten, die man

Zieht man nun die notwendige Konsequenz und wendet Gödel's und Tarski's Ergebnisse auch auf die Naturwissenschaften an, so zerfällt die Welt, die Gegenstand wissenschaftlicher Theorien ist, in drei Bereiche (Abb. 6). Würde man alle möglichen Behauptungen über die Welt ihn einer Art Cartesischem Koordinatensystem ausbreiten, so gäbe es in dieser Fläche einen Bereich, der sich dadurch kennzeichnen ließe, dass alle in ihn fallenden Aussagen über die Welt durch eine beliebige (d. h. auch zukünftige!) widerspruchsfreie wissenschaftliche Theorie T beweisbar sind. Ein weiterer Bereich dieser logischen Fläche enthielte alle Aussagen, die sich durch eine solche Theorie als widerlegbar erweisen. Ein dritter Bereich gehörte dann nachweisbar weder dem ersten noch dem zweiten Bereich an: er stünde für alle unbestimmbaren, unbeweisbaren, unerkennbaren Aussagen über die Welt[38].

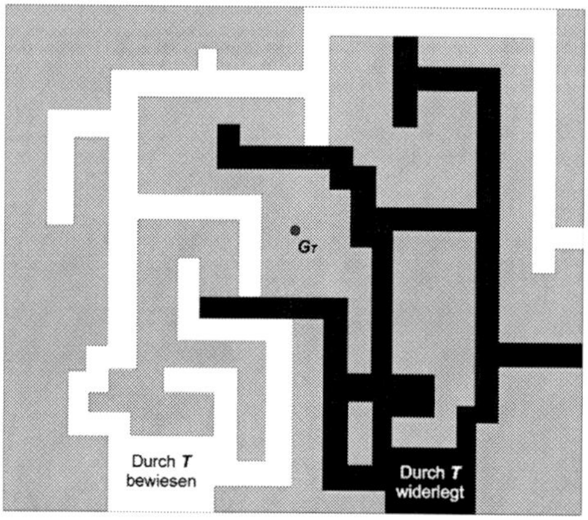

Abbildung 6: Die logische Dreiteilung der Welt. Als Konsequenzen aus dem Gödel'schen Beweis müssen wir die Welt, die Gegenstand wissenschaftlicher Theorien ist, in drei logische Bereiche gliedern, gleichgültig mit welcher (gegenwärtigen oder zukünftigen) Theorie T wir sie beschreiben: in einen Bereich, der alle Aussagen beinhaltet, die durch T beweisbar sind (weiß), in einen zweiten Bereich, der alle durch T widerlegbaren Aussagen enthält (schwarz), und in einen dritten Bereich, der u. a. den zur Theorie T gehörigen Satz G_T enthält und alle in ihrem Wahrheitsgehalt unbestimmbaren Aussagen umfasst, weil sie durch T weder bewiesen noch widerlegt werden können (grau). Nach Rucker (1987).

stellen kann." Vgl. Bertrand Russel, *Problems of Philosophy*. Oxford Univ. Press: Oxford/UK 1959.

38 Rudi Rucker, *Mind Tools. The Five Levels of Mathematical Reality*, Houghton Mifflin: Boston/USA 1987. Dt.: *Der Ozean der Wahrheit. Über die logische Tiefe der Welt,* Fischer: Frankfurt/M.

Wir müssen, so scheint es, akzeptieren, dass es Dinge und Zusammenhänge in der Welt gibt, die zu verstehen wir nicht gewachsen sind. Manche Philosophen sprechen von der kognitiven Begrenzung unseres Erkenntnisapparates[39]. Dass das Leib-Seele-Problem zu diesem für uns Menschen undurchschaubaren Teil der Welt gehört ist bisher nicht streng bewiesen worden. Zu vermuten, dass dies so sein könnte, erscheint jedoch nicht aus der Luft gegriffen. Die Plausibilität dieser Vermutung rührt von der rekursiven Struktur des Problems her, von der wir seit Russell und Gödel wissen, dass sie im Verlauf logischen Schließens oder Handelns logische Knoten, unentscheidbare Situationen und virtuose Einsichten in verbindliche Erkenntnisgrenzen nach sich ziehen kann. Wollen wir nämlich das Verhältnis zwischen Leib und Seele, zwischen Gehirn und Geist, zwischen Physis und Psyche untersuchen, so geraten wir unwillkürlich in die Mühlen vielfach rekursiver Strukturen hinein:

1. Der Versuch, die Bedingungen für das Zustandekommen von Geist und Bewusstsein zu bestimmen erfolgt offenkundig unter Mitwirkung eines bewussten Geistes. Introspektion ist ein anderes Wort für Rekursion. Wir müssen bei diesem wissenschaftlichen Unternehmen voraussetzen, was wir herauszufinden hoffen – wenigstens zum Teil. Die logische Zirkularität ist in diese wissenschaftliche Fragestellung eingebaut und unvermeidbar.[40]

2. Das Organ, dessen Integrität zur Entfaltung unseren Wahrnehmungs- und Erkenntnisfähigkeiten offenkundig unverzichtbar ist, ist voll rekursiver Kommunikationsstrukturen in Form rückgekoppelter Nervenbahnen, die z. T. erregend, z. T. hemmend wirken[41]. Dieser Aspekt der Anatomie unseres Gehirns, die die Basis seiner Funktionsweise konstituiert, hindert uns offenkundig nicht daran, vieles wahrnehmen, erkennen und verstehen zu können, was um uns herum und in uns geschieht. Er kann uns aber davor warnen unbedacht zu un-

---

[39] Hoimar von Ditfurth, *Wir sind nicht nur von dieser Welt*, Hoffmann und Campe: Hamburg 1981. Colin McGinn, *The Mysterious Flame*, Basic Books: New York 1999.

[40] Die Besonderheit dieses Erkenntnisansatzes gärt schon seit Jahrhunderten im Bewusstsein von Philosophen und Humanisten. Albrecht von Haller (1708–1777) schrieb: „Ins Innere der Natur dringt kein erschaffner Geist", während Johann Wolfgang von Goethe (1749–1832) fragte: „Ob nicht Natur zuletzt sich doch ergründet?".

[41] S. z. B. Walle J. H Nauta, Michael Feirtag, *Fundamental Neuroanatomy*, W. H. Freeman: New York 1986. Dt. Ausgabe: *Neuroanatomie. Eine Einführung*, Spektrum: Heidelberg 1990.

terstellen, dass das System Gehirn uneingeschränkt zur Erkenntnis seiner selbst geeignet ist.

3. Der Erkenntnisapparat, mit dem wir uns bemühen, die Welt um uns herum und uns selbst, die wir doch den Naturgesetzen unterstehen, zu verstehen, ist in einem langen evolutiven Prozess entstanden, in dem dieselbe Welt und die selben Naturgesetze als gestaltende Faktoren für das Zustandekommen eben dieses Erkenntnisapparats wirksam waren[42].

Die Erwartung, bei unseren Versuchen der Selbsterkenntnis Paradoxien und Antinomien[43] entkommen zu können, obwohl wir dabei einer komplexen Hierarchie verschränkter Rekursionen ausgesetzt sind, erscheint blauäugig. Zu glauben, man hätte die logischen Konsequenzen rekursiver Strukturen schon ausgelotet, wenn man nur ihre virtuosen Seiten beleuchtet, ignoriert den Stand der Erkenntnis des 20. Jahrhunderts. Aber selbstverständlich verdienen auch die virtuosen Seiten höchstes wissenschaftliches Interesse. Hofstadter hat in atemberaubenden Ausführungen dargelegt, dass das Phänomen Bewusstsein vielleicht erst begriffen werden kann, wenn die zirkuläre Struktur des Gödel'schen Beweises vollkommen durchschaut ist. Dies würde aber bedeuten, dass das Hervortreten (die Emergenz) von Bewusstsein in physischen Systemen auf das engste mit den Grenzen der Beweisbarkeit, oder, was auf das selbe hinaus kommt, mit den Grenzen der algorithmischen Konstruierbarkeit, zusammen hinge. Hofstadter schreibt:

> „Selbstbezügliche Strukturen (*strange loops*) enthalten den Schlüssel um das Mysterium zu ergründen, welches wir als bewusste Wesen „Wesen" oder „Bewusstsein" nennen (xx)... Der Gödel'sche Zirkel erlaubt es einem

---

42 Dieser Sachverhalt ist Gegenstand der Evolutionären Erkenntnistheorie. Einige Philosophen argumentieren, dass er möglicherweise erklären kann, worüber sich viele Wissenschaftler, unter ihnen der Mathematiker und Physiker Eugene Paul Wigner (1902–1995) und der theoretische Physiker Albert Einstein (1879–1955), immer wieder wunderten: Woher es kommt, dass sich die von Menschen erdachte Mathematik so überaus gut zur Beschreibung natürlicher Prozesse eignet. Vgl. Eugene Paul Wigner, *The unreasonable effectiveness of mathematics in the natural sciences*, Communications in Pure and Applied Mathematics, Vol.13, No.1., 1960.

43 Paradoxien und Antinomien sind der Wortbedeutung nach dasselbe, nämlich der Erwartung widersprechende Aussagen oder Schlussfolgerungen. Im deutschsprachigen Schrifttum werden jedoch auflösbare (scheinbare) Widersprüche oft als Paradoxien, unlösbare Widersprüche als Antinomien bezeichnet.

System sich selbst „wahrzunehmen“, über sich selbst zu sprechen, „selbstbewusst“ zu werden, und es wäre in gewissem Sinne nicht übertrieben zu sagen, dass ein formales System dadurch, dass es eine solche logische Schleife enthält, ein „Selbst“ erwirbt (xxi).“[44]

Aus Hofstadters Bewertung der Gödel'schen Ergebnisse folgt, dass der Mensch durch Inanspruchnahme rekursiver Erkenntniswege ein virtuoses Ergebnis erzielt, nämlich ein Bewusstsein seiner selbst und damit auch eine Seele gewinnt, allerdings um den Preis des vitiösen Ergebnisses verbindlicher Erkenntnisgrenzen.[45]

Roger Penrose, zeitgenössischer Physiker und Mathematiker, geht bei der Bewertung rekursiver Strukturen noch einen Schritt weiter. Er stellt die Frage, was uns das mathematische Denken über den menschlichen Geist verraten kann und unterzieht Gödel's Beweisführung, die zunächst die Leistung eines menschlichen Gehirns ist und dann für andere Gehirne nachvollziehbar dargelegt wurde, einer sorgfältigen Phänomenologie. Wir sind, so hat uns Gödel gelehrt, in der Lage, zu *jedem* formalen System G-Sätze zu konstruieren, deren Wahrheit einsehbar ist, die jedoch gleichzeitig innerhalb des Systems unbeweisbar bleiben. Unser Denkorgan Gehirn ist zweifellos ein physisches Gebilde, aber indem es Gödel's Beweis führt oder versteht kann es unmöglich nur nach den Regeln eines formales System agieren, denn ein solches kann ja gerade nicht die Wahrheit des Satzes G und aller mit diesem verbundener Behauptungen erkennen. Unser Gehirn kann deshalb auch kein physikalisches System sein, dass irgend einem formalen System, und sei es beliebig komplex, äquivalent ist. Penrose stellt fest:

„Es scheint mir eine klare Konsequenz von Gödels Argument zu sein, dass das Konzept der mathematischen Wahrheit nicht in irgendein formalisti-

---

44 Aus dem Vorwort zur ‚20th Anniversary Edition‘ seines Buches (Anm. 36). Hofstadter gab seinem Buch den Titel ‚Gödel, Escher, Bach‘ erst verhältnismäßig spät in seinem Entstehungsprozess und benutzte bis dahin den Arbeitstitel ‚Gödel's Theorem and the Human Brain‘. Dieses Buch wurde – ohne Rücksprache mit seinem Autor – oft als ‚Bibel‘ des Forschungsprogramms ‚Künstliche Intelligenz‘ charakterisiert.

45 Hofstadter traut diese Entwicklung auch zukünftigen Generationen von Computern zu, vorausgesetzt, sie nutzen die Möglichkeiten rekursiver Logik; vgl. dazu jedoch John R. Lucas, *Minds, Machines, and Gödel*, Philosophy 36, 112-127, 1961, der die Möglichkeit bewusster Maschinen schon zuvor erwogen und verworfen hatte.

sches System einschließbar ist. Mathematische Wahrheit ist etwas, das über jeden bloßen Formalismus hinausgeht."[46]

Für Penrose ist damit erwiesen, dass sich unsere geistigen Fähigkeiten, die sich im mathematischen Denken vielleicht besonders deutlich abzeichnen, weder auf die Eigenschaften formaler Systeme noch auf die klassische Physik, die solchen Systemen gehorcht, reduzieren lassen. Zumindest einige unserer geistigen Qualitäten lägen dann also jenseits derjenigen Bereiche der Wissenschaft, auf die sich die zeitgenössische Gehirnforschung stützt, die das Gehirn als ein klassisches physikalisches Gebilde betrachtet. Mit Penrose können wir die Evolution des menschlichen Gehirns als eine spektakuläre Flucht über die Grenzen formaler Systeme hinaus betrachten. Es gibt Wahrheiten jenseits dieser Grenzen. Unser physisches Gehirn ist folglich im Stande Erkenntnisprozesse zu betreiben und zu einem Ende zu führen, die jenseits der Erklärungsmöglichkeiten formaler Theorien oder klassischer physikalischer Systeme liegen. Wollte man der Instanz, die genau dieses leistet, einen Namen geben, wäre ‚Seele' vielleicht nahe liegend.

Der Philosoph Mario Bunge hebt hervor, dass die dualistische Lehre von Leib und Seele bzw. Gehirn und Geist als grundsätzlich verschiedener Welten eine wissenschaftliche Anomalie ist: nirgendwo sonst würde in der Wissenschaft in dieser Weise zwischen einem System und seinen Funktionen unterschieden[47]. Stimmt. In diesem besonderen Fall ist jedoch auch die Fragesituation einzigartig: Nirgendwo sonst fallen im Erkenntnisprozess Subjekt und Objekt zusammen. Der Philosoph Daniel Dennett gesteht ein, dass er keinen schlagenden Beweis dafür vorlegen kann, dass der Dualismus in all seinen Formen falsch oder wider-

---

[46] Roger Penrose, *The Emperor's New Mind*, Oxford Univ. Press: Oxford 1989. Dt. Ausgabe: *Computerdenken*, Spektrum: Heidelberg. Der Titel seines Buches ‚The Emperors New Mind' spielt auf das Märchen ‚Des Kaisers neue Kleider' von Hans Christian Andersen (1805–1875) an und bezieht sich auf eine Behauptung aus der ‚Künstlichen Intelligenz', der zufolge zwischen den Leistungen eines Computers (genauer: einer Turing-Maschine) und dem menschlichen Gehirn keine qualitativen Unterschiede bestehen. Der Titel für die deutsche Übersetzung wurde mit ‚Computerdenken' denkbar schlecht gewählt. Jaki hat sich zuvor schon ähnlich wie Penrose geäußert: „Die Tatsache, dass der menschliche Geist außerstande ist, einen formalen Beweis der Widerspruchsfreiheit eines formalen Systems herbeizuführen, ist selbst der Beweis dafür, dass das menschliche Denken in letzter Analyse auch auf informellen, selbst-reflektierenden, intuitiven Schritten beruht". Vgl. Stanley L. Jaki, *Brain, Mind and Computers*, Regnery Gateway: Washington D.C. 1969.

[47] Mario Bunge, *Emergence and the Mind*, Neuroscience 2, 501-509, 1977.

sprüchlich sei, dass aber ein Akzeptieren des Dualismus wegen seiner mystischen Neigungen einer Resignation gleichkäme[48]. Stimmt auch. Nur ist der Wille, eine Lösung zu finden, kein Beleg dafür, dass es eine gibt. Kommen sich im Erkenntnisprozess Subjekt und Objekt nahe, berühren sich und beginnen sich zu überschneiden, so treten offenkundig ganz eigene Gesetze in Kraft. Plötzlich entstehen Unsicherheit und Orientierungslosigkeit. Und erst jetzt werden Voraussetzungen geschaffen, die Selbstwahrnehmung, Selbstrepräsentation und, folgen wir Hofstadter, vielleicht auch Selbst-Bewusstsein möglich machen. Rekursion erzeugt eine besondere Magie. Der Schriftsteller Michael Ende (1929–1995) versuchte dies mit der Frage ins Bild zu bringen: „Was spiegelt sich in einem Spiegel, der sich in einem Spiegel spiegelt?“[49]

Freiheit

Wie die Seelenintuition, so können wir auch die Freiheitsintuition durch die abendländische Geschichte bis in die Antike zurückverfolgen. Im Drama *König Ödipus* von Sophokles (496–406 v. Chr.)[50] erkennen wir das Ringen um die Handlungs- und Entscheidungsspielräume, die dem Menschen zukommen oder nicht zukommen. Das Leiden, das Ödipus widerfährt, indem er versucht, seinem durch ein göttliches Orakel anscheinend vorbestimmten Schicksal zu entgehen, hat seinen Ursprung nicht mehr – wie in früheren Dramen – im Willen der Götter, sondern es wird ihm von anderen Menschen zugefügt: das Tragische ist nun auf den Bereich des Menschlichen beschränkt. Der Mensch wird von Sophokles mitten in das Spannungsfeld zwischen Freiheit und Notwendigkeit gestellt.

Besonders augenfällig wird die Freiheitsintuition im biblischen Szenario des Jüngsten Gerichtes, einem Bild, um dessen Gestaltung sich Generationen bedeutender Künstler bemüht haben (Abb. 7).

---

48 Daniel Dennett, *Consciousness Explained*, Little, Brown & Co.: Boston 1991.

49 Michael Ende, *Der Spiegel im Spiegel. Ein Labyrinth*, Thienemanns: Stuttgart 1984.

50 Sophokles. (427 v. Chr.), *Oedipus Rex*. Dt.: *König Ödipus*, z. B. Reclam: Ditzingen.

Abbildung 7: Das Jüngste Gericht, einflussreiches Motiv zur Freiheitsintuition des Menschen in der abendländischen Geschichte. Hier ist ein Ausschnitt des monumentalen Gemäldes von Himmel und Hölle auf der 4000 m^2 großen Innenfläche der Kuppel des Florentiner Doms Santa Maria del Fiore zu sehen, das in den Jahren 1572 bis 1579 von Giorgio Vasari und Federico Zuccari ausgeführt und zwischen 1978 und 1994 einer umfangreichen Restaurierung unterzogen wurde.

Im Matthäus-Evangelium der Bibel, dessen Urtext nur wenige Jahrzehnte nach Christi Geburt entstand, finden wir dazu folgende Ausführung:

> „Wenn aber des Menschen Sohn kommen wird in seiner Herrlichkeit, und alle heiligen Engel mit ihm, dann wird er sitzen auf dem Stuhl seiner Herrlichkeit, und werden vor ihm alle Völker versammelt werden. Und er wird sie voneinander scheiden, gleich als ein Hirte die Schafe von den Böcken scheidet. Und wird die Schafe zu seiner Rechten stellen und die Böcke zur Linken. Da wird dann der König sagen zu denen zu seiner Rechten: Kommt her, ihr Gesegneten meines Vaters, ererbt das Reich, das euch bereitet ist von Anbeginn der Welt! Denn ich bin hungrig gewesen, und ihr habt mich gespeist. Ich bin durstig gewesen, und ihr habt mich getränkt. Ich bin ein Gast gewesen, und ihr habt mich beherbergt…Was ihr getan habt einem unter diesen meinen geringsten Brüdern, das habt ihr mir getan. Dann wird er auch sagen zu denen zu seiner Linken: Gehet von mir, ihr Verfluchten, in das ewige Feuer, das bereitet ist dem Teufel und seinen

> Engeln. Ich bin hungrig gewesen, und ihr habt mich nicht gespeist. Ich bin durstig gewesen, und ihr habt mich nicht getränkt. Ich bin ein Gast gewesen, und ihr habt mich nicht beherbergt... Was ihr nicht getan habt einem unter diesen Geringsten, das habt ihr mir auch nicht getan. Und sie werden in die ewige Pein gehen; aber die Gerechten in das ewige Leben.“[51]

Diese Passage lässt keinen Zweifel daran, dass der Mensch im Prinzip als freies Wesen gedacht wird, das sich für das Gute oder das Böse entscheiden kann und seine Entscheidung verantworten muss. Wer sich nicht in *freier Entscheidung* darum bemüht, sein Leben gottgefällig zu führen, kommt, wenn am Jüngsten Tage über alle Lebenden und Toten gerichtet wird, in die Hölle.

Mit der Entwicklung der Naturwissenschaften, den Entdeckungen von Naturgesetzen und dem daraus erwachsenden Bild eines deterministischen, mathematisch beschreibbaren Weltengefüges, die weiter oben schon angedeutet wurde, begann die Frage nach der Freiheit auch Angelegenheit der Naturwissenschaften zu werden. Der einflussreiche Enzyklopädist Paul Holbach (1723–1789) gab seiner Überzeugung Ausdruck, dass diese Frage zu seiner Zeit endgültig beantwortet sei.

> „Der Mensch ist nichts als ein physikalisches Wesen... Des Menschen Leben bildet eine Linie, die er unter dem Kommando der Natur auf der Oberfläche der Erde beschreibt, ohne auch nur für einen Moment davon abweichen zu können... Der Mensch ... wird durch ein inneres Organ bewegt, das selbst notwendig bestimmt wird durch Vorstellungen, die aus Wahrnehmungen resultieren, welche von äußeren Objekten gemacht werden... Wäre seine innere Maschinerie weniger kompliziert könnte er wahrnehmen, dass all seine Aktionen notwendig erfolgen, denn er würde sofort die Ursachen erkennen, die ihn zu seinen Aktionen veranlassen.“[52]

---

51 Neues Testament der Bibel, Matthäus-Evangelium, Kapitel 25, Verse 31-46, nach der deutschen Übersetzung Martin Luthers, Dt. Bibelgesellschaft: Leipzig.

52 Paul-Henri Thiry Holbach, *Système de la nature, ou des lois du monde physique et du monde moral*, Paris 1770. Engl. Übersetzung*: The System of Nature: Laws of the Moral and Physical World*, Mendum: Boston/USA.

Eine mächtige Gegenbewegung zu der Vorstellung des Menschen als Marionette der Naturgesetze blühte mit dem deutschen Idealismus auf. Friedrich Schiller (1759–1805) behauptete nicht nur, er schien sogar vorzuleben, dass der Körper auch den geistigen und der Geist nicht nur den materiellen Gesetzen unterworfen ist[53]. So sagt es Schiller im Wallenstein: „Es ist der Geist, der sich den Körper baut“[54]. Schiller, oft als Dichter der Freiheit bezeichnet, ist uns als herausragender Vertreter der geistigen Bewegung seiner Zeit bekannt, in der eine hierarchische, starre, mechanische Weltordnung als lähmend empfunden wurde und eine mitreißende Aufbruchstimmung zu Neu- und Eigengestaltung entstand.[55]

Mit Schopenhauer schlug das Pendel erneut in die andere Richtung:

> „Die Frage nach der Willensfreiheit ist wirklich ein Probierstein, an welchem man tiefdenkend Geister von den oberflächlichen unterscheiden kann, oder ein Grenzstein, wo beide auseinandergehen, indem die ersteren sämtlich das notwendige Erfolgen der Handlungen bei gegebenem Charakter und Motiv behaupten, die letzteren dagegen mit dem großen Haufen der Willensfreiheit anhängen. Sodann gibt es noch einen Mittelschlag, welcher sich verlegen fühlend, hin und her laviert, sich und anderen den Zielpunkt verrückt, sich hinter Worte und Phrasen flüchtet oder die Frage so lange dreht und verdreht, bis man nicht mehr weiß, worauf sie hinauslief.“ [56]

Schopenhauers Analyse wurde wiederum weder von allen Philosophen noch von allen Naturwissenschaftlern geteilt. Der Molekularbiologe Gunther Stent begreift die Frage nach der menschlichen Freiheit als Paradoxon:

---

53 Schillers erste (abgelehnte) medizinische Dissertation trug den Titel „Philosophie der Physiologie“. In ihr versucht er darzulegen, dass das verbindende Element, die Mittelkraft zwischen Seele und Leib, die Liebe sei. Auch Friedrich Schelling (1732–1812), der 1798 „Von der Weltseele“ schrieb und dessen Philosophie immer um eine Synthese von Geist und Natur rang, hat aus dem Geiste des Idealismus heraus eine einflussreiche Schrift zum Thema Freiheit verfasst (1809), in deren Zentrum die Frage nach dem Guten und Bösen steht. Vgl. Friedrich W. J. Schelling (1809), *Über das Wesen der menschlichen Freiheit*, z. B. Reclam: Ditzingen.

54 Friedrich Schiller (1800), *Wallenstein*, III/13, z. B. Reclam: Ditzingen.

55 Rüdiger Safranski, *Schiller, oder die Erfindung des Deutschen Idealismus*, Hanser: München 2004.

56 Arthur Schopenhauer, *Über die Freiheit des menschlichen Willens*, 1837.

„Obwohl wir intuitiv den freien Willen der Person und ebenso die kausale Notwendigkeit der Natur zuschreiben, was offensichtlich miteinander unvereinbar ist, können wir als Vernunftwesen den Begriff der moralischen Freiheit ebensowenig aufgeben wie den Begriff der naturwissenschaftlichen Determiniertheit. Jene seltenen Personen, die tatsächlich den einen oder den anderen dieser Begriffe aufgegeben haben, werden gewöhnlich als Psychopathen erkannt, und ihre Mehrzahl lebt in Gefängnissen oder Irrenhäusern“[57].

Die meisten derjenigen zeitgenössischen Gehirnforscher, die der Öffentlichkeitsarbeit zugewandte sind, haben sich dennoch auf Schopenhauers Seite geschlagen und erklären unsere Freiheitsintuition als eine bloße Selbsttäuschung: „Die Forschung beweist: der freie Wille des Menschen ist nur eine Illusion“ heißt es[58], oder „Wir sind determiniert, die Hirnforschung befreit von Illusionen“[59]. Argumentiert wird dabei einerseits ähnlich wie bei Holbach: Alles, was geschieht, hat seine Ursachen, also gibt es für Freiheit keinen Raum. Andererseits werden experimentelle Befunde der Gehirnforschung zitiert, nach denen die subjektive Wahrnehmung eines Willensentschlusses erst erfolgt, *nachdem* das Gehirn Fakten geschaffen hat.[60]

Das zentrale Argument zugunsten der Ansicht, dass wir mit unserem Bewusstsein nachträglich bestätigen, was durch unser Gehirn längst eingeleitet wurde und ausgeführt wird, beruht auf Beobachtungen, denen zufolge unser bewusstes Erleben willentlicher Aktionen, z. B. das Beugen des rechten Zeigefingers, erst einsetzt, *nachdem* die dazu gehörigen hirnphysiologischen Prozesse bereits in Gang gesetzt wurden. Die Zeitdifferenz zwischen dem Beginn des elektrischen Bereitschaftspotentials[61] im Gehirn, das die Bewegung vorzubereiten beginnt,

---

57 Gunther S. Stent, *Die Autonomie des Menschen: Komplexität und Komplementarität des Geistes*. In: Mannheimer Forum 92/93 (Hg. E.-P. Fischer). S. auch sein Buch *Paradoxes of Free Will*, Amer. Philos. Soc.: Philadelphia 2002.

58 *Die Welt* vom 29. Oktober 2003.

59 *FAZ* vom 1. Dezember 2003.

60 Daniel Wegner, *The Illusion of Conscious Will*, MIT Press: Boston/USA 2002.

61 Hans H. Kornhuber, Lüder Deeke, *Hirnpotentialänderungen bei Willkürbewegungen und passiven Bewegungen des Menschen: Bereitschaftspotential und reafferente Potentiale*, Pflügers Archiv 284, 1-17, 1965.

und dem Moment, an dem wir introspektiv die bewusste Entscheidung datieren, diese Bewegung auszuführen, beträgt einige Zehntel Sekunden. Experimente dieser Art wurden vor allem von dem Neurophysiologen Benjamin Libet durchgeführt[62]. Während seine Beobachtungen inzwischen vielfach bestätigt wurden, bleibt ihre Interpretation kontrovers. Nach den gegenwärtig lautesten Stimmen zeigen Libets Ergebnisse, dass wir durch unser bewusstes Erleben nur sanktionieren, was unser Gehirn aus eigenen Ursachen längst initiiert hat. Der Sinn dieser Illusion läge darin, dass wir unsere Urheberschaft für alles, was unser Gehirn bewirkt, wahrnehmen und erinnern. In dieser Interpretation wäre das Gefühl, Entscheidungen frei treffen zu können in dem Sinne, dass wir ebenso gut auch anders hätten entscheiden können, tatsächlich eine Illusion.

Libet selbst, dem man unterstellte, er habe bewiesen, dass der freie Wille eine Illusion sei, wertet die Ergebnisse seiner Experimente anders. Für ihn können sie keineswegs als Beweis für die Abwesenheit von Willensfreiheit herhalten. Seine Beobachtungen seien vielmehr vollkommen verträglich mit der Ansicht, dass das Gehirn Prozesse einleitet und anbietet, das Bewusstsein dann aber als eine übergeordnete Instanz darüber entscheidet, ob sie zu Ende geführt oder abgebrochen werden. Dies ist die *Veto-Theorie*, der zufolge wir Handlungen zwar nicht voraussetzungslos beginnen, aber darüber befinden können, welche der vom Nervensystem bereitgestellten Optionen ausgewählt und ausgeführt werden.

Während die Diskussion über die Bewertung dieser zweifellos faszinierenden Ergebnisse der Gehirnforschung medienwirksam weiter geführt wird, kann man die erstaunliche Entdeckung machen, dass dabei eine Argumentationslinie nahezu ausgeblendet wird, die von dem Physiker Max Planck (1858–1947) angestoßen[63] und von den Philosophen Karl Popper (1902–1994)[64] und Donald

---

[62] Benjamin Libet, Curtis A. Gleason, Elwood W. Wright, Dennis K. Pearl, *Time of conscious intention to act in relation to onset of cerebral activity*, Brain 106, 626–642, 1983. S. auch: Benjamin Libet, A. Freeman, K. Sunderland (Eds.), *The Volitional Brain: Towards a Neuroscience of Free Will*, Thorverton: UK 1999.

[63] Max Planck, *Vom Wesen der Willensfreiheit*, Barth: Leipzig 1936.

[64] Karl R. Popper, *Indeterminism in quantum physics and in classical physics*, Brit. J. Philos. Sci. 1: 117-133 und 1: 173-195, 1950. In Poppers Arbeit findet man keinen Verweis auf die Arbeit Planck's. Diese Unterlassung ist aus Sicht der unmittelbaren Nachkriegsjahre psychologisch verständlich, wissenschaftlich jedoch inkorrekt.

MacKay (1922–1987)[65] aufgegriffen und weiter entwickelt wurde. Diese Argumentationslinie basiert nicht auf physiologischen oder psychologischen Experimenten, sondern allein auf der logischen Analyse der Frage, ob der Mensch frei genannt werden sollte oder nicht. Wenn unsere Willensentscheidungen grundsätzlich durch hirnphysiologische Prozesse bestimmt und diese vollkommen physikalisch determiniert wären, so war Planck's Ausgangspunkt, dann müsste man im Prinzip mit Sicherheit vorhersagen können, wie jede zukünftige Wahl einer beliebigen Person, die man beobachtet, ausfallen wird und der freie Wille wäre als Illusion entlarvt. Es zeigt sich jedoch, dass die Forderung nach sicherer Vorhersage grundsätzlich nicht einlösbar ist. Das Argument geht wie folgt:

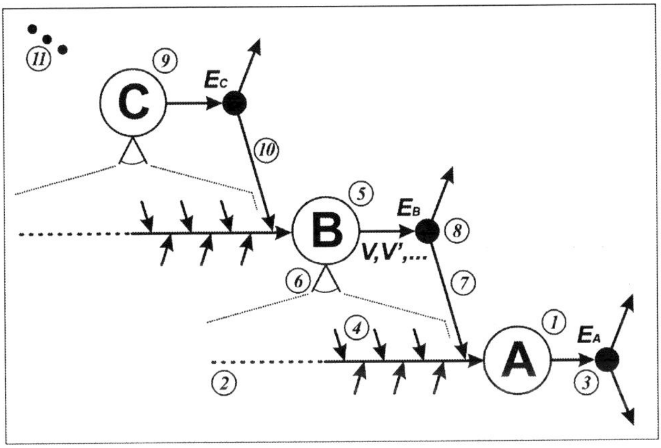

Abbildung 8: Die Struktur des Arguments von Planck, Popper und MacKay. Zur Erklärung s. Text.

Betrachten wir eine beliebige Person A (1, s. die Zahlen in Abb. 8). A hat eine Vergangenheit (2) und eine Zukunft (3). In ihrer Zukunft steht eine Entscheidung E_A an (3), die A glaubt frei treffen zu können. Bei der Entscheidungsfindung werden viele (bewusste und unbewusste) Faktoren eine Rolle spielen (4). Nehmen wir nun an, es gälte ein strenger Determinismus, gerade so, wie es Baron Holbach beschrieben hat. Dann könnte eine andere Person B (5), der wir genaueste Kenntnisse *aller* Faktoren zugestehen, die A in seiner Entscheidung beeinflussen (6), im Prinzip mit Sicherheit voraussagen, wie A's Entscheidung ausfallen wird, *bevor* A diese Entscheidung trifft. Gelänge dies, wäre A's Freiheitsintuition tatsächlich illusionär.

65 Donald M. MacKay, *On the logical indeterminancy of free choice*, Mind 69, 31-40, 1960.

Nun ist jedoch zu beachten, dass die Voraussage V nur solange gültig sein kann, wie A *keine Kenntnis* von V hat. Denn erhält A Kenntnis von ihr (7), dann käme ein weiterer Faktor zur Entscheidungsfindung hinzu, der die Entscheidung E_A verändern könnte, z.B. wenn V eine Gefahrensituation vorhersagt. In diesem Moment würde V also hinfällig und eine neue Voraussage V' erforderlich. B kann nun auch A's Entscheidung unter Berücksichtigung seiner Kenntnis von V voraussagen, die aber wieder nur solange mit Sicherheit gültig sein kann, wie A von V' keine Kenntnis hat; usf. Sobald A von der Vorhersage V, V', ... erfährt, stimmt sie nicht mehr mit Sicherheit. Der Inhalt der Voraussage ist folglich keine absolute, sondern eine relative, eine bedingte Wahrheit: sie gilt gegebenenfalls bezüglich B, aber nicht bezüglich A. Es ist wichtig festzustellen, dass A's Freiheitsintuition nicht auf dem Fehlen von Information beruht, denn in demselben Augenblick, da diese Information für A zugänglich wird, ist sie wertlos geworden. Deshalb kann A nicht ignorant genannt werden, so wie z. B. jemand ignorant genannt würde, der nicht weiß, dass 19 eine Primzahl ist.

Der entscheidende Punkt ist nun, dass sich B *nicht sicher* sein kann, ob A von B's Vorhersage V erfahren wird oder nicht, denn *B unterliegt selbst der Freiheitsintuition* (8). Vielleicht wird B von Mitleid ergriffen, wenn er/sie für A eine Gefahrensituation voraussieht, und möchte A davor warnen? Wie sich B verhalten wird könnte von einer Person C vorausgesagt werden (9), aber auch C unterliegt dem Eindruck freier Entscheidungsmöglichkeit, ob er/sie z. B. B von seiner/ihrer Vorhersage über B wissen lassen möchte oder nicht (10); usf. (11). Deshalb können sich B, C, ... der Korrektheit ihrer Voraussagen *nie* sicher sein. Natürlich kann auch A Beobachter einer beliebigen anderen Person X sein, wobei wieder die gleichen logischen Beziehungen und Einschränkungen gelten. Es wird also unmöglich bleiben, die zukünftigen Entscheidungen eines Menschen mit Sicherheit vorherzusagen, selbst wenn wir eines Tages gelernt haben sollten, seine Gehirnaktivitäten im Sinne des Laplace'schen Geistes lückenlos zu beobachten.

Weil also grundsätzlich, d. h. aufgrund der logischen Struktur des Situation, die Entscheidungen der beliebig gewählten Person A, also von jedermann, nicht mit Sicherheit vorhergesagt werden können, erscheint es unausweichlich, A's zukünftige Entscheidungen als grundsätzlich unbestimmt zu erklären. Dies sei gemeint, wenn A *frei* genannt wird. Diese Schlussfolgerung gilt, um es zu wiederholen, auch unter der Voraussetzung, dass wir einen strengen Determinismus für alle Vorgänge in der Welt gelten lassen[66]. Der Einwand, eine Vorhersage sei zwar nicht möglich, A sei aber ‚in Wirklichkeit' eben doch nicht frei, kann man nicht gelten lassen. Welche ‚Wirklichkeit' sollte damit gemeint sein? Die *eine* ‚Wirklichkeit', auf die dabei Bezug genommen wird, gibt es für keine denkbare Position A, B, C, D, ... X, von der aus das Weltengeschehen beobachtet werden könnte. Wenngleich wir also Holbach in seinen Beschreibungen des komplexen Netzwerks aus Ursache und Wirkung, in welches auch der Mensch eingewoben ist, zustimmen, sind die Schlussfolgerungen, die er und seine Nachfolger bis in die Gegenwart hinein daraus ziehen, logisch nicht haltbar.[67] Planck kommentierte dieses Ergebnis so:

> „Beruht also die Willensfreiheit im Grunde auf einer Unvollkommenheit unseres Erkenntnisvermögens? Nichts wäre verkehrter als eine derartige Ausdrucksweise... Ebensowenig wird man den Umstand, daß ein Schnellläufer trotz aller Steigerung seines Tempos sich niemals selbst überholen kann, auf eine Unvollkommenheit seiner Leistung zurückführen".

Diese Argumente legen eine logische Struktur frei, die nicht dazu geeignet ist, die Freiheitsintuition als ein für alle mal widerlegt zu kennzeichnen. Es deutet vielmehr an, dass es eine charakteristische Eigenschaft des Handelns in der Zeit ist, sich jeder *sicheren* Voraussage zu entziehen. Wir müssen, so scheint es, ein zweites Ergebnis einer logischen Analyse der von manchen Gehirnforschern gerne schon verbuchten Erfolge anerkennen, das in der Ungleichung gipfelt:

$$\textit{Determinismus} \neq \textit{Vorhersagbarkeit}$$

---

66 Diese Unmöglichkeit der Vorhersage ist von völlig anderer Art als die Grenzen der Vorhersagbarkeit, mit denen die Chaosforschung zu tun hat, die das Konzept des deterministischen Chaos vorstellte. Deren Grenzen beruhen nicht auf logischen Gründen, sondern auf praktisch unauslotbaren Komplexitäten. Vgl. Ivar Ekeland, *Das Vorhersagbare und das Unvorhersagbare*, Harnack: München 1985. Original: *Le calcule, l'imprévu*, Editions du Seuil: Paris 1984.

67 Der Philosoph Peter Bieri macht konkrete Vorschläge, wie wir mit dem Begriff der Freiheit sinnvoll umgehen können, ohne gleichzeitig Naturgesetze aushebeln zu müssen. Vgl. Peter Bieri, *Das Handwerk der Freiheit. Über die Entdeckung des eigenen Willens*, Hanser: München 2001. S. auch seinen Artikel *Unser Wille ist frei*. In: Der Spiegel, 10. Januar 2005.

Fazit

Behauptungen, Wissenschaft werde niemals in der Lage sein, bestimmte Phänomene zu erklären, haben sich schon oft als Irrtum erwiesen. Woher sollen wir die Überzeugung nehmen, mit den hier behandelten Phänomenen sei es anders? Diese Überzeugung kann sich allein auf die Tatsache stützen, dass wir hier nicht von Kräften, Dimensionen oder Komplexitäten reden. In diesen Dingen hat wissenschaftlicher Fortschritt die Phantasie der Menschen immer wieder in den Schatten gestellt und wird es wohl auch zukünftig tun. Die hier vorgebrachten Argumente beziehen sich jedoch nicht etwa auf die zahlreichen, in höchstem Maße faszinierenden Eigenschaften des physischen Gehirns, sondern vielmehr auf die logischen Strukturen des Denkens über das Denkorgan Gehirn: einerseits auf die rekursive Natur der Selbsterkenntnis, und andererseits auf die Gesetzmäßigkeiten des Versuchs einer Vorhersage von Ereignis- und Handlungsabläufen. In der Mathematik sind Unmöglichkeitsbeweise überzeugend und verbindlich geführt worden. Die Ausführungen, die hier gemacht werden, dienen dem Ziel zu zeigen, dass verschiedene dieser Ergebnisse für die Gehirnforschung relevant sind.

Die beiden historischen Strömungen, die hier angedeutet wurden, münden allem Anschein nach in einer jeweils eigenen Art logischer Unbestimmtheit und Unbestimmbarkeit. Entgegen mancher wortreich vorgetragenen Erklärungen in den modernen Neurowissenschaften können wir weder überzeugend begründen noch plausibel machen, dass der wissenschaftliche Brückenschlag zwischen Seele und Leib ausgeführt wurde oder wenigstens anstünde und das abendländische Menschenbild grundlegend umgestaltet werden müsse, weil ihm die individuelle Freiheit verloren ging. Je deutlicher man sich die Argumente vergegenwärtigt, die in den betrachteten Teilen der Wissenschaftsgeschichte aufgekommen sind und ausgetauscht wurden, desto zurückhaltender wird man gegenüber dem Chor der feuilletonistischen Erfolgsberichte und Vollzugsmeldungen, der die Gehirnforschung als höchste Instanz der Humanwissenschaften betrachtet und die letzten Fragen zur Natur des Menschen als beantwortet erklärt.

Die Diagnose, dass beide historischen Entwicklungen in Antinomien enden, mit denen wir lernen müssen zu leben, darf jedoch keineswegs als Resignation fehlgedeutet werden. Identifikationen von Erkenntnisgrenzen sind eine fundamentale Bereicherung unseres Weltverständnisses. Ihre Entdeckung hat in der Wissenschaftsgeschichte immer einschneidende Zäsuren gesetzt und fruchtbare

Entwicklungen eingeleitet. Die Logik hat trotz der Existenz von Paradoxien und Antinomien eine jahrtausendelange Geschichte vitalen Wachstums hinter sich. Die Mathematik ist mit den Gödel'schen Unvollständigkeitssätzen ein Forschungsfeld von faszinierender Kreativität geblieben. Und die Physik hat mit der Entdeckung der Quantenmechanik u. a. das Informationszeitalter begründet, obwohl sie Unbestimmtheitsprinzipen enthält und das Kausalitätsgesetz relativieren musste. Das Ende der Neurowissenschaften müsste nach Anerkennung verbindlicher Erkenntnisgrenzen keineswegs eingeläutet werden. Im Gegenteil: Sie wäre fundamentalen Irrwegen entkommen und könnten sich mit einer tieferen Selbsterkenntnis auf ihre Reise in die Zukunft machen, eine Reise durch zerklüftete Erkenntnislandschaften, über ein unerschöpfliches Netz von Höhenwegen mit weiteren unvorhersagbaren, überraschenden und gelegentlich auch unglaublichen Aus- und Einblicken.

Hans Günter Gassen

Dein Gehirn, das unbekannte Wesen

Ein Humangehirn auf dem Tisch des Pathologen sieht unscheinbar aus: 1.300 bis 1.400 g einer bräunlichen, fetten Masse ohne stabile Gestalt und Form. Trotzdem ist unser Gehirn das komplexeste und wunderbarste Gebilde, das es auf der Erde oder vielleicht in dem gesamten Universum gibt. Es ist nicht nur in der Lage, einen Zweifüßler in allen Lebenslagen im Raum zu steuern, sondern es koordiniert die Informationen der fünf Sinne über die Umwelt, erlaubt, über die Sprache mit Mitmenschen zu kommunizieren und vermittelt uns Fühlen, Wahrnehmen und Denken. Das Gehirn unterscheidet den Menschen vom Tier. Nur der Mensch kann seine Taten reflektieren und verantworten.

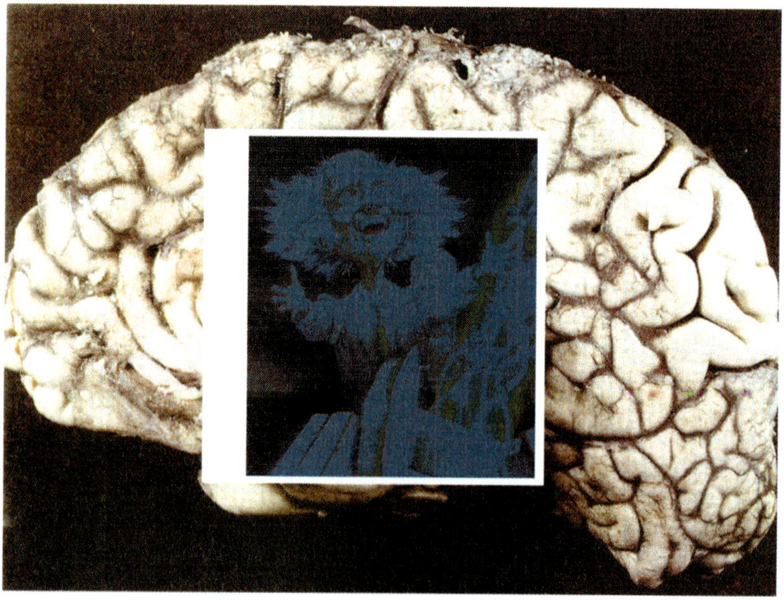

Abbildung 1: Wie entsteht aus dem Gehirn die wunderbar farbige Welt des Bewusstseins?

Wir sind gewohnt, aus einer Gestalt oder Struktur die Funktionen abzuleiten. Dies gilt für die belebte wie unbelebte Natur. Bezogen auf die Funktionsabläufe im Humangehirn wissen wir viel über Bewegungssteuerung und über die Verarbeitung von Sinneseindrücken. Was allerdings eine Seele ist oder wie wir denken, davon vermittelt uns die reine Struktur des Gehirns nichts.

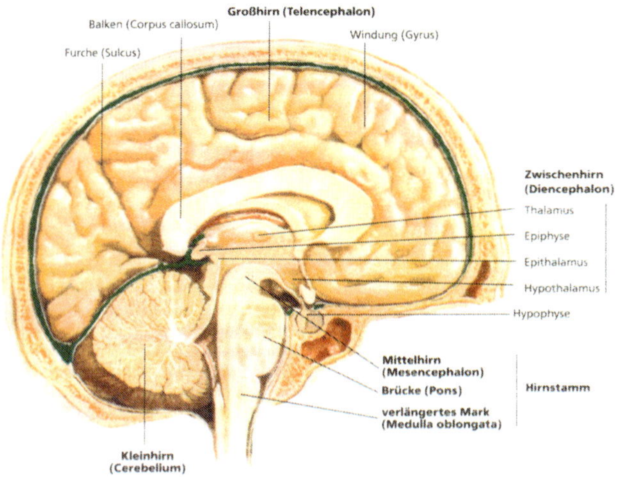

Abbildung 2: Die wichtigsten anatomischen Regionen des Gehirns und ihre Position innerhalb des Schädels auf einem Sagittalschnitt zwischen den beiden Hemisphären.

Um zu verstehen, wie das Gehirn arbeitet, benötigt man ein elementares Verständnis davon, wie das Gehirn organisiert ist. Wenn nachfolgend versucht wird, in zwar einfacher, aber doch exakter Form die Anatomie des Gehirns zu erklären, so bedeutet dies nicht, dass die Anatomie zwanghaft die Physiologie oder gar die Seele erklärt. Funktionelle Lokalisationen wie z. B. das Broca'sche Sprachzentrum sind gewiss möglich; aus der Struktur alleine leitet sich das Verständnis für komplexe Reaktionen noch nicht ab. Weil auch im Gehirn einfache Zuordnungen – etwa der Mut ist im Mandelkern lokalisiert – nicht existieren, sondern z. B. Emotionen über viele Zentren gemeinsam reguliert werden, wird eine funktionelle Beschreibung der Gehirnstruktur schwierig bis unmöglich.

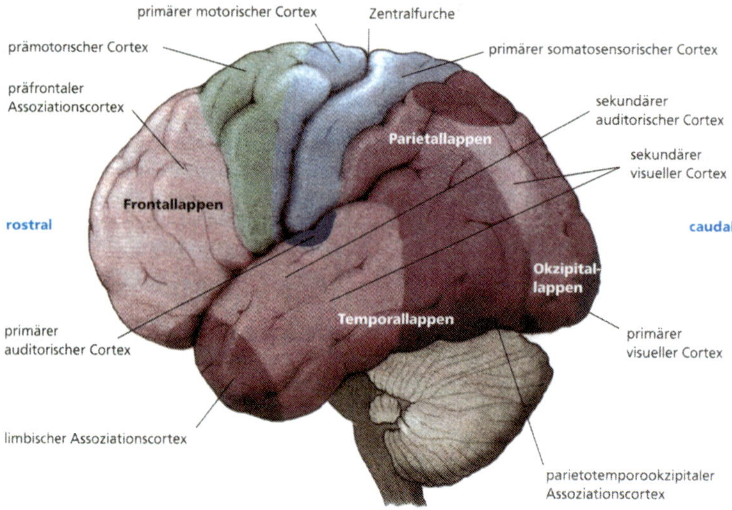

Abbildung 3: Seitenansicht der linken Großhirnhälfte und ihre funktionelle Gliederung in verschiedene Lobi.

Zunächst werden einige Orientierungshilfen gegeben. Die üblichen Ortsbegriffe vorne, hinten, oben und unten werden ersetzt durch rostral, caudal, dorsal und ventral. Die drei Ebenen, die man durch das Gehirn legen kann, werden mit horizontal, coronal und sagittal bezeichnet. Der innere Teil ist medial und der äußere seitliche Teil lateral.

Zwar ist die Architektur des Gehirns kompliziert, sie folgt aber einer relativ einfachen Reihe von Funktions- und Organisationsprinzipien, die gemeinsam Ordnung in die Abermillionen Details der Gehirnanatomie bringen. So lassen sich beim Gehirn des erwachsenen Menschen sechs anatomische Regionen unterscheiden. Von dorsal nach ventral sind dies das Großhirn, das Zwischenhirn, das Mittelhirn, die Brücke, das Kleinhirn und das verlängerte Mark, das in das Rückenmark übergeht. Das verlängerte Mark, die Brücke und das Mittelhirn bilden eine kontinuierliche Struktur, die Hirnstamm oder auch Stammhirn genannt wird.

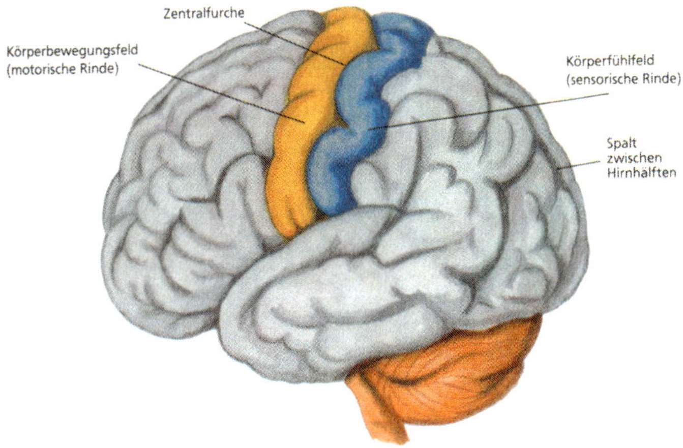

Abbildung 4: Die sensorischen und motorischen Projektionen von und zur Körperoberfläche sind auf der Großhirnrinde geordnet angelegt.

Das Großhirn - die oberste Kommandozentrale

Auffällig ist zunächst die Struktur des Großhirns (Telencephalon). Es ist beim Menschen besonders stark ausgebildet, liegt unmittelbar unterhalb des Schädels und ist der entwicklungsgeschichtlich jüngste Bereich des Gehirns. Es besteht aus zwei durch eine tiefe Furche getrennten Großhirnhälften (Hemisphären), die etwa 80 Prozent der gesamten Hirnmasse ausmachen. Die Großhirnhemisphäre weist zwei wichtige Organisationsmerkmale auf. Zum einen kontrolliert jede Hemisphäre vorwiegend sensorische und motorische Prozesse der gegenüberliegenden Körperseite. Sensorische Informationen der Sinnesorgane, die von der linken Körperseite ins Rückenmark eintreten, wechseln auf die rechte Seite, bevor sic zur Großhirnrinde weitergeleitet werden. Genauso kontrollieren die motorischen Bereiche der einen Hirnhälfte die Bewegungen der gegenüberliegenden Körperhälfte. Zum anderen sind die beiden Hemisphären, obwohl es den Anschein hat, weder vollständig symmetrisch gebaut, noch erfüllen sie die gleichen Funktionen. Verbunden sind die beiden Hemisphären durch den Balken (Corpus callosum), ein dichtes Bündel von Nervenfasern, das wie eine Datenautobahn die Informationen zwischen den beiden Großhirnhälften hin und her leitet.

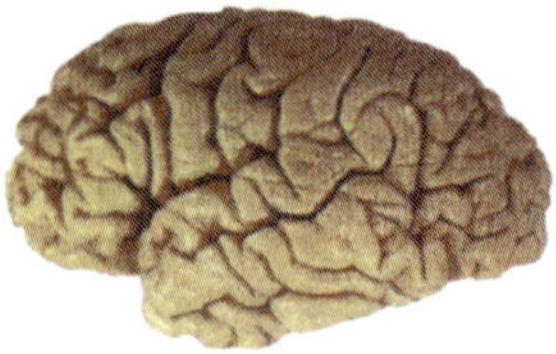

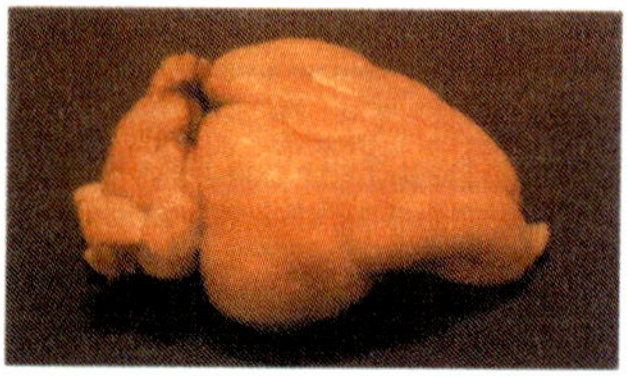

Abbildung 5 oben: Menschliches Gehirn
Mit freundlicher Genehmigung: Prof. Dr. Braak, Klinikum der Johann-Wolfgang-Goethe-Universität, Zentrum für Morphologie, Frankfurt a. M.
Abbildung 6 unten: Gehirn eines Kaninchens

Die etwa 1,4 bis 1,5 mm dicke sog. graue Substanz umhüllt das Großhirn wie ein Mantel und wird als Großhirnrinde (Cortex cerebri oder häufig einfach Cortex genannt) bezeichnet. Sie ist durch zahlreiche Furchen (Sulci) gekennzeichnet, welche die erhabenen Gehirnwindungen (Gyri) voneinander trennen. Im Gegensatz zu anderen Lebewesen der Erde verfügen Menschen über stark gefurchte Gehirne. Der Vergleich verschiedener Spezies hinsichtlich der Furchung zeigt, dass zum Beispiel Kaninchen ein nahezu glattes Gehirn haben. Die besondere Form der Großhirnrinde entstand im Zuge der Evolution des Primatengehirns, indem das Volumen der Großhirnrinde schneller wuchs als der Schädel. Diese Diskrepanz hat sowohl zur Auffaltung der Oberfläche als auch zur Faltung der Struktur als Ganzes geführt. Nur 30 Prozent der Großhirnrinde sind von außen sichtbar, der Rest ist in den Furchen verborgen. Durch die Faltung wird die enorme Oberfläche des Cortexes von ca. 2.500 cm^2 erreicht. Die Größe der Hirnrinde sowie die hohe Bündelung von Nervenzellen könnte die besondere Leistungsfähigkeit des Humangehirns erklären.

Die Großhirnrinde repräsentiert die oberste Ebene der Informationsverarbeitung. Sie steuert die willentlichen Bewegungen, verarbeitet Sinnesreize bewusst und ist für komplexe kognitive Prozesse wie beispielsweise Denken oder Sprechen zuständig. Differenziertes persönliches Verhalten ist an einen intakten Cortex gebunden. Geht eine große Zahl der Cortex-Zellen zugrunde, etwa bei länger dauerndem Sauerstoffmangel, degenerativen Erkrankungen oder bei Infektionen, so verringern sich die intellektuellen Leistungen, und der Patient zeigt sich in seiner Persönlichkeit weniger differenziert. Bei völligem Ausfall ist der Kranke gegenüber seiner Umgebung reaktionslos, während die vom Hirnstamm gesteuerten lebenserhaltenden Körperfunktionen wie Kreislauf und Atmung, Nahrungsaufnahme und Verdauungsvorgänge noch intakt sein können. Einigen Körperteilen im Motorcortex wird viel Raum gegeben, anderen hingegen sehr wenig. Die Raumzuweisung wird durch den funktionellen Bedarf, nicht durch die Größe des Körperteils bestimmt. So bekommen Lippe, Zunge und Finger die meiste Nutzfläche.

Das Lesezentrum des Gehirns, in dem die optische Verarbeitung von geschriebenen Wörtern stattfindet, ist ebenfalls im Scheitellappen im Bereich des Gyrus angularis beheimatet.

Im Rindenbereich des Hinterhauptlappens enden die Sehbahnen im primären Sehzentrum. Die Impulse der Netzhaut werden über Fasern des Sehnervs zum Hirnstamm geleitet, die Hälfte davon wechselt an der Sehnervkreuzung auf die entgegengesetzte Seite und trifft dann mit einer Geschwindigkeit von bis zu 120 Metern pro Sekunde im Sehzentrum ein. Der Schläfenlappen, unterhalb von Stirn- und Scheitellappen, enthält das primäre Hörzentrum.

Weitere in der Tiefe des Großhirns liegende Ansammlungen funktionell verknüpfter Zellkörper der Nervenzellen (Nuclei oder Kerne genannt) sind die Basalganglien, wie z. B. der Hippocampus und die Amygdala, die auch als subcortikale Kerne bezeichnet werden.

Das Zwischenhirn – zentrale Schaltstation und Regulator hormonaler Funktionen

Das Zwischenhirn (Diencephalon) liegt beim Menschen tief im Inneren des Gehirns zwischen dem Mittelhirn und den beiden Großhirnhälften, unterhalb des Balkens. Es ist aus drei übereinander liegenden Schichten aufgebaut, dem Epithalamus, Thalamus und Hypothalamus. Der Epithalamus setzt sich aus der Zirbeldrüse (Epiphyse), einem Organ, das die Biorhythmik wie den Schlaf-Wach-Rhythmus beeinflusst, und der Habenula, einer Schaltstelle zwischen den Riechzentren (Olfaktorik) und dem Hirnstamm, zusammen. Der Thalamus stellt einen Zusammenschluss aus funktional sehr unterschiedlichen Kerngebieten dar und ist eine Schaltstation, die mit einer enormen Zahl von Informationskanälen in Verbindung steht. Er ist mit der Hirnrinde, den großen Sinnesorganen, dem Kleinhirn und dem Hirnstamm verbunden. Die Kerngebiete haben teils sensorische und motorische, teil kognitive oder emotionale Funktionen und spielen bei der Regulation von Wachheits-, Bewusstseins- und Aufmerksamkeitszuständen sowie bei der Verhaltensbereitschaft eine Rolle. Als zentrale Schaltstation sensorischer Nervenbahnen, die zur Großhirnrinde ziehen, dient der Thalamus der Umschaltung und Kontrolle aller Empfindungen und wird als solcher auch als „Tor des Bewusstseins" bezeichnet.

Der Hypothalamus ist das übergeordnete Zentrum des vegetativen Nervensystems, d. h. der unbewussten lebenswichtigen Funktionen des Körpers. In diesem Areal werden beispielsweise Atmung, Kreislauf, Nahrungs- und Flüssigkeitshaushalt, Wärmehaushalt, Biorhythmen und immunologische Reaktionen gesteuert. Er beeinflusst lebenswichtige Verhalten wie Flucht, Abwehr, Fortpflanzung und Nahrungsaufnahme. Entsprechend seinen Funktionen ist der Hypothalamus mit nahezu allen anderen Teilen des Gehirns verbunden.

Über den Hypophysenstiel (Infundibulum) mit der Hypophyse (Hirnanhangdrüse) verbunden, ist der Hypothalamus und somit das Diencephalon auch die wichtigste Verbindung zum endokrinen System (hier werden Hormone sekretiert). Die Hypophyse ist die oberste Hormondrüse.

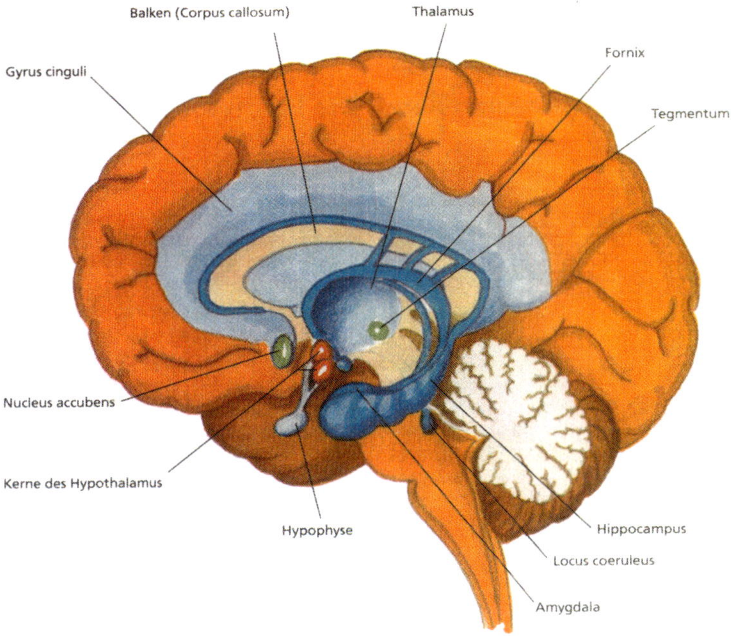

Abbildung 7: Die wichtigsten limbischen Zentren (blau) sind Regionen des Mittel-, Zwischen- und Großhirns. Es sind Regionen, an denen Emotionen, Gedächtnis und Bewusstsein entstehen.

Einfach erscheinende Handbewegungen, wie das Ergreifen eines Glases, verlangen einen flexiblen, an die Situation anpassungsfähigen Zeitplan der Muskelbewegung. Erlernen wir neue Bewegungsabläufe, wie etwa Tanzschritte, braucht es Zeit und Mühe. Haben wir es aber einmal gelernt, tritt das Kleinhirn (Cerebellum) in Aktion und sorgt dafür, dass die Bewegungsabläufe im Unterbewusstsein ablaufen. Zudem hat es beim Menschen an unterbewussten kognitiven Leistungen und an Sprache erheblichen Anteil.

Das limbische System – unser emotionales Gehirn

Es liegt wie ein Saum (latein. Limbus) um den Hirnstamm und steht in Zusammenhang mit Affekten und Emotionen. Es verleiht unseren Wahrnehmungen und Gedanken eine emotionale Färbung und lenkt unser Interesse auf das, was die meiste Aufmerksamkeit verdient. Die wichtigsten limbischen Zentren sind Bereiche des Tegmentums im Mittelhirn, der Hypothalamus und Thalamus des Zwischenhirns und verschiedene Strukturen des Cortex sowie der Hippocampus und die Amygdala im Großhirn. Sie sind Orte der Entstehung von positiven und negativen Gefühlen, der Gedächtnisorganisation, der Aufmerksamkeits- und Bewusstseinssteuerung. Das limbische System hat weiterhin eine enge Beziehung zum vegetativen Nervensystem, das die Basis unserer körperbezogenen, affektiven und emotionalen Zustände bildet. Das vegetative Nervensystem, auch autonomes Nervensystem genannt, ist für jene Körperfunktionen verantwortlich, die nicht der bewussten Steuerung unterliegen, so innerviert es die Eingeweide, die glatte Muskulatur des Körpers und die Drüsen. Alle starken Veränderungen in dieser Ruheaktivität des vegetativen Nervensystems führen zu Alarmsituationen, die wir als starke körperliche Gefühle erleben. Das vegetative Nervensystem besteht aus Nervenzellknoten – Ganglien genannt – und damit verbundenen Nervengeflechten, die sich in Brust-. Bauch- und Beckengegend befinden. Der Solarplexus (Sonnengeflecht) in der Magengegend ist eines dieser Nervengeflechte und vermittelt das berühmte Magendrücken bei Furcht- und Angstzuständen. So ist das vegetative Nervensystem aufs Engste mit dem Gehirn verbunden, vor allem mit dem Hypothalamus und der Amygdala, und zwar über Umschaltstellen im Rückenmark bzw. Hirnstamm. Hierdurch kann – in Grenzen – eine cerebrale Kontrolle vegetativer Funktionen wie Kreislauf und Atmung, Nahrungsaufnahme, Verdauungsvorgänge, Fortpflanzung, Flucht, Verteidigung und Angriff erfolgen.

Ein vereinfachtes Modell des Gehirns von Paul D. McLean, einem amerikanischen Hirnforscher, erklärt sehr anschaulich die Beziehungen und Funktionen der Gehirnregionen. Danach besitzt der Mensch drei miteinander verbundene Einzel-Gehirne mit unterschiedlichem Aufbau und eigener Funktionszuständigkeit, die aus verschiedenen Epochen seiner evolutionären Vergangenheit stammen.

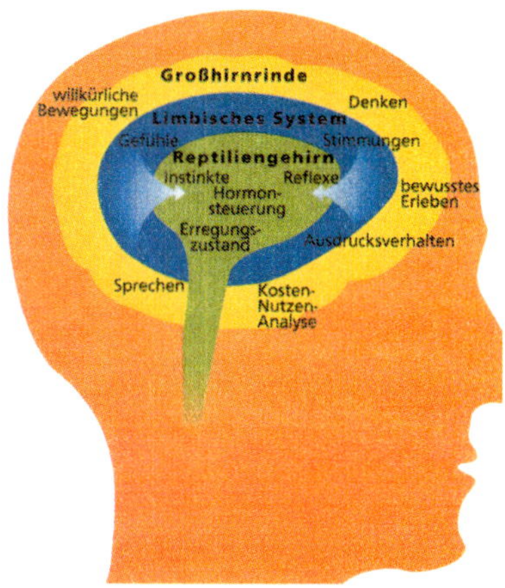

Abbildung 8: Illustration des stark vereinfachten Gehirnmodells von Paul D. McLean.

Das „Reptiliengehirn" umfasst das Stammhirn und Teile des Zwischenhirns. Es ist Sitz der Reflexe und Instinkte und somit die triebhafte Basis, auf der unsere Gefühle aufbauen. Weiterhin ist hier der generelle Erregungszustand verankert.

Im limbischen System erleben wir Emotionen als unbewusste Stimmungen, die unser Verhalten stark beeinflussen. Das limbische System sendet auch Signale zum Reptiliengehirn, insbesondere zum Hypothalamus. Dieser steht in Verbindung mit der Hypophyse – unserer obersten Hormondrüse – und kontrolliert damit den Hormonhaushalt. Auf diesem Weg werden Emotionen in Körpergefühle umgewandelt. So sorgt das limbische System dafür, dass unser Ausdrucksverhalten dem emotionalen Erleben entspricht. Die höchste Ebene in diesem Modell ist die Großhirnrinde. Allgemein steuert dieser Bereich die willkürlichen Bewegungen, verarbeitet Sinnesreize bewusst und ist für komplexe kognitive Leistungen wie Denken oder Sprechen zuständig. Die Emotionen werden hauptsächlich im Frontallappen bewusst. Dadurch können wir unsere Aufmerksamkeit auf die Empfindungen richten, sie analysieren und benennen. Emotionale Reaktionen werden so über das Großhirn gesteuert und gemäßigt. In der Großhirnrinde wird dann eine Kosten-Nutzen-Analyse durchgeführt und bestimmt, wie wir mit der

Empfindung umgehen. Auf diese Weise hat jedes Hirnteil seine wesentliche Bedeutung.

Ungelöst, aber faszinierend – unser Bewusstsein

Die ersten fünf Jahre nach der Geburt erleben Kinder zwar bewusst, jedoch scheint die Erinnerung an diese Zeit im Erwachsenenstadium nicht abrufbar zu sein, obwohl sie im Gehirn als Information gespeichert ist. Die Jahre unserer frühen Kindheit sind uns nur von Bildern und aus Erzählungen der Eltern bekannt; das Gehirn hat entschieden, uns diese Zeit nicht zugänglich zu machen. Vielleicht mussten jene Strukturen hergestellt werden, die Bewusstsein erst ermöglichen. Besonders interessant dabei ist der Zusammenhang zwischen Sprachvermögen und Bewusstseinsbildung. Ohne Zweifel beeinflussen Erfahrungen aus der frühen Kindheit unser Verhalten als Erwachsener. Erlittene Gewalt in der Zeit der Hilflosigkeit ist für die Person nicht präsent, im Gehirn ist sie jedoch tief eingeprägt. Solche Erfahrungen können sich beim Erwachsenen als erhöhte Gewaltbereitschaft äußern.

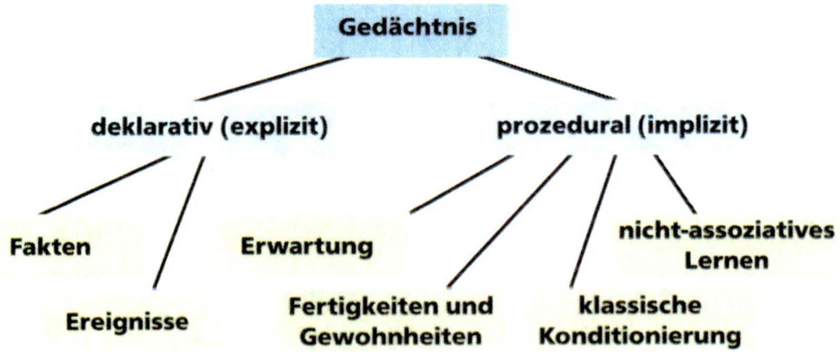

Abbildung 9: Die Einteilung des Gedächtnisses
Das prozedurale oder implizierte Gedächtnis ist für die bewusste Wiedergabe von Fakten und Ereignissen zuständig. Es besteht kein direkter Zugriff zu diesen Informationen. Das deklarative oder explizite Gedächtnis ist für das Speichern und die bewusste Wiedergabe von Fakten und Ereignissen verantwortlich.

Die Frage nach dem Wesen und der Funktion von Bewusstsein hat die Menschen beschäftigt, seit es Philosophie, Medizin und Naturwissenschaften gibt. Von vielen Philosophen werden Bewusstsein und Geist traditionell als etwas angesehen, was sich von den Phänomenen und Geschehnissen der materiellen und naturwissenschaftlich erfassbaren Welt unterscheidet. Danach entzieht sich Bewusstsein grundsätzlich der Erklärung durch die experimentellen Wissenschaften.

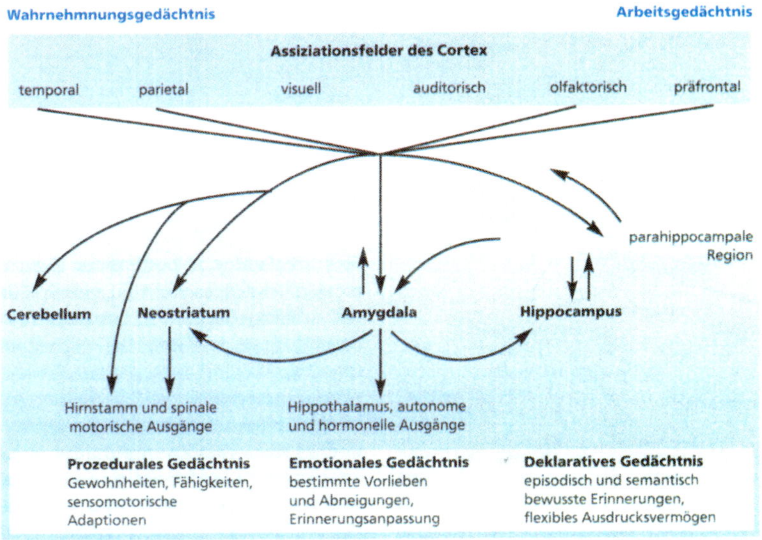

Abbildung 10: Gehirnareale, in welchen das prozedurale und das Arbeitsgedächtnis lokalisiert sind. Das Schema zeigt, wie die einzelnen Hirnareale miteinander verschaltet sind. Es handelt sich um Vermutungen, die in den nächsten Jahren bestätigt oder widerlegt werden.

Jenen Wissenschaftlern, die darauf bestehen, dass ein System sich nicht selbst entschlüsseln kann, lassen sich medizinische und naturwissenschaftliche Fakten entgegenhalten. Werden einzelne Bereiche des Gehirns durch Krankheit in ihrer Struktur zerstört, so kommt es zu definierten Ausfällen kognitiver Funktionen, z. B. zum Verlust des Sprachverständnisses. Somit müssen geistige Leistungen an Gehirnstrukturen gebunden sein. Die neuen bildgebenden Verfahren deuten darauf hin, dass in eng eingegrenzten Bezirken des Gehirns bei geistigen Aktivitäten vermehrt Sauerstoff und Glukose verbraucht wird. Da Denken somit die vom Stoffwechsel produzierte Energie verbraucht, muss der Vorgang an sich eine materielle Basis haben.

Während wir jedoch das Lernen, d. h. das Speichern und Abrufen von Informationen mit anatomischen und physiologischen Effekten, z. B. Veränderung der Neurotransmitterkonzentration und der Ausbildung neuer Synapsen korrelieren können, fehlen uns derartige Kenntnisse zum Status Bewusstsein. Da die Phänomene, die wir unter dem Begriff Bewusstsein subsummieren, ohne jeden Zweifel auf einem Zusammenspiel von Nervenzellen beruhen, können wir den Begriff Bewusstsein daraufhin abtasten, was wir über Gehirnfunktionen entweder wissen oder zu wissen glauben.

Wir tun uns mit der Klärung der Funktionen des Bewusstseins allerdings schwer, weil ein kognitives System sich im Spiegel seines Selbst betrachtet: Der Erklärende versucht ein System zu erklären, das er aber zur Erklärung benötigt. Dieses Problem der Eigenentschlüsselung hat die Hirnforschung stets begleitet und ist von Emil du Bois-Reymond auf eine Kurzformel gebracht worden:

„Ignorabimus, wir werden es nie wissen".

Definition des Begriffs Bewusstsein

Die Frage, wie aus der grauen Masse unseres Gehirns die bunte Welt unseres Bewusstseins entsteht, gehört zu den größten Wundern unseres Universums. Gerade weil wir unser Bewusstsein nicht erklären können, gibt es viele Definitionen darüber, was Bewusstsein denn sei. Eine davon lautet: Bewusstsein ist ein außergewöhnliches System, welches dazu dient, unsere Sinneseindrücke zu einer geschlossenen fortlaufenden Erfahrung der Welt zu vereinigen und diese Erfahrung mit unserer Erinnerung und unserem Wissen zu verbinden, um unser Verhalten zu strukturieren und zu steuern. Eine andere lautet: Bewusstsein umfasst alle jene Zustände, die von einem Individuum erlebt werden können.

Bewusstsein benötigt das Kurzzeitgedächtnis und vor allem das Arbeitsgedächtnis, also jene Zentren, in denen Informationen gespeichert und verarbeitet werden. Die Aktivitäten im Arbeitsgedächtnis ermöglichen es, den Jetzt-Zustand zu registrieren, ihn abzubilden sowie Informationen aus dem Langzeitgedächtnis abzurufen und einzubinden, um so einen Entscheidungskodex herzustellen. Das Konzept eines Arbeitsgedächtnisses geht davon aus, dass es im Gehirn ein Zentrum gibt, welches für kurze Intervalle Informationen sammelt und prozessiert. Nach heutiger Auffassung setzt sich das Arbeitsgedächtnis aus einer zentralen Exekutive und zwei Informationsspeichern, der phonetischen Schleife – Sprechen und Sprachverständnis – und einem raumvisuellen Skizzenbuch zusammen. Es stellt eine Schnittstelle (Interface) zwischen dem Kurzzeitgedächtnis, dem Langzeitgedächtnis und der Aktionsauslösung dar. Sein Vorteil liegt in der Kombination von Abrufen der Informationen, ihrer kurzzeitigen Speicherung und sofortigen Prozessierung. Somit ermöglicht das Arbeitsgedächtnis kognitive Aktivitäten wie Argumentation, Lernen und Begriffsvermögen. Es ist jener Teil des Gehirns, der zurückblickt, d. h. Erfahrungen berücksichtigt und nach vorne schaut, d. h. mögliche Aktionen auf ihre Folgen hin überprüft. Nur so wird es dem Menschen möglich, nicht sofort mit einer reflexartigen Handlung zu reagieren, sondern zuvor die Auswirkungen der Handlung zu bewerten.

Das Gehirn als Basis zum Menschsein

Im Jahr 2003 wurde von den wissenschaftlichen Gesellschaften mit großem Aufwand das fünfzigjährige Jubiläum der Entdeckung der DNS-Struktur gefeiert. Die breite Öffentlichkeit interessierte sich vor fünfzig Jahren nicht für diese wissenschaftliche Sensation. Die Rückführung des Erbprinzips auf eine einfache chemische Struktur, die man analysieren, chemisch herstellen und beliebig vermehren konnte, hat jedoch unser Leben von der Gesundheitsfürsorge bis zur Bioethik nachhaltig beeinflusst. Mit den Erkenntnissen aus der molekularen Genetik ist der Mensch für viele wieder Maschinen-ähnlicher geworden, das genetische Reproduktionssystem des Menschen scheint ein relativ einfacher Chemiebaukasten zu sein.

Unser zweites Informationssystem, das Gehirn mit seinen außerordentlichen Fähigkeiten, ist dagegen selbst nach 3.000 Jahren Hirnforschung immer noch eine „Black Box“. Mit den Folgen unserer von Mutter und Vater übernommenen genetischen Veranlagungen müssen wir leben, unser Gehirn aber wird erfahrungsprogrammiert, wir lernen in utero intensiv von Geburt an bis zur Pubertät und, falls wir willens sind, bis zum Lebensende.

Somit unterliegen wir zwar einem genetischen Zwang; unser nachgeburtlich programmiertes Gehirn garantiert uns aber die Willensfreiheit. Nur das Informationssystem im Gehirn ermöglicht es uns, teilzuhaben an der kulturellen Entwicklung der Menschen, es macht uns alltäglich benötigte Fähigkeiten zugängig und es erlaubt uns ein Leben als verantwortliche und zu moralischen Prinzipien verpflichtete Wesen. Kurzum, es ist erst unser Gehirn, das uns zum Menschen macht.

Über die Jahrtausende – von den Vor-Sokratikern bis zu den heutigen Neuroanatomen – sind unsere Kenntnisse über die Hirnanatomie kontinuierlich gewachsen. In der Anatomie kennen wir uns zwar aus, mit der Struktur-Funktions-Beschreibung der Physiologie sieht es schon schlechter aus und die materielle Basis von Gedächtnis und Bewusstsein ist selbst heute noch ein Feld der Spekulationen. Das Gehirn selbst scheint darauf zu achten, dass es sich zwar beschreiben lässt, widersetzt sich aber der materiellen Entschlüsselung seiner geistigen Fähigkeiten. So waren über die Geschichte hin wissenschaftliche Beobachtungen und Messungen zumeist exakt, die Schlussfolgerungen zur Mechanik des Geistes aber falsch. Können wir nun hoffen, es besser als unsere Vorfahren zu machen?

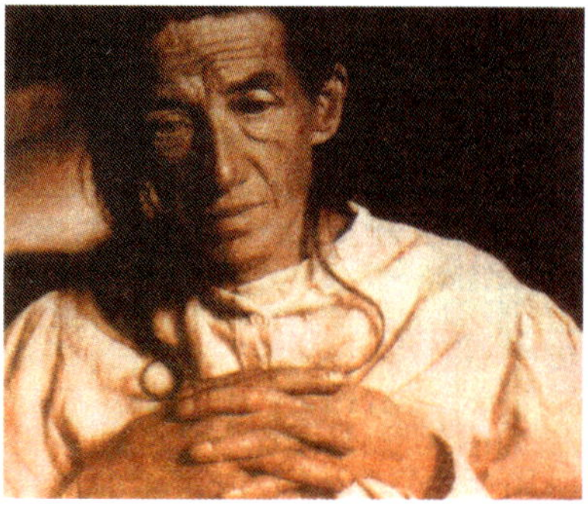

Abbildung 11: An der Patientin Auguste Deter beschrieb Alois Alzheimer erstmals die nach ihm benannte Demenz.
Mit freundlicher Genehmigung: Prof. Dr. Konrad Maurer, Klinik für Psychiatrie und Psychotherapie, Universitätsklinikum Frankfurt a. M.

Mit der Entschlüsselung des Humangenoms und den bildgebenden Verfahren verfügt die moderne Hirnforschung über neue, sensationell zu nennende Werkzeuge, die vielleicht eine kausale Erklärung hochkomplexer Vorgänge wie etwa der Informationsspeicherung erlauben. Die Suche nach dem Engramm, nach dem Gedächtniscode, scheint möglich.

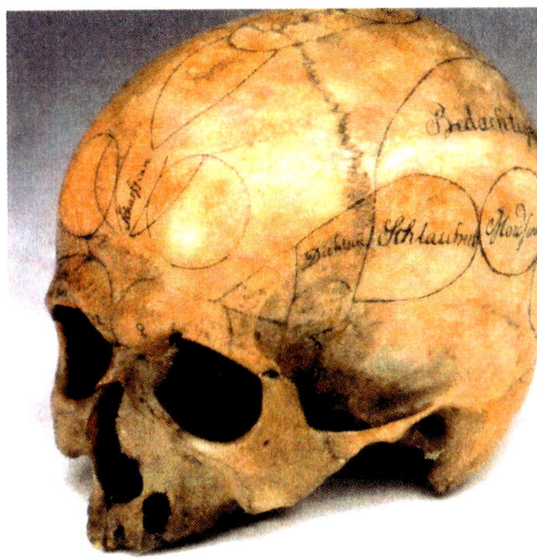

Abbildung 12: Der bemalte Schädel von Franz Josef Gall, dem Begründer der Phrenologie. Gall ging von folgender Theorie aus:

„Bei den vermuteten Merkmalen gewisser Talente war es mir nie beigefallen, dass der Grund der Geisteskraft in gewissen Stellen der Schädelknochen enthalten sein könnte: Ich ahnte vielmehr, was ich sehr bald zur Gewissheit brachte, dass die Verschiedenheiten der Schädelform von der Verschiedenheit der Gehirnformen verursacht werde.“

Neue Ergebnisse der Hirnforschung sind für eine kurative Medizin äußerst wichtig. Epilepsie, Schizophrenie und neurodegenerative Erkrankungen sind ebenso vertraute wie unheilbare Geißeln des Menschseins. Die Methoden zur palliativen Behandlung neuronaler Defekte sind stetig verbessert worden, besonders auf dem Gebiet der Pharmaka und der Behandlung in neurologischen Kliniken. Mit dem erhöhten Lebensalter in der Bevölkerung der Industriestaaten und dem damit einhergehenden Wunsch nach andauernder Lebensqualität werden

Demenzerkrankungen wie Parkinson und Alzheimer zu den neuen Geißeln der Menschheit. Neue, kausal wirkenden Medikamente und Substitutionstherapien wie z. B. der Ersatz von Nervengewebe sind dringend erforderlich, um die Lebensqualität alter Menschen zu verbessern. Die dazu notwendige molekulare Entschlüsselung von Hirnfunktionen wird aber auch neue soziale Herausforderungen bringen, die man unter der Überschrift: „Optimierte Gehirne“ zusammenfassen kann.

Wenn es nachfolgend um das Menschenmachen geht, so fehlt allen noch so genialen Konstrukteuren, seien sie Automatenbauer oder Molekularbiologen, die Fähigkeit, ihren Konstrukten eine Seele zu geben. Folglich müssten zuerst die Gehirnfunktionen entschlüsselt werden, bevor wir die Konkurrenz der Kunstmenschen fürchten müssen. Leider kann aber keine Entwarnung gegeben werden, denn die unglaublich schnelle Entzifferung unseres Erbgutes, der DNA, mag uns als warnendes Beispiel dienen.

Die moderne Hirnforschung dient nicht dem Ziel, durch die Entschlüsselung neuronaler Funktionen einen Beitrag zum Thema „Menschenmachen“ zu leisten, sondern sie ist zum einen neugiergetrieben, zum anderen möchte sie ihren Beitrag leisten, damit schwere mentale Krankheiten wie Parkinson oder Alzheimer geheilt werden können. Nun lassen sich naturgemäß die erzielten Ergebnisse im vielerlei Richtungen verwenden, darunter auch zum Menschenmachen.

Literatur:

G. Gassen und S. Minol, *Unbekanntes Wesen Gehirn*, Media Team: Darmstadt 2004, ISBN 3-932845-71-4.

R. F. Thompson, *Das Gehirn. Von der Nervenzelle zur Verhaltenssteuerung*, 3. Auflage, Spektrum Akademischer Verlag: Heidelberg 2001.

G. Roth, *Fühlen, Denken, Handeln. Wie das Gehirn unser Verhalten steuert*, Suhrkamp Verlag: Frankfurt a. M. 2001.

W. Singer, *Der Beobachter im Gehirn. Essays zur Hirnforschung*, Suhrkamp Verlag: Frankfurt a. M. 2002.

S. A. Greenfield, *Reiseführer Gehirn*, Spektrum Akademischer Verlag: Heidelberg 1997, ISBN 3-8274-1429-6.

Christian Hoppe

Der entthronte Mensch – Anfragen der Neurowissenschaften an unser Menschenbild

Zusammenfassung

Auch unabhängig von religiöser Bindung ist Körper-Seele-Dualismus einschließlich der Vorstellung einer Unsterblichkeit der Seele erstaunlich weit verbreitet. Das Modell beschreibt mögliche Erfahrungen einer Person im Verhältnis zu ihrem Körper recht treffend (vgl. auch Anästhesie). Das Gehirn kommt in der Alltagserfahrung nicht vor und spielt daher in „naiven" Alltagstheorien keine Rolle. Erst mit Hilfe hirnfunktioneller Messverfahren (z. B. EEG) konnte überhaupt entdeckt werden, dass die relative Distanz einer Person zu ihrem Körper nicht in Bezug auf bestimmte Hirnprozesse gilt. Die Hirnforschung – d. h. Psychophyisologie bzw. Neuropsychologie – kann zeigen, dass Verhalten und Erleben stets an hirnphysiologische Prozesse gebunden sind (vgl. Licht – Lampe); dies gilt sehr wahrscheinlich auch für Nahtoderlebnisse.

Die Naturwissenschaften realisieren ein Cartesisches Theater zweiter Ordnung. Ihr Objektivismus impliziert in Verbindung mit einer Vollständigkeitsbehauptung notwendig die These einer Irrelevanz alles (nicht als solchem beobachtbaren) Subjektiven und erlaubt methodisch gar keine andere Sicht des Menschen als die eines neuronalen Superroboters. Vielleicht gelingt eines Tages eine vollständige Erklärung und technische Beherrschung der beobachteten Wirklichkeit. Aber wäre diese Erklärung ein wirkliches Verstehen der Welt und des Menschen, solange wir das jedem Beobachtetem und jedem Begriff vorgängige Beobachten selbst nicht verstehen?

Ein nichtbegriffliches Erfassen der Wirklichkeit des Beobachtens selbst (vgl. Zen, Mystik) kann den konzeptuell-bildhaften Charakter unserer Wirklichkeitserfahrung erhellen und dadurch begriffliche Dichotomien (z. B. Subjekt/Objekt,

Innen/Außen, Gott/Welt), die aus den Bildern der Wirklichkeit resultieren (Weltbild, Menschenbild, Gottesbild), „aufheben“.

Einführung

These 1: Auch unabhängig von religiöser Bindung ist Körper-Seele-Dualismus einschließlich der Vorstellung von der Unsterblichkeit der Seele erstaunlich weit verbreitet. Das Modell beschreibt mögliche Erfahrungen einer Person im Verhältnis zu ihrem Körper recht treffend (vgl. auch Anästhesie).

Körper-Seele-Dualismus ist erstaunlich verbreitet. Bei einer Fragebogenuntersuchung mit Bonner Studienanfängern im Fach Humanmedizin konnte ich kürzlich zunächst mittels Faktorenanalyse nachweisen, dass die Studierenden latent über zwei differentielle Seelenkonzepte verfügen (nichtpublizierte Daten): das Konzept einer allgemein-psychologischen Seele, die als Träger von Gefühlen und als Wesenskern einer Person fungiert, und ein religiöses Seelenkonzept, nach dem die Seele den Tod überlebt, weil sie der göttliche Teil im Menschen ist. Zwar fanden die allgemein-psychologischen Aussagen größere Zustimmung, aber auch religiöse Aussagen, z. B. über die Unsterblichkeit der Seele, wurden von ca. 60-70 % der Studierenden bejaht. Das Gehirn wurde interessanterweise nur in einer einzigen der über 200 von den Studierenden formulierten Aussagen über die Seele überhaupt erwähnt; Aussagen über den Zusammenhang von Gehirn und Seele wurden durchweg abgelehnt. Weder die biblische Auffassung, dass der ganze Mensch im Tod stirbt, noch die buddhistische Idee der Reinkarnation fanden Zustimmung. Auch diejenigen, die sich stärker religiös gebunden fühlten, erwiesen sich tatsächlich als Anhänger eines orphischen oder platonischen Körper-Seele-Dualismus. Es erhebt sich der Verdacht, dass platonische Vorstellungen einer immateriellen, unsterblichen Seele vorschnell mit religiösen bzw. christlichen Glaubensinhalten in eins gesetzt werden.

Der Körper-Seele-Dualismus trifft bestimmte Aspekte der Selbst- und Körpererfahrung. Wenn man seinen Körper über die Fernsinne – Sehen, Hören, Riechen – wahrnimmt, erscheint er als Teil der Außenwelt, als Gegenüber, etwa so wie ihn auch andere Beobachter wahrnehmen; fernsinnlich sind Beobachter und Körper getrennt. Dagegen fühlte man sich mit dem Körper eins, identifiziert ihn überhaupt erst als seinen Leib, wenn man ihn über die Nahsinne – Tasten, Fühlen, Propriozeption (Körperschwere, Gleichgewicht, Muskel-/Sehnenanspannung), Schmerz usw. – empfindet. Diese Erlebensweise ist Außenstehenden prinzipiell nicht zugänglich, sie findet im Innenbereich des Erlebens statt; sie ist eher nonverbal als verbal-begrifflich kommunizierbar, hat vergleichsweise geringe soziale Relevanz und erhält für gewöhnlich wenig Aufmerksamkeit. Der Körper ist derjenige Ausschnitt der materiellen Wirklichkeit, den wir spüren. Die westliche Medizin betrachtet den Körper jedoch ausschließlich unter seinem äußeren, materiellen Aspekt. Die Lokalanästhesie ermöglicht z. B. die Ausschaltung der Nahsinne; in der Vollnarkose legt der Anästhesist die Seele schlafen, so dass der Chirurg quasi als Mechaniker einer nunmehr empfindungslosen Körpermaschinerie frei agieren kann. In traditionell fernöstlichen Heilkulturen geht dagegen die nahsinnliche Leiberfahrung konstitutiv ein; sie gilt geradezu als Quelle körperlicher und geistiger Gesundheit (z. B. Qi Gong, Yoga).

Der Tod ist der existentielle Anlass des Körper-Seele-Problems. Denn es ist angesichts der Gewissheit des Todes verlockend sich vorzustellen, dass es eine immaterielle seelische Substanz gibt, die einen Körper belebt und empfindungsfähig macht. Denn eine solche Seelen-Substanz bliebe letztlich von körperlich-materiellen Zerfallsvorgängen verschont, sie könnte den Tod überleben, ja sich im Tod von Schmerz und Erdenschwere befreien. Bei Johann Gottlieb Fichte (1762–1814) heißt es:

> „Körperliche Leiden ..., wenn sie mich treffen sollten, werde ich nicht vermeiden können zu fühlen, denn sie sind Ereignisse meiner Natur, und ich bin und bleibe hienieden Natur ... Sie treffen auch nur die Natur, mit der ich auf eine wunderbare Weise zusammenhänge, nicht Mich selbst, das über alle Natur erhabene Wesen. Das sichere Ende alles Schmerzes und alle Empfänglichkeit für den Schmerz ist der Tod ... Für mich selbst ist die Todesstunde Stunde der Geburt zu einem neuen herrlicheren Leben.“[1]

Der klassische ontologische Körper-Seele-Dualismus will postmortal auf einen Seelen-Monismus hinaus: Dem Dualisten erscheint der Körper als nur vorübergehendes Kleid der Seele, das sie im Tode ohne Veränderung ihrer Identität ablegen wird. Der Materialist hält dagegen umgekehrt das Seelische für ein irrele-

---

[1] Johann Gottlieb Fichte, *Die Bestimmung des Menschen*, 3. Buch/Glaube, 1800.

vantes Epiphänomen neurobiologischer Vorgänge, für eine Illusion. Die beiden vermeintlich entgegengesetzten Positionen stimmen dabei dahingehend überein, dass Körper und Seele, Gehirn und Geist grundsätzlich voneinander getrennt werden können ohne Identitätsverluste für jeweils den Teil, dem eine ontologische Präferenz zugeschrieben wird. Dieser Trennbarkeits-Dualismus entspricht in seinen beiden Varianten meines Erachtens jedoch nicht dem empirischen Befund.

These 2: Das Gehirn kommt in der Alltagserfahrung nicht vor und spielt daher in so genannten „naiven" Alltagstheorien keine Rolle. Erst mit Hilfe hirnfunktioneller Messverfahren (z. B. EEG) konnte überhaupt entdeckt werden, dass die relative psychische „Distanz" einer Person zu ihrem Körper nicht in Bezug auf (bestimmte) Hirnprozesse gilt. Die Hirnforschung – d. h. Psychophysiologie bzw. Neuropsychologie – kann zeigen, dass Verhalten und Erleben stets an hirnphysiologische Prozesse gebunden sind (vgl. Licht – Lampe).

Auch wenn es in der Alltagswahrnehmung nicht auftaucht: Aus der Beobachterperspektive betrachtet, nehmen Personen die Welt nicht direkt wahr – wie es subjektiv erscheint –, sondern dazu sind störanfällige neurophysiologische Prozesse im Gehirn unbedingt erforderlich. Physikalische Reize – Licht, Geräusche usw. – werden an der sensorischen Oberfläche des Nervensystems in neuronale Aktivität umkodiert; dahinter existieren nur noch Aktionspotentiale, die elektrochemisch weitergeleitet werden. Warum die Aktivität eines neuronalen Netzes unter bestimmten Bedingungen mit bewusstem Erleben einhergeht, ist unbekannt.

Die Hirnforschung, soweit sie in diesem Zusammenhang interessiert, ist durch eine doppelte methodische Dualität gekennzeichnet. Zum einen beobachtet sie mit entsprechenden Verfahren stets zwei verschiedene Phänomenebenen: das kontextbezogene Verhalten des Gesamtorganismus einerseits (psi Ψ) und Vorgänge im Gehirn dieses Individuums andererseits (phi Φ). Beide Ebenen – Ψ und Φ – müssen sauber auseinander gehalten werden: Gehirne treffen keine Entscheidungen, können nicht sehen, nichts lernen – das können nur Personen. Umgekehrt sind Personen nicht „linkshemisphärisch dominant" oder „frontal beeinträchtigt" – solche Beschreibungen können nur auf Hirnfunktionen angewandt werden. Homunculustische bzw. mereologische Fehlschlüsse sowie sinnlose Neurometaphorik tragen erheblich zum derzeitigen Begriffschaos in der Debatte um die Hirnforschung bei.

Wie kann man den Zusammenhang zwischen beiden Beobachtungsebenen näher ergründen? Durch experimentelle Variation! Ein Experiment besteht in seiner einfachsten Form darin, zwei vollkommen „identische", jedoch hinsichtlich eines einzigen Faktors verschiedene Ausgangsbedingungen herzustellen und dann die natürlichen Gesetzmäßigkeiten wirken zu lassen. Wenn der experimentelle Faktor relevant ist, dann sollte der Unterschied im experimentellen Faktor einen Unterschied in Bezug auf das Ergebnis machen.

Wie weiß man z. B., dass das Auge für das Sehen relevant ist? Indem man die Augen schließt und wieder öffnet! – Sind die Ohren für das Sehen relevant? Nein, das Zuhalten der Ohren verändert den Seheindruck überhaupt nicht. Hätte das Verschwinden beim Schließen der Augen nicht bloßer Zufall sein können? Nein, bei mehrfacher Wiederholung tritt jedes Mal zeitgleich derselbe Effekt ein. – Das waren schon drei Experimente!

Die zweite Dualität in der Hirnforschung betrifft den Ansatzpunkt für derartige Experimente. Ein Hirnforscher kann entweder auf der Ebene des Gehirns (Φ) oder auf der Ebene des Gesamtorganismus (Ψ) eine experimentelle Variation durchführen. Führt man auf der Ebene der Reizumgebung des Individuums eine experimentelle Manipulation durch und prüft die dadurch bewirkten Veränderungen in hirnphysiologischen Zielvariablen (z. B. mit Hilfe der modernen funktionellen Bildgebung), so betreibt man *Psycho-Physiologie.* 90 % aller öffentlich berichteten neurowissenschaftlichen Studien sind psychophysiologisch angelegt; auch die Studien zu charakteristischen Veränderungen der Hirnaktivität unter Meditation fallen unter diese Kategorie.

Manipuliert man umgekehrt das Gehirn – neurogenetisch, strukturell-neurochirurgisch, chemisch-pharmakologisch, elektrisch, magnetisch, radioaktiv usw. – und untersucht dann die Auswirkungen auf Verhalten und Erleben des Individuums, so handelt es sich um *Neuro-Psychologie* (bzw. Neurologie). Experimentelle Hirnforschung ist entweder Psycho-Physiologie oder Neuro-Psychologie – tertium non datur:

Beispiel Neuropsychologie: Im Rahmen der prächirurgischen Epilepsiediagnostik ist die individuelle funktionelle Kartierung der Hirnrinde mittels Elektrostimulation durch unter die Schädeldecke implantierte Elektroden manchmal unvermeidlich. Bei diesen klinisch erforderlichen Untersuchungen kann man zeigen, wie eng z. B. Motorik (präzentrale Windung), visuelle Wahrnehmung (Hinterhaupt), Sprache (linkes Stirnhirn), aber auch Angsterleben (Mandelkern) mit ganz bestimmten Hirnregionen verknüpft sind.

Mit einem weiteren Beispiel aus der experimentellen Neuropsychologie kommt erneut die Phänomenologie der Leiberfahrung ins Blickfeld: Das außerkörperliche Erlebnis (out-of-body experience) – also die visuelle Wahrnehmung des eigenen Körpers aus einer körperunabhängigen, objektiven Beobachterposition, z. B. von der Zimmerdecke her – das in so genannten Nahtodeserlebnissen oder auch am Anfang oder Ende einer Narkose auftreten kann, ist die Extremform der fernsinnlichen Getrenntheit von Körper und Seele und wird entsprechend häufig als Beleg für die Möglichkeit einer körperunabhängigen Existenz der Seele gedeutet. Typischerweise fehlt bei außerkörperlichen Erlebnissen jegliche nahsinnliche Körpereigenwahrnehmung: Der Betroffene empfindet weder Schmerzen noch Körperschwere, er hat das Gefühl zu schweben. Damit fehlt aber auch die Basis zur Identifikation des fernsinnlich wahrgenommenen Körpers als mir zugehörigem Leib. Interessanterweise kann ein außerkörperliches Erlebnis in denjenigen Hirnrindenarealen durch eine funktionsblockierende elektrische Stimulation hervorgerufen werden, in denen die nahsinnlichen Signale aus dem Körper mit fernsinnlichen visuellen Signalen integriert werden: im rechten Scheitellappen.[2]

Man kann zu seinem Körper, aber nicht zu seinem Gehirn ein dualistisches Verhältnis haben: Man kann seine Augen nicht sehen – denn sie sind eine notwendige Bedingung des Sehens. Das Gehirn kann nicht Element der subjektiven Körpererfahrung sein – weil es deren Voraussetzung ist, egal ob man sich von sich selbst als getrennt oder ob man sich mit sich selbst als eins erlebt.

Die bisherigen Befunde aus Psychophysiologie und insbesondere Neuropsychologie legen die These nahe, dass einem *konkreten* Verhaltens- und Erlebenszustand – zum Beispiel genau dem Zustand, in dem Sie sich jetzt gerade befinden – stets ein *konkreter* Hirnzustand – nämlich der Zustand Ihres Gehirns jetzt in diesem Augenblick – zugeordnet ist. Ferner sind Zustände in beiden Ebenen modular aufgebaut – z. B. existieren objektiv unterscheidbare motorische, sensori-

---

2 Blanke et al., *Nature 419* [2002], 269-70.

sche, kognitiv-mnestische psychologische Funktionen – und die hier behauptete exakte Entsprechung gilt modulweise.

Eine Analogie mag diese These verdeutlichen: Wenn man einen Lichtschalter auf „Ein" schaltet und Strom den Wolframfaden einer Glühbirne glühen lässt, dann wird ein Raum hell erleuchtet. Der Zustand des glühenden Wolframfadens und das Licht stehen in engster Verbindung. Sie sind phänomenologisch zwar nicht identisch – ein glühender Wolframfaden ist nun einmal nicht dasselbe wie Licht –, aber die beiden Phänomene sind auch nicht voneinander trennbar. Faktisch existiert das eine nicht ohne das andere, verändert sich das eine stets notwendig gemeinsam mit dem anderen: Wäre das Licht andersfarbig, wäre auch der Wolframfaden in einem anderen materiellen Zustand – und umgekehrt. Keiner der beiden konkreten Zustände hat eine ontologische Präferenz. Beide Phänomene sind – formal-logisch – füreinander notwendige und hinreichende Bedingung, sie sind füreinander Existenzursache. Faktisch handelt es sich damit um ein einziges Phänomen: Glühen des Wolframfadens und Licht sind wie die sprichwörtlichen zwei verschiedenen Seiten ein und derselben Medaille.

Ein konkreter materieller Hirnzustand geht entsprechend dieser These notwendig mit dem jeweiligen konkreten Verhaltens- und Erlebenszustand einher und der materielle Zustand hätte umgehend eine andere Gestalt, wenn Verhalten und Erleben verändert wären. Mikroanalytisch lässt sich die These gar nicht empirisch beweisen; praktisch sucht die Hirnforschung jedoch nach der Koinzidenz *einander ähnlicher* Verhaltens- und Erlebenszustände und *einander ähnlicher* neurophysiologischer Zustände bzw. nach der Kovarianz von Unterschieden auf beiden Ebenen. Wenn konkrete Verhaltens-/Erlebenszustände und konkrete Hirnzustände faktisch die zwei Seiten ein und derselben Medaille darstellen, widerspräche dies dem Trennbarkeits-Dualismus und seinen beiden monistischen Auflösungen, also postmortalem Seelen-Monismus bzw. materialistischem Epiphänomenalismus. Die Konsequenzen des hier vorgeschlagenen nicht monistisch auflösbaren Nichttrennbarkeits-Dualismus sollen nun in zwei Exkursen bedacht werden.

Exkurs I: Die determinierten Gehirne freier Menschen

Die Willensfreiheit wird nach Kant unter den Aspekten mentale Verursachung (Geist kann auf Materie einwirken), Intelligibilität (Relevanz der Gründe) und Alternativismus (ich hätte anders handeln können) diskutiert.

Die Frage nach der „mentalen Verursachung" impliziert bereits Trennbarkeitsdualismus. Konkrete Verhaltens-/Erlebenszustände und Hirnzustände sind jedoch füreinander Existenzursache; es besteht kein physikalisches Ursachenverhältnis der Wirkung oder Hervorbringung. Ein immaterieller Gedanke kann physisch wirksam werden, weil er untrennbar mit einem Hirnzustand assoziiert ist; der Geist muss den Hirnzustand nicht erst noch bewirken. Umgekehrt wirkt die Hirnphysiologie nicht auf das Bewusstsein ein (wie auch?), sondern nur auf die Physiologie.

Wenn die psychologische und die hirnphysiologische Ebene wie zwei Seiten einer Medaille miteinander verknüpft sind, dann partizipieren Verhaltens- und Erlebenszustände ununterscheidbar an der kausalen Relevanz, die man Hirnzuständen zuschreibt, da konkret diese Hirnzustände faktisch nicht ohne die entsprechenden Verhaltens- und Erlebenszustände auftreten. Ohne das Generieren von Handlungsalternativen, ohne das Abwägen von Gründen und ohne das Entscheiden hätte auch unser Gehirn andere Zustände durchlaufen und es wäre – konkret – anders gekommen; Nachdenken ist demnach materiell relevant.

Bleibt das Problem des Alternativismus: Hätte ein Mörder sich – rückwirkend betrachtet – auch gegen seine Tat entscheiden können? Als Glied einer Kausalkette ist jeder Weltzustand in gleichem Maße kausal determiniert, wie er kausal wirksam wird. Wenn Verhaltens- und Erlebenszustände untrennbar mit Hirnzuständen verknüpft sind und an deren kausaler Relevanz partizipieren, dann partizipieren sie auch an deren kausaler Determiniertheit. (Ein Beobachter steht außerhalb der beobachteten Zusammenhänge, solange er nicht eingreift!) In diesem Punkt haben Singer und Roth recht, jedoch – und dies ist eine wichtige Klarstellung – nicht das Gehirn wirkt auf den Geist ein oder übt gar freiheitsberaubenden Zwang aus (wie auch?), sondern der aktuelle Welt- inklusive Geist-Gehirn-Zustand wird durch den jeweils vorangegangenen Welt- inklusive Geist-Gehirn-Zustand determiniert.

Muss uns das aber überhaupt stören? Entscheidungen und Handlungen müssen doch in die identitätsstiftende Kontinuität einer Biographie sowie in den Kontext eingebunden sein, um überhaupt sinnvolle Entscheidungen und Handlungen einer bestimmten Person zu sein! Wenn eine Person – als sie selbst – ohne Zwang und Behinderung eine Entscheidung trifft und entsprechend dieser Entscheidung handeln kann, dann ist sie im Wortsinne frei; wie gesehen, kann das Gehirn keinen Zwang ausüben.

Aber die Kröte, die man wird schlucken müssen, ist, dass Personen stets in determinierte Weltzustände verwoben sind und dass uns das Leben mit unseren freien Entscheidungen und Handlungen so gesehen doch schicksalshaft widerfährt. Wir sind auf uns selbst festgelegt. Wir verfügen über keine physikalische, die Naturgesetze außer Kraft setzende Freiheit. Nicht die persongebundene Willensfreiheit als unbestreitbares Phänomen, sondern der Eindruck, dass wir außerhalb der natürlichen Zusammenhänge stehen, erweist sich als Illusion: Ein komplett autonomes Ich existiert nicht.

Exkurs II: Leben nach dem Tod?

Menschen sind so, dass sie hinter jeder räumlichen Grenze ein Dahinter vermuten und hinter jedem zeitlichen Ende ein Danach. Wenn etwas weg ist, dann muss es doch woanders sein! Wir sind unfähig, Endlichkeit zu denken. Entsprechend finden sich bereits in prähistorischen Kulturen eindrucksvolle Zeugnisse für die Idee einer Fortexistenz nach dem Tode. Man kann sich allerdings vieles vorstellen und wünschen - deswegen muss es noch lange nicht existieren. Gibt es vernünftige Gründe für die Idee einer unsterblichen Seele?

Niemand glaubt, dass sich das Licht, wenn man eine Lampe ausschaltet, in eine andere metaphysische Sphäre zurückzieht. Der Teilverlust von Hirnfunktionen führt nachweislich zu einer Einbuße bestimmter psychologischer Fähigkeiten; niemand glaubt, dass sich diese seelischen Teilfähigkeiten in eine andere Sphäre retten. Jeden Abend erlischt unser Bewusstsein infolge einer veränderten Hirnphysiologie; wir erleben diese Bewusstlosigkeit im eigentlichen Sinne nicht, wir sind nicht „weg“ im Sinne von „woanders“, sondern im Sinne von „nirgendwo“. – Was wird demnach am ehesten geschehen, wenn die gesamte Hirnfunktion einmal endgültig zum Erliegen kommt? Die These, dass psychologische und spezifische hirnphysiologische Zustände füreinander Existenzursache sind, ist mit der Idee der postmortalen Weiterexistenz einer hirnunabhängigen Seele nicht vereinbar.

Wenn man nur in einem einzigen Fall objektiv nachweisen könnte, dass eine Person, deren Hirnfunktion komplett ausgeschaltet war, noch korrekte Wahrnehmungen haben und später erinnern konnte, dann wäre das „Grunddogma" der Neurowissenschaften widerlegt. Gibt es Fälle außersinnlicher bzw. außercerebraler Wahrnehmung? Im Internet werden Sie auf den Fall von Pam Reynolds stoßen, einer in Arizona unter Vollnarkose operierten Patientin, die nach der Operation erstaunliche Wahrnehmungen erinnerte, die sie eigentlich nicht haben konnte, weil der Blutkreislauf – und damit die Hirnfunktion – unter Hypothermiebedingungen während der OP komplett angehalten worden war. Der holländische Neurologe von Lommel hat zahlreiche Fälle von Nahtodeserlebnissen bei Wiederbelebung nach Herzstillstand gesammelt und in der hoch angesehenen Fachzeitschrift „The Lancet" publiziert[3]. Er schlussfolgert, dass man aufgrund dieser Erlebnisse in Erwägung ziehen müsse, dass es in der Tat doch zu seelischen Phänomenen unabhängig von Hirnfunktion kommen könne.

Nun, oben wurde bereits gezeigt, wie es auf ganz natürliche Weise zu außerkörperlichen Erlebnissen kommen kann. Für viele andere faszinierende Aspekte des Nahtodeserlebnisses sei hier die Website des niederländischen Anästhesisten Gerald Woerlee empfohlen: www.mortalminds.org. Man findet hier und auch in seinem Buch „Mortal Minds" überzeugende natürliche Erklärungen für alle im Zusammenhang mit Nahtoderlebnissen berichteten Phänomene, auch für den Fall Pam Reynolds. Diese Erlebnisse mögen ungewöhnlich sein und auch in der weiteren Biographie mancher Betroffener nachhaltige Spuren hinterlassen – aber sie widerlegen nicht die These, dass seelische Phänomene stets und ausschließlich im Zusammenhang mit hirnphysiologischer Aktivität auftreten.

Wahrscheinlich sind Nahtodeserlebnisse kein „Fenster ins Jenseits", denn sie finden – wie Träume, Halluzinationen, Rauschzustände – im Diesseits neurobiologischer Funktionalität statt. Die Überzeugung, dass die Seele (z. B. nach dem Tod) eigenständig, unabhängig vom Gehirn existieren kann, kann mit Nahtoderfahrungen nicht überzeugend begründet werden.

---

[3] Lommel et al., *The Lancet*, 358 [2001], 2039-45.

These 3: Die Naturwissenschaften realisieren ein Cartesisches Theater zweiter Ordnung. Ihr Objektivismus impliziert in Verbindung mit einer Vollständigkeitsbehauptung notwendig die These einer Irrelevanz alles (nicht als solchem beobachtbaren) Subjektiven und erlaubt methodisch gar keine andere Sicht des Menschen als die eines determinierten neuronalen Superroboters, dessen Existenz mit dem materiellen Zerfall im Tod vollständig erlischt. Ihr Leitbild ist die vollständige natürliche Erklärung und technische Beherrschung der Wirklichkeit.

Descartes suchte in seinen *Meditationes* ausgehend von den flüchtigen unmittelbaren Sinneseindrücken eine unbezweifelbare Grundlage des Denkens und entdeckte diese schließlich im Subjekt des Zweifelns selbst: *cogitans sum*, zweifelnd steht außer Frage, dass ich bin; und *si enim fallor sum*, selbst wenn ich mich täusche, bin ich. Es entsteht das Bild eines Ich-Beobachters, der sich wie ein Theaterbesucher immer tiefer in das dunkle Innere eines Zuschauerraums zurückgezogen hat und von dort, für sich selbst unbeobachtbar, die Gesamtheit seines Erlebens als Objekt, als *res extensa*, im Scheinwerferlicht seines Bewusstseins erlebt; anschaulich spricht man vom Cartesischen Theater.

Die Naturwissenschaften konstruieren im Anschluss an Descartes ein Cartesisches Theater zweiter Ordnung. Exakt definierte, objektive Beobachtungsverfahren erlauben es prinzipiell jedem individuellen Beobachter einen behaupteten Sachverhalt nachzuvollziehen; durch die exakte Beschreibung der eingesetzten Verfahren macht sich ein Wissenschaftler als individuelle Person quasi überflüssig. Damit lässt sich die einzelne Beobachtung von dem individuellen Beobachter und von dem sinnengebundenen Beobachtungsvorgang ablösen, sie wird objektiv und kann so allgemeine Geltung beanspruchen. In gewisser Weise versetzt sich der individuelle Forscher damit virtuell in die absolute Perspektive eines quasi göttlichen Dritten, der die Welt von außen betrachtet, ohne einzugreifen – eine *res cogitans* zweiter Ordnung. Die Naturwissenschaften beziehen sich auf Phänomene, ausschließlich insofern sie sich unabhängig von je individuellen Beobachtern und damit im Prinzip beliebig oft wiederholen lassen. Naturwissenschaftler gehen davon aus, dass die für den Gang der Welt relevanten Phänomene durch objektive Beobachtung vollständig erfasst werden können.

In der Biologie und in der Psychologie gerät nun der Mensch mit seinem Verhalten und Erleben selbst in diesen objektivierenden Blick, der nur wahrhaben will und wahrnehmen kann, was sich unabhängig von je einzelnen Beobachtern beliebig oft wiederholen lässt, was mithin zählbar und messbar ist. Erklärungen beziehen sich stets auf Unterschiede. Daher kann eine einzelne Verhaltensweise einer einzelnen Person niemals Gegenstand einer wissenschaftlichen Erklärung sein, sondern immer nur ein Unterschied in verschiedenen Verhaltensweisen einer einzelnen Person zu verschiedenen Zeitpunkten oder ein Unterschied im Verhalten verschiedener Personen.

Ist es eigentlich so überraschend, dass der Mensch anders erscheint, wenn er naturwissenschaftlich objektiv, das heißt unabhängig von dem persönlichen Standpunkt eines individuellen Beobachters, ausschließlich hinsichtlich des objektiv beobachtbaren Verhaltens und im Vergleich mit ähnlichen Phänomenen betrachtet wird? Wenn man als Naturwissenschaftler das Rätsel Mensch für erklärbar hält, dann muss man ihn als neuronalen Superroboter betrachten, dann muss man das objektiv Feststellbare für das Ganze halten, dann muss man von Determination ausgehen. Und tatsächlich erweisen sich seelische Fähigkeiten *objektiv betrachtet* als komplett abhängig von vergänglicher Hirnphysiologie. Kommt der *res cogitans* erster Ordnung also doch nicht die eigenständige Existenz zu, wie Descartes und Fichte uns glauben machen wollten, um uns zu trösten?

These 4: Die naturwissenschaftliche Erklärung der Welt wäre solange noch kein echtes Verstehen der Welt und des Menschen, wie wir das jedem Beobachtetem und jedem Begriff vorgängige Beobachten selbst nicht verstehen. Ein Erfassen der Wirklichkeit im konkret-sinnlichen Erleben hier und jetzt (vgl. Zen, Mystik) erhellt den konzeptuell-abstrakten Charakter der alltäglichen Wirklichkeitserfahrung, an die das naturwissenschaftliche Weltbild radikalisierend anknüpft. Begriffliche Dichotomien (z. B. Subjekt/Objekt, Innen/Außen, Gott/Welt), die zwangsläufig aus der Konzeptualisierung des Wirklichkeitserlebens resultieren („Weltbild", „Menschenbild", „Gottesbild"), sind im unmittelbaren Erleben hier und jetzt „aufgehoben". In der offenen Weite des Dies-hier-jetzt erfasst der Mensch sein ursprüngliches lebendiges Wesen und findet diesseits des Ich wahre Freiheit.

Das Cartesische Theater zweiter Ordnung gestattet scheinbar eine vollständige Objektivierung der gesamten Wirklichkeit; es scheint, dass auch der Mensch als Ganzer im Scheinwerferlicht objektiver Beobachtung komplett erklärt werden kann. Aber etwas gelangt wiederum nicht auf diese Bühne: der absolute Beobachter und das Beobachten selbst. Wenn wir alles objektiv erklärt haben, wenn wir über perfekte Psychotechnologien verfügen werden, wissen wir noch immer nicht, was überhaupt das ursprüngliche Beobachten ist.

Diese Tatsache kann einem Physiker oder Physiologen weitgehend egal sein – sie können im Cartesischen Theater viele interessante Dinge entdecken, ohne sich um den Beobachter zu kümmern. Konfusion droht erst, wenn die Psychologie ins Spiel kommt: In der Psychologie – und damit in der Hirnforschung – definieren wir Reize üblicherweise nicht objektiv über physische Stimulationsmuster an sensorischen Eingängen des Nervensystems, sondern konzeptuell im Sinne der Alltagsbeobachtung: „Der Testleiter zeigt einen Apfel". Auch Verhalten wird nicht als physiologische Muskelaktivität, sondern als kontextbezogenes Agieren eines Individuums beobachtet: „Der Proband greift nach dem Apfel". Meines Erachtens ist völlig unklar, was das auf diese Weise Beobachtete überhaupt ist und ob es als „objektiv" gelten kann. Niemand hat bisher objektiv definiert, was Verhalten überhaupt ist! Wir müssten an dieser Stelle den gesamten Vortrag einer Revision unterziehen: Was ist das „objektiv beobachtete Psychische", was sind „Verhaltens- und Erlebniszustände"? Sicherlich gelingt es der Psychologie nicht, die geheimnisvolle *res cogitans* erster Ordnung *als solche* auf die Bühne einer objektiven Analyse zu zerren ... .

Was aber ist das Beobachten selbst, das die objektive Wirklichkeit erst konstituiert?

Man kann sich leicht eine Wissenschaftlerin vorstellen, die komplett alles über das Küssen weiß, eine perfekte Forscherin – die es aber noch nie selbst erlebt hat, geküsst zu werden. Was bedeutet das aber: „etwas selbst erfahren", welche Art von Kenntnissen fehlen der Wissenschaftlerin, obwohl sie alles weiß? „Es selbst erleben" heißt: es am eigenen Leib erfahren, es mit Haut und Haaren erleben; ein Phänomen in der Weise „beobachten", dass ich mich nicht als unbeteiligter Beobachter zurückziehen kann, ohne das Wesentliche dieses Phänomens zu verlieren; es aus der Nähe nahsinnlich und konkret erfahren; mich davon berühren lassen. Ist es nicht interessant, dass das Ich genau dort ins Spiel kommt, wo unser Körper in seiner Unvertretbarkeit und Einmaligkeit relevant wird? Es fühlt sich für mich irgendwie an ... Darin liegt der Unterschied zwischen Wissen und Erfahrung. Eine persönliche Erfahrung kann nur so weit in Wissen transformiert und erklärt werden, wie sie von außen beobachtet und mit ähnlichen Phänomenen verglichen werden kann. Eine Erfahrung verstehen, bedeutet dagegen zu erkennen, inwieweit diese Erfahrung unvergleichlich, einzigartig und notwendig an die jeweilige Person gebunden ist. Wer mir etwas von Hormonausschüttungen erzählt, erfasst nicht das Eigentliche meiner Erfahrung des ersten Kusses. Wer alles zu wissen glaubt, wer alles erklären kann, versteht am Ende gar nichts.

Interessanterweise *haben* wir unsere Erfahrungen. Wir erinnern uns an frühere Erfahrungen und stellen uns zukünftige vor. Diese Erfahrungen sind konzeptuell und fernsinnlich kodiert. Es kann sein, dass wir uns in der Erinnerung an ein Erlebnis außerkörperlich aus der Position eines objektiven Dritten wahrnehmen – dann fehlen in der Erinnerung die nahsinnlichen Aspekte, und damit die Identifikationsbasis.

Dem Wissen eines objektiven Beobachters entgeht das Eigentliche Ich-gebundener Erfahrungen, aber auch die Ich-bezogene Erfahrung holt das ursprüngliche Erleben nicht vollständig ein. Erfahrung ist gegenüber dem ursprünglichen Erleben bereits sinnlich ausgedünnt, distanziert, objektiviert, verbal rekonstruiert. Wann aber erleben wir ursprünglich? Wann haben wir ohne Rückgriff oder Vorgriff, ohne objektivierende Abstraktion unmittelbaren Zugriff auf die Wirklichkeit selbst? Wann und wo können wir die Wirklichkeit selbst und das Wesen der Beobachtung untersuchen? –

Wie fühlt sich, lieber Leser, Ihre Hand an? Nun, sie fühlt sich jedenfalls an. – Und jetzt? Wie fühlt sie sich jetzt an? Sie fühlt sich immer noch an. Können Sie sich noch erinnern, wie sie sich eben angefühlt hat? Selbst wenn, jetzt fühlt sie sich schon wieder an! Sie fühlt sich andauernd jetzt an. – Sie sehen auch ein konkretes Bild vor Augen: jetzt, jetzt, jetzt – und jetzt. – Und Sie hören: Achten Sie einmal auf alle Geräusche, die jeweils tatsächlich an Ihr Ohr dringen; hängen Sie nicht längst verklungenen Geräuschen gedanklich nach, hören Sie unmittelbar! Jetzt! – Ich weiß, das ist sehr ungewohnt; es spielt in unserer Alltagswelt, in der nur Wissen und Erfahrung zählen, auch keine Rolle.

Der akademische Teil dieses Aufsatzes über die objektiv beobachtete Welt endet hier; das Sprechen über die *Wirklichkeit selbst*, folgt notwendig einem anderen Sprachspiel, weil Begriffe nur unbeholfen auf *genau-dies-hier-jetzt* hindeuten können. Wenn man das Jetzt aus der Perspektive der Alltagserfahrung als unbedeutenden Übergang zwischen Zukunft und Vergangenheit versteht, versteht man nicht, was hier im folgenden nun gemeint ist. Denn das tatsächliche konkret-sinnliche Erleben ist *andauernd gegenwärtig*, es kennt weder Vergangenheit noch Zukunft, sondern ausschließlich Gegenwart. Die dreigeteilte Zeit existiert nur in der Welt der Erfahrung und des Wissens, nicht im unmittelbaren Erleben der Wirklichkeit selbst.

Wir haben im unmittelbaren sinnlichen Erleben einen ganz eigenen Zugang zur Wirklichkeit, der weder durch Erfahrungen noch durch Wissen eingeholt werden kann. Konkrete sinnliche Eindrücke haben wir stets nur: jetzt. Ohne dies-hier-jetzt wäre gar nichts. In dieser Tatsächlichkeit existiert nur dies-hier-jetzt. Nichts wiederholt sich. Daher kann die Wirklichkeit selbst durch Begriffe im Eigentlichen nicht erfasst werden, sondern allenfalls abgebildet werden. In unserem alltäglichen Bewusstsein verwechseln wir die Bilder, die Konzepte, mit der Wirklichkeit selbst, die gerade genau jetzt mit atemberaubender und strahlender Brillanz stattfindet. Die Wirklichkeit selbst ist ohne jede Einteilung, sie ist gegenwärtig eins.

Dies-hier-jetzt erweist sich als Ihr ursprüngliches Wesen, dessen unvollständiges Bild das Ich ist, das in der Welt Erfahrungen macht. Dies-hier-jetzt ist der letzte Grund unserer Wirklichkeitserfahrung, der weder begriffen noch jemals verfehlt, weder erfahren noch jemals nicht erfahren werden kann, von dem uns nichts trennt, in dem es keine Trennung zwischen Beobachter, Beobachten und Beobachtetem gibt, zwischen *res cogitans* und *res extensa*, zwischen Innen und Außen.

Ich sehne mich nach einer Theologie, die von der Ursprünglichkeit der Wirklichkeit selbst spricht, die sich nicht in philosophischen Diskussionen verliert, sondern auf das zu verweisen versteht, was nicht begriffen, nicht gewusst, nicht erklärt, nicht verstanden werden kann – weil es jedem Begreifen, Wissen, Erklären und Verstehen voraus liegt. Denken Sie an das Bilderverbot des Alten Testaments – warum auch Bilder anschauen, wenn die göttliche Wirklichkeit unmittelbar hier und jetzt vor unseren Augen, in unserem Blick geschieht? Denken Sie an die Zusammenfassung der Predigt Jesu: Das Königreich der Himmel – Gott – ist unmittelbar nahe; oder ein wenig umformuliert: Das unmittelbar Nahe ist das Königreich der Himmel; oder als Kurzformel des christlichen Glaubens: Dies-hier-jetzt ist Gott. Denken Sie an das Zen, dessen Praxis der Meditation, der

Kôan-Schulung und des alltäglichen Lebens auf nichts anders abzielt als die Erkenntnis unseres unbegreiflichen, unendlich nahen ursprünglichen Wesens: „Hier und jetzt erforschen wir Buddha, das Wesen der Wirklichkeit", heißt es bei Meister Dôgen (Shôbôgenzô, 12. Jhdt.). Eine solche Gottesrede kann nicht nur verbal-akademisch funktionieren, sondern sie muss praktisch werden, nahsinnlich fundiert sein: Sie vergegenwärtigt die immer schon gegenwärtige Gegenwart im betenden DU-Sagen, im andächtigen Schweigen und in der sinnlichen Feier der Liturgie. Sie lebt in ihrer caritativen Praxis die tiefgreifende Erkenntnis, dass vor allen professionellen Hilfen die Gegenwart selbst heilsam ist, weil sie stets göttliche Gegenwart ist. Sie bekennt, dass wir über die Wirklichkeit im letzten nicht sprechen können – aber nicht aufgrund obskurer transzendentaler Verborgenheit und Gottesferne, sondern aufgrund sinnlicher Überfülle und geradezu blendender Offensichtlichkeit.

Ich finde es bedauerlich, dass viele Christen – und Nicht-Christen! – heute unter Glauben die Akzeptanz einer unplausibel gewordenen platonischen Metaphysik verstehen, also das Haben unbeweisbarer abstrakter Meinungen. Wahrer Trost und wahre Befreiung kommen jedoch nicht von Theorien oder Bildern – Weltbildern, Menschenbildern, Gottesbildern –, sondern allein von Gott, der nahe, lebendige, heilsame Gegenwart ist und von dem – christlich – nicht gesprochen werden kann, ohne dass wir über unser ureigenes menschliches Wesen sprechen. Ich schließe mit Andreas Gryphius (17. Jhdt.):

Mein sind die Jahre nicht, die mir die Zeit genommen;
Mein sind die Tage nicht, die etwa möchten kommen;
Der Augenblick ist mein, und nehm ich den in acht,
So ist der mein, der Jahr und Ewigkeit gemacht.

Matthias Petzoldt

Religiöse Erfahrung und ihre neuronalen Korrelate Zum Gespräch mit der so genannten Neurotheologie[1]

Meine Aufgabe lautet, einen Einblick in die Forschungen zu geben, die unter dem Begriff „Neurotheologie" bekannt geworden sind. Freilich möchte ich sogleich festhalten, dass ich jenen Begriff für abwegig halte. Diese Ablehnung wird durch meine Ausführungen noch deutlich werden. Der Zweig der Hirnforschung hat sich allerdings nach den anfänglich hochtrabenden Ansprüchen einer „Neurotheologie" inzwischen auf die ernsthafte Frage nach neuronalen Korrelaten für religiöse Erfahrung konzentriert; er hat sich also auf die Suche danach begeben, welche Vorgänge im Hirn den religiösen Erfahrungen entsprechen. Solche Untersuchungen kenne ich jedoch nicht aus eigener experimenteller Arbeit, sondern aus der Lektüre von betreffenden Veröffentlichungen und aus einer gemeinsamen interdisziplinären Ringvorlesung im Wintersemester 2003/04 an der Universität Leipzig. Dort sind aus dem Blickwinkel der Neurologie, der Psychologie, der Physik, der Philosophie, Religionswissenschaft und Theologie diese Forschungen diskutiert worden.[2] Als Referenten waren an der Ringvorlesung auch die holländische Psychologin und Theologin Dr. Dr. Nina Azari und der Düsseldorfer Neurologe Prof. Dr. Rüdiger J. Seitz beteiligt, die zu einem Forscherteam gehören, das an der Düsseldorfer Neurologischen Klinik entsprechende Untersuchungen durchgeführt hat.[3]

---

1 Für den Druck überarbeitete Fassung des Vortrags auf der Tagung der Evangelischen Akademie Arnoldshain 21. – 23. Januar 2005 zum Thema „Gott – Geist – Gehirn. Religiöse Erfahrungen im Lichte der neuesten Hirnforschung".

2 Zum Programm dieser Ringvorlesung, die vom Leipziger Forum Naturwissenschaft – Philosophie – Theologie durchgeführt wurde, vgl. die Homepage des Forums www.uni-leipzig.de/~forumnpt. Aus der Homepage ist auch der Aufriss der geplanten Veröffentlichung zu ersehen, die 2005 im Springer-Verlag erscheinen wird.

3 Vgl. N. Azari, J.P. Nickel, G. Wunderlich, M. Niedeggen, H. Hefter, L. Tellmann, H. Herzog, P. Stoerig, D. Birnbacher, R.J. Seitz, Neural Correlates of Religious Experience. In: *European J. Neurosci 13* (2001), 1649-1652.

Wenn ich als Theologe der angezeigten Aufgabe nachkomme, schließt das Überlegungen ein, was jene neurologischen Untersuchungen für die Arbeit der Theologie wie auch für die Religionsphilosophie bedeuten. Solches Nachdenken wird stellenweise die hypothetische Form von Fragen „Was wäre, wenn ...?" annehmen. Was würde es für unser Verständnis von Religion bedeuten, wenn es den Neurowissenschaften gelingt, ein religiöses Zentrum im menschlichen Gehirn ausfindig zu machen? Überlegungen vor allem in die Form von Fragen zu kleiden halte ich an dieser Stelle im Moment für die angemessene Weise, weil die Forschungen der Neurowissenschaften auf dem Gebiet der religiösen Erfahrung noch am Anfang stehen.

I. Auf der Suche nach neuronalen Korrelaten für religiöse Erfahrung

Dass man überhaupt auf die Suche nach neuronalen Korrelaten gehen kann, ist der technischen Möglichkeit bildgebender Verfahren zu verdanken. Sie machen Aktivitäten im Gehirn sichtbar, welche bei Probanden ablaufen, während diese gerade Meditationen vollführen oder religiöser Texte hören bzw. lesen.

Am Beispiel der Untersuchungen des US-Amerikaners Andrew Newberg[4] sieht das folgendermaßen aus. Er hat mit seinem Forscher-Team Buddhisten und katholische Nonnen als Probanden in sein nuklearmedizinisches Labor gebeten, die jeweils auf ihre Weise Meditationen praktizierten. Jeder Versuchsperson wurde ein Faden an einem Finger befestigt. In dem Moment der tiefsten Versenkung zogen sie an der Schnur. Auf dieses Signal hin injizierte der im Nebenraum wartende Forscher den Meditierenden eine radioaktive Substanz in die Vene. Der sog. Tracer bindet sich innerhalb kürzester Zeit an die Hirnzellen, und zwar insbesondere dort, wo das Gehirn am stärksten durchblutet wird. Erhöhter Blutfluss in einer Hirnregion signalisiert, dass dieser Bereich gerade aktiv ist. Eine SPECT-Kamera (single photon emission computed tomography) zeichnete die Verteilung der Radioaktivität auf und ein Computer errechnete Bilder, die zeigen, was das Gehirn in dem Moment macht. Dabei kam heraus, dass der Schei-

[4] A. Newberg, E. D'Aquili, V. Rause, *Why God Won't Go Away. Brain Science and the Biology of Belief*, New York 2001 (Ich zitiere nach der deutschen Ausgabe: *Der gedachte Gott. Wie Glaube im Gehirn entsteht*, München/Zürich 2003). Vgl. auch E. D'Aquili and A. Newberg, *The Mystical Mind. Probing the Biology of Religious Experience*, Minneapolis 1999.

tellappen bei allen Probanden in jenem Moment besonders inaktiv war. Newbergs Erklärung dazu: Im oberen Scheitellappenteil erfolgt die Raumorientierung des Menschen. Durch religiöse Meditation wird aber der Strom eingehender Sinnesdaten blockiert. Dieses Hirnareal wird inaktiv. Damit wird der Scheitellappen vorübergehend sozusagen blind gemacht. Das Orientierungsfeld wird der Informationen beraubt, die es braucht, um seine Aufgabe richtig zu erfüllen. Wenn aber das Orientierungsfeld nicht mehr auf Informationen zurückgreifen kann, ist es nicht mehr in der Lage, die Grenzen des Selbst im Raum zu bestimmen. Der betreffende Mensch kann nicht mehr „die Grenze zwischen Selbst und Außenwelt dingfest" machen.[5] Für ihn existiert nicht mehr solch eine Unterscheidung. Dem Gehirn bleibt „nur die Wahrnehmung, daß das Selbst endlos und auf das Engste mit allem verbunden sei, was der Geist erfaßt. Und diese Wahrnehmung würde sich überdies absolut und unzweifelhaft real anfühlen."[6]

Newberg nennt dieses Phänomen gern „Deafferenzierung"[7]. Das genau sei es, worum es in der Religion gehe. In der religiösen Meditation erlebe sich der Mensch in Einheit mit dem Universum: eine Form von Gott-Erleben. Das Ergebnis dieser Untersuchungen heißt also kurz zusammengefasst: Newberg und andere erklären: Im oberen Scheitellappenteil als dem mentalen Orientierungsfeld laufen die religiösen Aktivitäten ab.

Vilaynur S. Ramachandran und andere dagegen erklären: Im limbischen System befindet sich das religiöse Zentrum.[8]

---

[5] Newberg, *Der gedachte Gott*, 15.

[6] Ebd., 15. Vgl. ebd., 17: „Als im Verlauf unserer Studie immer mehr Daten vorlagen, kamen Gene [= Eugene D'Aquili - M.P.] zu der Ansicht, dass wir fundierte Beweise dafür entdeckt hatten, daß die mystischen Erfahrungen unserer Versuchspersonen – die veränderten Bewußtseinszustände, die sie als das Aufgehen des Selbst in etwas Größerem beschrieben – nicht von emotionalen Irrtümern herrührten oder einfach bloßes Wunschdenken darstellten, sondern vielmehr mit einer Reihe wahrnehmbarer neurologischer Prozesse einhergingen, die zwar ungewöhnlich sind, aber nicht außerhalb des Spektrums normaler Gehirnfunktionen liegen. Mit anderen Worten, mystische Erfahrung ist biologisch real und naturwissenschaftlich wahrnehmbar."

[7] Ebd., 206, 223 u. öfter.

[8] V.S. Ramachandran, S. Blakeslee, Gott und das limbische System, in: Dies., *Die blinde Frau, die sehen kann. Rätselhafte Phänomene unseres Bewusstseins*, Reinbek bei Hamburg 2002, 283-320 (Die Originalausgabe dieses Buches erschien 1998 unter dem Titel

Aus dieser Erklärungsrichtung stammt auch der Slogan vom „Gott-Modul". Den Anstoß zum Deutungsmuster – limbisches System im Zusammenspiel mit dem Schläfenlappen – haben Beobachtungen gegeben, dass bei Patienten mit einer Temporallappenepilepsie (Schläfenlappenepilepsie) häufig religiöse Erlebnisse auftreten. Allerdings gibt es zu diesem Befund inzwischen auch sehr widersprechende Aussagen von Neurologen. Diese Frage braucht jetzt aber die hier anstehenden Überlegungen nicht weiter zu beschäftigen.

Was hat es nun mit dem limbischen System auf sich? Diese Hirnregion, zu der vor allem die Amygdala, der Hippocampus und der Hypothalamus gehören, bildet das Zentrum der Gefühlsverarbeitung. Es hat die Aufgabe, Sinneseindrücke und Erfahrungen nach ihrer Wertigkeit von Lust und Unlust zu beurteilen. Angst, Wut, Ekel, Verlegenheit, Staunen, Stolz, Freude usw. werden hier erzeugt und lösen verschiedenste Aktivitäten aus wie Herzklopfen, Bauchgrimmen, Haarsträuben, Fluchtreaktionen usw. Die Erforschung der Gefühle durch die Neurowissenschaft steht gegenwärtig sehr im Rampenlicht der populärwissenschaftlichen Presse.[9] Die Religionsthematik spielt dabei nur am Rande eine Rolle. Während es sich nun bei den von Newberg beobachteten Vorgängen im Scheitellappen um eine Abschwächung der Aktivität im Orientierungsfeld handelte, beobachten Ramachandran und andere[10] bei religiösen Erlebnissen ihrer Probanden eine Aktivierung und sehen darin eine Intensivierung der neuronalen Verschaltung zwischen den sensorischen Arealen im Temporallappen und dem limbischen System.[11]

„Phantoms in the Brain. Probing the Mysteries of the Human Mind" im Verlag William Morrow an Company, Inc., New York).

9 Besonderes Interesse findet dabei die Theorie der Emotionen des Neurobiologen Antonio Damasio.

10 R. Joseph, *The Transmitter to God. The Limbgic System, the Soul, and Spirituality*, San Jose 2000; M.A. Persinger, Religious and Mystical Experiences as Artifacts of Temporal Lobe Function. A General Hypothesis. In: *Percept Mot Skills 57* (1983), 1255-1262; Ders., *Neurophysiological Bases of God Beliefs*, New York 1987; J.H. Austin, *Zen and the Brain. Toward an Understanding of Meditation and Consciousness*, Cambridge, Ma 1998.

11 Newberg nimmt übrigens die Untersuchungen von Hirnforschern am limbischen System zur Kenntnis, meint allerdings, „daß der Schläfenlappen und die limbischen Strukturen darin nicht allein für die Komplexität und Vielfalt dieser Erfahrungen verantwortlich sein können" (*Der gedachte Gott*, 246, Anm. 12). Dort heißt es weiter: „In seinem Buch *Zen and the Brain* beschrieb James Austin einige dieser Strukturen, die mit der Meditation in

Wieder andere wie Nina Azari erklären, und das leuchtet mir am ehesten ein: In komplexer Vernetzung vieler Hirnregionen vollziehen sich die Vorgänge, die den religiösen Aktivitäten des Menschen entsprechen.[12]

Diese Vielfalt der Aussagen zeigt mir, wie sehr die Hirnforschung hier noch am Anfang steht.

Die Neurowissenschaften werden noch weiter suchen. Aus dem Blickwinkel der Geisteswissenschaften, so auch der Theologie, mag es angebracht erscheinen, den weiteren Forschungen der Neurowissenschaften einige kritische Rückfragen mitzugeben.

II. Führt der Umgang mit dem Begriff „religiöse Erfahrung" die Hirnforschung in Sackgassen?

Die erste Frage, die sich in diesem Zusammenhang stellt, lautet:

1. Lassen sich religiöse Erfahrungen im Hinblick auf ihre neuronalen Korrelate wirklich von anderen Erfahrungen unterscheiden?

Präziser formuliert steht das Problem zur Diskussion: Lassen sich religiöse Erfahrungen von der Neurowissenschaft in der Weise identifizieren, dass sie von anderen Erfahrungen unterschieden werden können und dass die neuronalen Korrelate religiöser Erfahrungen von neuronalen Korrelaten anderer Erfahrungen abgegrenzt und im Hirn lokalisiert werden können? Wie nahe liegend für die Neu-

Zusammenhang stehen, darunter die im Thalamus und dem Schläfenlappen. Er versuchte auch, einige der Neurotransmittersysteme zu bestimmen, die beteiligt sein könnten. Wir halten dies für etwas verfrüht, denn wir müssen zuerst die betroffenen Strukturen vollständig beschreiben, bevor wir darangehen können, spezielle neurochemische Prozesse zu entdecken. Dennoch paßt seine Theorie gut mit unserer zusammen, auch wenn er weniger von der Bedeutung des vegetativen Nervensystems für diese Zustände überzeugt zu sein scheint. Unserer Meinung nach sind alle diese Teile wichtig und notwendig, um die immense Vielfalt religiöser und spiritueller Erfahrungen zu erklären."

[12] Vgl. Anm. 3. Ich werde mich in meinem Beitrag mehrfach auf das Thesenpapier beziehen, das dem Beitrag von N. Azari auf der Leipziger Ringvorlesung (s. Anm. 2) zu Grunde lag.

rologie der Versuch einer Lokalisation ist, dürfte nach dem Beitrag von Herrn Kollegen Illing und dessen Ausführungen zum Stellenwert der Lokalisationstheorie in der jüngeren Hirnforschung sehr einleuchtend sein.

Nun liegt sicherlich nichts Aufregendes darin, nachweisen zu können, dass eine religiöse Praxis beim menschlichen Individuum irgendeinen Niederschlag in dessen Hirnaktivitäten findet. Eine solche Feststellung zu machen ist geradezu trivial. So hat es bei der Ringvorlesung in Leipzig der Philosoph in seinem Vortrag kommentiert. Ich meine, philosophisch ergeht dieses Urteil zu Recht. Was hätten wir auch anderes erwarten wollen?[13] Aber medizinisch gesehen ist das Wissen um die Lokalisierung bestimmter Hirnaktivitäten, die bestimmten menschlichen Handlungen entsprechen, ganz und gar nicht trivial. Das Wissen um solche Regionen eröffnet ja im Fall von Komplikationen oder gar beim Ausfall der betreffenden Region die Suche nach Heilungsmöglichkeiten.

Meine Frage möchte ich zunächst noch mehr auf einen Gesichtspunkt zuspitzen: Hat die Hirnforschung die Hirnregion für religiöse Aktivitäten des Menschen lokalisiert? Noch sind mir die Antworten, die von der Neurowissenschaft gegeben werden, zu diffus. Jedenfalls erscheinen sie mir als einem Außenstehenden noch zu diffus.

Wir hatten ja gehört:

- Newberg und andere erklären: Im oberer Scheitellappenteil als dem mentalen Orientierungsfeld laufen die religiösen Aktivitäten ab.

- Ramachandran und andere dagegen erklären: Im limbischen System befindet sich das religiöse Zentrum.

---

13 Auch die Neurowissenschaft sieht das als einen selbstverständlichen Zusammenhang an, vgl. z.B. Nina Azari in These 3 ihres Thesenpapiers (s. Anm. 12): „Everyone already agrees that all human experience is embodied. That is, there are no experiences, for which neuroscientists today would seriously expect to see no neural correlates. And, theological and religious studies scholars agree.“ (Übersetzung: „Es herrscht bereits allgemeine Übereinstimmung darüber, dass sich jegliche menschliche Erfahrung im Gehirn manifestiert. Das heißt, es gibt keine Erfahrungen, bei denen Neurowissenschaftler ernsthaft erwarten würden, keine neuronalen Korrelate zu finden. Und Theologen und Religionswissenschaftler stimmen dem zu.“)

- Wieder andere wie Azari erklären: In komplexer Vernetzung vieler Hirnregionen vollziehen sich die Vorgänge, die den religiösen Aktivitäten des Menschen entsprechen.

Hier mag die Hirnforschung noch weiter suchen. Sie steht ja noch am Anfang.

Die Frage ist aber: Was wäre, wenn es sich herausstellen sollte, dass es wirklich eine besondere Hirnregion für religiöse Korrelate gibt? Und was wäre, wenn diese Region aus irgendeinem physischen Grund ausfällt? Hätte dann jener Mensch keine Chance mehr religiös zu sein? Dann müsste solche Unfähigkeit zur Religion als pathologischer Zustand des Menschen angesehen werden. Oder müsste man die Sache genau umgekehrt beurteilen: dass nämlich das Wissen um den Ort von Religiosität im menschlichen Gehirn endlich die Voraussetzungen dazu bereitstellt, in Konsequenz von so mancher Religionskritik dem Menschen diese Region aus dem Gehirn entfernen zu können, damit er von der angeblich so schrecklichen Illusion freikommt, welche den Menschen in seiner kulturellen Entwicklung nur hemme? Diese Alternative habe ich freilich nur mit Augenzwinkern formulieret. Viel bedenkenswerter erscheint mir die dritte Frage: Würde ein Ausfall der Region, in der die neuronalen Korrelate für religiöse Aktivitäten zu beobachten sind, auch zugleich den Ausfall weiterer Gehirnaktivitäten bedeuten? Wenn es sich *so* verhielte, würde daraus die Frage folgen: Hätte man mit der Lokalisierung von Hirnaktivitäten bei religiöser Praxis wirklich schon religiöse Erfahrung an ihren neuronalen Korrelaten identifiziert? Ich meine, man hätte damit religiöse Erfahrung eben *nicht* in lokaler Abgrenzung von anderer Erfahrung identifiziert! Weil in jenen Hirnregionen auch viele *andere* Hirnaktivitäten ablaufen.

Schauen wir uns daraufhin noch einmal an, was die Neurologen als spezifische Hirnaktivitäten ermitteln.

Was Newberg wirklich mit Hilfe der SPECT-Kamera beobachten konnte, war lediglich die „Abschwächung der Aktivität im Orientierungsfeld" (oberer Scheitellappenteil). Alles andere ist Deutung gewesen. Könnte aber die Beobachtung „Abschwächung der Aktivität im Scheitellappen" nicht auch auf andere Korrelate von menschlichen Aktivitäten als nur den religiösen zutreffen? Und wenn solche „Abschwächung der Aktivität im Scheitellappen" wirklich eindeutig auf ein Erlebnis der Entgrenzung des Selbst hinweist, steht die Frage, ob solches Erlebnis nicht auch außerhalb von religiöser Praxis als Erfahrung gemacht werden kann: etwa als ein tiefes Erlebnis von Musik, beim Hören eines Konzerts oder beim Miterleben eines Live-Konzerts in der Rock- und Popszene, oder in der Faszination von Tanz oder in der Begeisterung eines ganzen Stadions beim Fußballspiel?

Es ist schon davon die Rede gewesen, dass Ramachandran und andere die neuronalen Korrelate für religiöse Erfahrung an anderer Stelle im Gehirn zu lokalisieren suchten als Newberg, nämlich im limbischen System. Und dort handelte es sich laut ihren Untersuchungen nicht um eine Abschwächung der Aktivitäten in jener Hirnregion, sondern um eine Intensivierung der neuronalen Verschaltung zwischen den sensorischen Arealen im Temporallappen und dem limbischen System. Wieder Andere sehen bei religiösen Aktivitäten eher eine komplexe Vernetzung von Hirnregionen.

Ganz gleich aber nun, wo man das religiöse Zentrum im Gehirn lokalisiert, bleibt als Hauptfrage bestehen: Was gibt der Hirnforschung die Sicherheit, dass es sich bei den genannten Beobachtungen, welche die bildgebenden Verfahren sichtbar machen, eindeutig um Korrelate religiöser Erfahrung handelt; ja dass es zunächst einmal sich überhaupt um Korrelate religiöser Praxis handelt? Also: Lassen sich religiöse Erfahrungen wirklich so präzise von anderen Erfahrungen und anderen menschlichen Aktivitäten unterscheiden, so dass auch ihre neuronalen Korrelate eindeutig definierbar sind?

Als einer, der die Forschungen der Neurowissenschaft von außen betrachtet, darf ich vielleicht an dieser Stelle folgende Bemerkung machen: Einen großen Schritt weiter käme man sicherlich, wenn man nicht nur so vorginge, dass man Probanden bestimmte religiöse Praktiken ausüben lässt und dabei deren Hirnaktivitäten beobachtet, dass man also von der religiösen Praxis auf die neuronalen Korrelate schließt. Man käme wahrscheinlich weiter, wenn man sozusagen die Gegenprobe machen könnte. Ich meine, wenn man auch umgekehrt von der Beobachtung bestimmter Hirnaktivitäten (im Scheitellappen oder im limbischen System) treffsicher auf religiöse Praktiken schließen könnte ohne die augenblickliche Kenntnis, womit der Proband gerade beschäftigt ist; wo man aber die Aktivität des Probanden sofort nachprüfen könnte, ob er in dem Moment auch mit religiösen Dingen beschäftigt war. Mir ist bewusst, dass ich damit ein Untersuchungsszenarium einfordere, das wahrscheinlich gar nicht so realisierbar wäre, allein schon aus technischen Gründen nicht. Solches Vorgehen würde ja bedeuten, das Gehirn eines Menschen unentwegt bei den alltäglichen Verrichtungen der Person unter Beobachtungen zu halten.

Ich habe also grundsätzlich meine Zweifel, dass religiöse Erfahrungen überhaupt so eindeutig von anderen Erfahrungen abgegrenzt werden können. Liegt das neurophysiologische Problem aber vielleicht darin, dass gar nicht klar ist, was man eigentlich meint, wenn man nach neuronalen Korrelaten für religiöse Erfahrung sucht? Hier stoßen wir auf Problemstellungen, die außerhalb der Naturwissenschaften liegen.

2. Was sind religiöse Erfahrungen?

Die umfassende Frage nach der Eigenart von religiösen Erfahrungen kann in dem hier zu verhandelnden Problemzusammenhang der Hirnforschung nur auf spezielle Aspekte hin beleuchtet werden.

Zunächst einmal wäre zur Erfahrung als solcher, noch unter Absehung der Frage nach religiöser Erfahrung, folgendes festzuhalten: *Erfahrung ist immer Erfahrung von etwas als etwas*. Erfahrung ist ein Erleben von Wirklichkeit durch Sinneswahrnehmung, das immer zugleich mit Deutung verbunden ist. Das sei all denen ins Stammbuch geschrieben, die meinen, durch Erfahrung habe man unmittelbare Berührung mit der betreffenden Wirklichkeit selbst.

Beispiel: Ein Kind fasst auf die heiße Herdplatte. Wenn wir sagen, das Kind habe die unmittelbare Erfahrung gemacht, dass es sich die Finger verbrannt hat, dann ist diese Aussage im Rahmen unserer Fragestellung nicht präzise genug. Genau genommen hat das Kind den Schreck der Schmerzempfindung gemacht. Durch Erklärung der Eltern lernt das Kind seine Schmerzempfindung in diesem Fall zu verstehen als die Erfahrung: Ich habe mir die Finger verbrannt.

Die Sprache hält Deutepotentiale für unsere Erlebnisse bereit. Ohne die deutende und Verstehen ermöglichende Sprache wären unsere Erlebnisse blind. Und ohne die sinnlichen Erlebnisse wären die Mittel unserer Sprache leer.

Unsere Sprache, ganz gleich ob Deutsch oder Englisch oder eine andere Sprache, stellt aber nun nicht nur eine Möglichkeit des Verstehens bereit, sondern viele. Wenn Menschen über glühende Kohlen laufen, lässt sich das im Rahmen verschiedener Sprachspiele unterschiedlich deuten. Es lässt sich medizinisch-naturwissenschaftlich erklären, es lässt sich im Rahmen eines Managertrainings als Selbsterfahrung von Entschlussfähigkeit in Extremsituationen deuten und es lässt sich als religiösen Ritus praktizieren und verstehen.

Wir kommen damit zur Frage nach religiöser Erfahrung. Meine These hierzu lautet: Religiöse Erfahrungen stellen nicht einen Sonderbezirk von Sinneswahrnehmungen und ihren erlebnismäßigen Verarbeitungen dar, sondern es handelt sich um elementare Sinneswahrnehmungen und ihre Verarbeitung in religiöser Deutung. Religiöse Erfahrungen sind elementare Erlebnisse, vermittelt durch unsere Sinneswahrnehmung, die auf dem Hintergrund religiöser Traditionen, ihrer geschichtlich gewachsenen Symbole, Rituale und Erzählformen verstanden und zum Ausdruck gebracht werden.[14]

Im Verlauf der Leipziger Ringvorlesung hatte der Religionswissenschaftler Beispiele aus verschiedenen religiösen Traditionen angeführt. Erlebnisse im Rahmen des Buddhismus werden als Erleuchtungen interpretiert. Oder ein Beispiel aus dem anatolischen Islam, wo im Sehen der Erscheinung von Tasbasoglu die Zahl 40 eine Rolle spielt, bezieht sich auf die Tradition der Vierzig Heiligen im Islam. Ich möchte aus dem Traditionsgut christlicher Religion zwei recht verschiedene Beispiele hinzufügen. Marienerscheinungen werden dort erlebt, wo die betreffenden Personen mit Maria als Figur christlicher Frömmigkeit vertraut sind. Und ich komme als zweites Beispiel auf die neutestamentliche Erzählung von der sog. Verklärung Jesu (Mt 17,13; Mk 9,2-13; Lk 9,28-36; vgl. Joh 1,14) zu sprechen. Die Evangelisten Matthäus, Markus und Lukas schildern das Erlebnis der drei Jünger Jesu: Petrus, Jakobus und Johannes. Sie sehen Jesus auf einem hohen Berg in einer verklärten Weise, nämlich zusammen mit den alten Propheten Elia und Mose in weißen Kleidern. Und sie hören eine Stimme aus der Wolke mit den Worten: „Das ist mein lieber Sohn; den sollt ihr hören." Dann heißt es: „Auf einmal, als sie um sich blickten, sahen sie niemand mehr bei sich

[14] Diese These beleuchtet im Moment nur ein spezielles Merkmal von religiösen Erfahrungen, das aber im Hinblick darauf wichtig ist, den Zusammenhang mit anderen Erfahrungen im Blick zu behalten. Im Abschnitt III des Beitrages wird von einem weiteren Merkmal die Rede sein, das den Unterschied religiöser Erfahrungen zu anderen Erfahrungen benennt.

als Jesus allein“ (Mk 9,8; Mt 17,8; Lk 9,36). Was die drei „Nachfolger“ Jesu sehen, ist diese Person Jesus von Nazareth unter den wohl sehr nüchternen Bedingungen seines Erdendaseins. Sie sehen aber die Person Jesu „verklärt“, d. h. im Bedeutungszusammenhang der jüdisch-religiösen Tradition von Elia und Mose.

Alle diese religiösen Erfahrungen werden erst verstehbar und auch mitteilbar auf dem Hintergrund bestimmter, geschichtlich gewachsener religiöser Deutungen. Ansonsten sind es Erlebnisse, die über die menschlichen Sinneswahrnehmungen laufen und sich im Rahmen elementarer menschlicher Erlebnisse abspielen. Was den religiösen Aspekt ausmacht, ist in mehrfacher Hinsicht zu bedenken. An dieser Stelle möchte ich nur den Sachverhalt festhalten, dass religiöse Erfahrungen Sinneswahrnehmungen im Rahmen elementarer menschlicher Erlebnisse sind, die dadurch einen religiösen Charakter erhalten, dass sie auf dem Hintergrund gewachsener religiöser Traditionen gedeutet werden.

Im Hinblick auf unsere Diskussion mit der Neurowissenschaft möchte ich nun folgende Punkte festhalten: Dass bei religiösen Erfahrungen alle Regionen des Gehirns aktiviert werden, die durch die Sinneswahrnehmung und ihre Verarbeitung ohnehin affiziert werden, liegt nach meiner Sicht auf der Hand. Ich würde auch in diesem Fall sagen: Das ist eine triviale Feststellung. Aber noch mehr lässt sich konstatieren. Es sollte mich wundern, wenn die Hirnforschung einen besonderen Bezirk im Gehirn ausfindig machen könnte, an dem neuronale Korrelate von religiösen Aktivitäten zu beobachten wären. Vielmehr ist zu erwarten, dass die verschiedensten Felder der Großhirnrinde sowie weitere Bezirke des Gehirns an den religiösen Aktivitäten beteiligt sind: Weil es eben hier um allgemeine, vor allem um elementare Erfahrungen geht, die religiös verarbeitet werden. Dass dabei auch das limbische System mit einbezogen ist, liegt nach meiner Sicht ebenso auf der Hand. Diese Hirnregion ist, wie erwähnt wurde, das Zentrum der Gefühlsverarbeitung. Hier werden Sinneseindrücke und Erfahrungen nach ihrer Wertigkeit beurteilt. Wie zum Beispiel Angst und Freude ihren Ort haben, so hat auch zum Beispiel das Gefühl von Geborgenheit seinen Platz. Alle diese und weitere elementare Gefühle sind zugleich relevant für Religiosität.

Nina Azari erzählte in der Ringvorlesung von den Untersuchungen, wie den verschiedenen Gruppen von Probanden (eine Gruppe von praktizierenden Christen, eine Gruppe von Personen, die sich als areligiös einschätzen, eine Gruppe von Kindern) der Psalm 23 vorgelegt wurde. Meine Erklärung dazu ist, dass dieser Psalm, etwa mit seinen Worten „Der Herr ist mein Hirte. Mir wird nichts mangeln. ... Und ob ich schon wanderte im finstern Tal, fürchte ich kein Unglück; denn du bis bei mir, dein Stecken und Stab trösten mich...“ das Gefühl der Geborgenheit auslöst; jedenfalls bei denen, denen diese Worte vertraut sind und die sich selbst in diesen Worten wiederfinden, also z. B. bei Personen, die praktizierende Christen sind. Dass beim Auslösen des Gefühls von Geborgenheit womöglich Aktivitäten im limbischen System beobachtbar sind, sollte uns nicht verwundern. Für mich wäre das aber noch kein Nachweis von Korrelaten religiöser Erfahrung, sondern ein Nachweis vom Auslösen elementarer Gefühle. Warum sollten nicht genau solche Aktivitäten im limbischen System zu beobachten sein in einem Zusammenhang, der nicht religiös ist, etwa wenn sich ein Kind in einer bedrohlich empfundenen Situation befindet, die Mutter es aber in den Arm nimmt mit den Worten: „Du brauchst keine Angst zu haben, ich bin ja bei dir.“

Meine Rückfrage an die Hirnforschung lautet an dieser Stelle also: Ist die Fragestellung ausreichend geklärt, wenn sie nach neuronalen Korrelaten für religiöse Erfahrungen sucht? Sind die Begriffe „Religion“, „Religiosität“, „religiöse Erfahrung“ ausreichend geklärt, wenn solche Fragestellung auf die Suche nach einem besonderen Bezirk im Gehirn hinausläuft?[15] Noch eine weitere kritische Rückfrage schließt sich hier an.

3. Sollte in der Hirnforschung die Religiosität nicht viel stärker auch als ein kognitives Phänomen beachtet werden?

Wenn mir in der Hirnforschung die Begriffe „Religion“ und „Religiosität“ zu diffus erscheinen, gehört dazu, dass ich die Suche nach den neuronalen Korrelaten viel zu einseitig auf religiöse *Erfahrungen* fixiert empfinde. Den Grund dafür muss man wohl in dem Umstand sehen, dass die Untersuchungen von

15 Vgl. das ungeklärte Vorgehen bei Azari (im Thesenpapier [vgl. Anm. 12], p. 2: „Neuroscience studies behaviors that may be called ‚religious‘ as such. ... Even if there is some loose agreement about what will count as ‚religiousness‘ or ‚religiousity‘ in the context of a neuroscientific study, ... “ (Übersetzung: „Die Neurowissenschaft untersucht Verhaltensweisen, die als ‚religiös‘ bezeichnet werden können... Selbst wenn es eine lockere Übereinkunft darüber gibt, was im Kontext neurowissenschaftlicher Untersuchungen als „Religiosität“ gilt, ...“).

Newberg und anderen die Aufmerksamkeit viel zu einseitig auf die Mystik gelenkt haben.[16]

Die Fixierung auf die Mystik ist in mehrfacher Hinsicht zu kritisieren. An dieser Stelle will ich nur festhalten, dass über den empirischen Aspekt hinaus Religiosität aber viel stärker auch ein kognitives Phänomen ist. Jedenfalls muss ich das so vom Christentum her feststellen. Man denke nur daran, wie sehr im Laufe der Geschichte christlicher Religion immer wieder theologische Denksysteme entwickelt wurden. Glaubensreflexionen sind das: ein geordnetes Nachdenken über den Glauben. Solche Denkarbeit nimmt einen großen Raum in der Religiosität des Christentums ein. Aufgrund der christlichen Glaubensreflexionen liegen eben Deutepotentiale bereit, die dann religiöse Erfahrungen im christlichen Sinne möglich machen.

Würde man die Denkoperationen christlicher Theologinnen und Theologen mittels bildgebender Verfahren neurophysiologisch beobachten, soweit das gegenwärtig überhaupt möglich ist, dürfte wieder die Frage interessant werden, ob sich theologische Denkoperationen im Hinblick auf ihre neuronalen Korrelate von anderen wissenschaftlichen Denkoperationen unterscheiden und gar auch hirnphysiologisch lokalisieren lassen. Letzteres kann ich mir schon deshalb nur schwer vorstellen, weil – wenn ich das recht begriffen habe – Denkoperationen im Gehirn ohnehin in einem weit verzweigten Netz von neuronalen Verschaltungen ablaufen. Darüber hinaus muss angemerkt werden, dass es sich hier ähnlich verhält wie vorhin bei der Frage nach der Eigenheit von religiösen Erfahrungen. Theologische Reflexionen – und damit bleibe ich jetzt einmal bei den Reflexionen christlicher Theologie – sind Denkoperationen wie in anderen Wissenschaften auch. Sie haben ihre Besonderheit aber darin, dass sie auf der Basis eines christlich-religiösen Deutepotentials verlaufen.

---

16 Wie sehr Newberg und D'Aquili religiöse Erfahrung nach dem Muster von Mystik verstehen, wird zum Beispiel aus ihrer Überzeugung ersichtlich, „daß wir den Beweis für einen neurologischen Prozeß erbracht hatten, der es uns Menschen ermöglicht, die materielle Existenz zu transzendieren und mit einem tieferen, geistigeren Teil von uns selbst in Verbindung zu treten, der als absolute, universelle Realität wahrgenommen wird, die uns mit allem Seienden vereint." (*Der gedachte Gott*, 19). Viel stärker wird dagegen bei Azari das kognitive Moment berücksichtigt.

Bei meinen Überlegungen ist bis zu dieser Stelle das Gespräch mit jenem Zweig der Neurowissenschaft vor allem kritisch verlaufen: in der Formulierung von kritischen Rückfragen. Ich fürchte, dass in der Fixierung auf die Suche nach neuronalen Korrelaten für religiöse Erfahrung die Hirnforschung in Sackgassen gerät: dass sie zu einseitig auf die empirische Seite von Religiosität festgelegt ist und dabei die kognitive Seite zu wenig berücksichtigt, und dass sie sich viel zu sehr von der Fiktion leiten lässt, als seien religiöse Erfahrungen ein besonderer Bezirk von Erfahrungen, die der Mensch machen kann. Mit solcher Kritik ist nach meiner Sicht das Gespräch mit diesem Forschungszweig noch nicht erschöpft. Indem die kritischen Rückfragen die Hirnforschung dazu anhalten, den Umgang mit den Begriffen „Religion“, „Religiosität“, „religiöse Erfahrung“ in ihrer Ausgangsfragestellung zu überprüfen, kann das interdisziplinäre Gespräch auch produktiv werden. Zu einem produktiven Gespräch möchte ich im Folgenden dadurch beitragen, dass ich eine von vielen Definitionen des Religionsbegriffs in die Diskussion einbringe und dann noch einmal auf die Untersuchungen von Newberg und den anderen zu sprechen komme. Ich fürchte hier nicht nur Sackgassen, sondern ich sehe auch eine lohnende Aufgabe für eine Zusammenarbeit verschiedener Wissenschaften.

Dazu muss aber eine weitere Verständigung über Begriffe erfolgen, mit denen man hierbei umgeht. Wir kommen damit zu der Frage, die schon immer im Hintergrund stand: Was ist Religion? Was ist Religiosität?

III. Das Phänomen des Transzendierens – eine Schnittstelle im interdisziplinären Austausch über Religiosität?

Was also ist Religion? Was ist Religiosität? Auf diese Frage gibt es viele Antworten, je nachdem wie man den Weg der Definition wählt. Jeder Definitionsversuch löst freilich immer neue Probleme aus. Trotz solcher Schwierigkeiten muss man aber im gemeinsamen Nachdenken über diese Thematik sich darüber austauschen können, wie man die Worte Religion und Religiosität gebraucht. Nur in solcher vorläufigen und arbeitshypothetischen Weise bringe ich jetzt einen Definitionsversuch ein, der mir bisher in anderen Zusammenhängen wichtig war[17], und der sich weitgehend an den sozialwissenschaftlichen Begriffsgebrauch anlehnt.

Unter „Religion" verstehe ich die jeweils geschichtlich gewachsene Orientierung einer Menschengemeinschaft, in welcher die Einzelnen ihre Vorfindlichkeit transzendieren, d. h. über sich hinausgreifen bei der Suche nach Sinn wie zum Beispiel bei der Bewältigung von Kontingenzen des Lebens, oder im Bedürfnis nach gesellschaftlicher Integration, in der intersubjektiven Ausdifferenzierung von Werten usw. Während der Begriff *Religion* das jeweils geschichtlich gewachsene System von Symbolen und Ritualen mit seinen spezifischen Erzählformen sowie die institutionellen Strukturen der Orientierungsgemeinschaft im Blick hat, hebt der Begriff *Religiosität* auf die individuelle Symbol- und Ritualpraxis im individuellen Vollzug des Transzendierens (bei der Suche nach Sinn usw.) ab.

Nur kurze Erläuterungen dazu:

- Dieser Definitionsvorschlag geht empirisch vor und greift die funktionale Bestimmungsweise auf. Religionen werden von ihren Funktionen her verstanden: Suche nach Sinn, Integration in eine Gemeinschaft usw. Und sie werden an vergleichbaren Phänomenen festgemacht: Symbole, Rituale, Erzählformen usw. Den Vorzug solcher Vorgehensweise sehe ich darin, dass diese Bestimmung auch von Anderen mit ihrer Wahrnehmung von Religionen empirisch am ehesten nachvollzogen werden kann.

- Freilich setzt damit der Definitionsvorschlag ganz auf die Außensicht von Religionen. Das heißt: Er hofft Merkmale benennen zu können, die auf möglichst alle Außenwahrnehmung von Religionen und religiösen Bewegungen zutreffen. Solche Außensicht verzichtet auf die Innensicht, die die jeweilige Religion von sich hat. Christinnen und Christen werden aus ihrer Innenkenntnis

---

[17] M. Petzoldt, Zum Unterscheidungspotential des Religionsbegriffs. Eine Problemanzeige. In: R. Hempelmann, U. Dehn (Hg.), *Dialog und Unterscheidung. Religionen und neue religiöse Bewegungen im Gespräch. FS für Reinhart Hummel* (EZW-Texte 2000; 151). Berlin 2000, 98-107; Ders., Religion: Außen- und Innensicht. Systematisch-theologische Standortbestimmung. In: H. Bedford-Strohm (Hg.), *Religion unterrichten. Aktuelle Standortbestimmung im Schnittfeld zwischen Kirche und Gesellschaft*, Neukirchen-Vluyn 2003, 56-95.

das Christentum sicherlich sehr anders beschreiben. Nichts erwähnt die Definition z. B. von der Person Jesu von Nazareth, die für den christlichen Glauben von zentraler Bedeutung ist und welchen die Christen als Gott verehren. Überhaupt sieht diese Definition ganz von dem Gebrauch des Gottesbegriffs ab. Und ähnlich wird es Juden oder Muslimen ergehen, die bei der Beschreibung jeweils ihrer Religion wieder ganz anders die Akzente setzen würden. Man muss sich im Klaren sein, dass man in diese Spannung gerät, wenn man mit dem Begriff Religion umgeht. Man macht Gebrauch von der dominierenden Außensicht des Religionsbegriffs, die nur das Vergleichbare in den Blick nimmt. Und man sieht ab von den Eigenheiten, die gerade die Individualität einer Religion ausmachen, die auch nur aus der Innenkenntnis der jeweiligen Religion her beschrieben werden können.

- Die besagte Außenperspektive ist aber für unsere Überlegungen wichtig, weil die Hirnforschung nach neuronalen Korrelaten für religiöse Erfahrung bzw. für religiöse Praxis fragt. Zur Debatte steht also etwas, das allen Religionen gemeinsam sein soll, so unterschiedlich sie auch sonst sein mögen. Nach meiner Sicht gibt es in der Tat eine solche Gemeinsamkeit, die zugleich eine Schnittstelle für eine interdisziplinäre Arbeit mit der neurologischen Forschung sein kann, nämlich den Aspekt des Transzendierens. Auch die empirisch arbeitende Soziologie kann diese Fähigkeit menschlicher Orientierung zum Thema machen.[18]

---

[18] Damit ergäbe sich sogar mit der Soziologie an diesem Aspekt eine Schnittstelle interdisziplinärer Zusammenarbeit. Zum Transzendieren als Untersuchungsgegenstand der Soziologie vgl. z. B. die Arbeiten Thomas Luckmann, Schrumpfende Transzendenzen, expandierende Religion; in: ders., *Wissen und Gesellschaft. Ausgewählte Aufsätze 1981-2002*, hg. v. H. Knoblauch, J. Raab und B. Schnettler, Konstanz 2002, 139-154. Luckmann unterscheidet dort drei Ebenen der Transzendenz: „Wenn, erstens, das in der gegenwärtigen Erfahrung angezeigte Nicht-Erfahrene grundsätzlich genauso erfahrbar ist wie das gegenwärtig Erfahrene [z. B. das, was sich hinter meinem Rücken abspielt; zu dem ich mich also umdrehen müsste, um es sehen zu können – M.P.], wollen wir von ‚*kleinen*' räumlichen und zeitlichen Transzendenzen innerhalb des Alltäglichen sprechen. Zweitens, wenn das Gegenwärtige – etwa der Leib eines anderen – für etwas genommen wird, das nicht direkt erfahren werden kann – etwa das ‚Innenleben' eines Mitmenschen –, wenn also etwas nur mittelbar und nie unmittelbar, dennoch aber als Bestandteil der gleichen Alltagswirklichkeit erfahren wird, wollen wir von ‚*mittleren*' Transzendenzen des Alltags sprechen. Drittens, wenn etwas überhaupt nur als Verweis auf eine andere, außeralltägliche und als solche nicht erfahrbare Wirklichkeit erfasst wird – wenn sich also die Erfahrung auf etwas bezieht, das nicht nur nicht unmittelbar erfahren werden kann, son-

Newberg meint, dem Prozess des Transzendierens neurologisch auf die Spur gekommen zu sein: in der Abschwächung der Aktivität im oberen Scheitellappenteil, welcher herkömmlich für die Orientierung im Raum sorgt, der aber durch die Abschwächung der Aktivität ein Erlebnis der Entgrenzung des Selbst freisetzt. „Deafferenzierung" hatte er dieses Phänomen genannt. Rückfrage an die Hirnforschung: Wie seriös sind diese Untersuchungen?

Kritische Fragen an diese Forschungen von Newberg waren ja schon in mehrfacher Hinsicht angemeldet worden: Kritik an der fragwürdigen Separierung der religiösen Erfahrung von anderen Erfahrungen; Kritik an der einseitigen Fixierung auf Erfahrung bei Religiosität unter Verkennung des rationalen Momentes; Kritik an der problematischen Deutung der Beobachtungen von Prozessen im Gehirn als Neurotheologie. Und man könnte weitere kritische Einsprüche aus der publizistischen Debatte anführen, etwa ob sich überhaupt Meditationen von Probanden in der reflektierenden Weise begleiten lassen, dass diese in der Lage sind, auf dem Höhepunkt der Meditation Signale zu geben usw.

Meine Rückfrage an die Hirnforschung zielt jetzt aber speziell auf jene Beobachtungen, die möglicherweise als ein Transzendieren gedeutet werden könnten.

1) Wie eindeutig sind für die Hirnforschung die Beobachtungen im Scheitellappen, die Newberg gemacht hat?

2) Sind sie neurologisch wirklich als eine „Reduktion der Aktivität im Orientierungsfeld" zu erklären?

3) Kann man solche Vorgänge im Gehirn als eine Entgrenzung des Selbst deuten?

---

dern das darüber hinaus auch kein Bestandteil jener Wirklichkeit ist, in der Dinge von gewöhnlichen Menschen gesehen, berührt und behandelt werden können –, sprechen wir von ‚*großen*' Transzendenzen" (142). – Vgl. auch die weiteren Arbeiten von Thomas Luckmann: Über die Funktion der Religion; in: P. Koslowski (Hg.), *Die religiöse Dimension der Gesellschaft*, Tübingen 1985, 26-41.

4) Wenn „Entgrenzung des Selbst" eine angemessene Interpretation darstellt, lässt sich Ähnliches vielleicht auch bei anderen Vorgängen im Gehirn beobachten?[19]

Es sind dies Fragen, die, soweit sie in das Gebiet der Hirnforschung fallen, auch nur von ihr beantwortet werden können. Das kann nicht die Theologie tun und das können auch nicht die anderen Orientierungswissenschaften übernehmen. Die Frage (3) ist freilich schon wieder eine interdisziplinäre Fragestellung. Und an dieser Stelle ist die Antwort von Newberg keinesfalls zwingend. Er meint mit der Entgrenzung des Selbst, dass der Mensch seine materielle Existenz transzendiert und mit einem tieferen, geistigeren Teil seiner selbst in Verbindung tritt.[20] Diese Antwort liefert eine ganz bestimmte Ausdeutung des Transzendierens. Ich werde noch darauf zu sprechen kommen. Auf alle Fälle ist sie aber nicht die einzige mögliche.

Wenn aber nun auf die Fragen eine *positive* Beantwortung von der Hirnforschung kommt, kann dann interdisziplinär die Frage erörtert werden: Können alle solche Beobachtungen im Gehirn als ein Transzendieren begriffen werden, also als ein Vorgang, der gerade ein maßgebliches Merkmal von Religiosität darstellt?

Eine befriedigende Antwort auf diese Fragen ist von der Hirnforschung (soweit dazu ihre Kompetenz reicht) nach meiner Sicht noch nicht gegeben worden.

---

[19] Detlef B. Linke, *Religion als Risiko. Geist, Glaube und Gehirn*, Reinbeck bei Hamburg 2003, gibt zu bedenken: Die von Newberg und anderen beobachteten neurophysiologischen Auswirkungen besonderer religiöser Techniken wie intensive tibetanische Meditation zeigen keine so eindeutigen Unterschiede zu den Hirnaktivierungen bei anderen Zuständen, nämlich den Zuständen der bloßen Ruhe und Entspannung (82).

Und Ulrich Eibach, *„Gott" nur ein „Hirngespinst"? Zur Neurobiologie religiösen Erlebens* (EZW-Texte 172), Berlin 2003, weist darauf hin, dass diese Techniken mit verschiedenen religiösen wie auch mit nicht-religiösen Absichten angewendet werden. Die beobachtbaren hirnphysiologischen Vorgänge geben also keine Auskunft über die Unterschiede zu ähnlichen Erlebniszuständen ohne expliziten religiösen Inhalt. Vor allem sagen sie nichts aus über die Absichten, mit denen religiöse Praktiken angewendet werden und insbesondere nichts über die Inhalte des religiösen Erlebens und seine Bedeutung für die Menschen. Freilich fügt Eibach hinzu, dass dies nicht nur bei religiösen, sondern bei allen geistigen Vorgängen der Fall ist (18).

[20] Vgl. das Zitat unter Anm. 16.

Aber man kann ja die interdisziplinäre Problemstellung gleichsam arbeitshypothetisch schon anstoßen. Das möchte ich hiermit tun. Und ich wähle dazu die Frageform: Was wäre, wenn ...? Was wäre, wenn die Fragen an die Hirnforschung eine positive Beantwortung finden; eine positive Beantwortung in der Hinsicht, dass man daraus schlussfolgern könnte, einen neurophysiologischen Nachweis für den Prozess des Transzendierens gefunden zu haben?

Im Folgenden möchte ich diese „Was wäre, wenn"-Frage noch in zweifacher Hinsicht auf ihre Konsequenzen bedenken:

- als Frage nach einer religiösen Anlage im Menschen und
- als Frage nach der transzendenten Wirklichkeit selbst.

IV. Gibt es eine religiöse Anlage im Menschen?

Zwei Vorbemerkungen sind zum Sachpunkt dieses vierten Abschnittes nötig. Mit der ersten Vorbemerkung möchte ich bewusst machen, dass vom Anfang der Ausführungen an Religion und Religiosität immer als menschliche Phänomene diskutiert werden. Auch bei dem Definitionsversuch im dritten Abschnitt ist dieser Sachverhalt deutlich hervorgetreten. Die zweite Vorbemerkungen legt Wert auf die Klarstellung, die schon Nina Azari andeutungsweise in ihren Thesen vorgenommen hatte: „Neuroscience studies behaviors that may be called ‚religious'; it does not study ‚religion' as such."[21] Eine solche Klarstellung zu wiederholen und zu präzisieren erscheint angebracht, weil in der Hirnforschung auch Schlagworte wie eine „Neurobiologie der Religion" herumgeistern. Das gesellschaftliche Phänomen Religion ist aber viel komplexer als das der individuellen Religiosität. Auch diesen Zusammenhang kann man sich sofort an dem Definitionsversuch klarmachen.

Nun aber zu der Frage, die ich als die eigentlich interessante im Gespräch zwischen den Wissenschaften ansehe: Gelangen wir über die Neurowissenschaften zu einem empirischen Nachweis dafür, dass Religiosität zur physischen Kon-

[21] Hierbei handelt es sich um die 2. These aus ihrem Thesenpapier (vgl. Anm. 12). Deutsche Übersetzung: „Die Neurowissenschaft untersucht Verhaltensweisen, die als ‚religiös' bezeichnet werden können; sie untersucht nicht ‚Religion' als solche."

stitution des Menschen gehört? Schon über viele Jahrhunderte ist die Frage nach einer religiösen Anlage des Menschen ein Thema in der Theologie und in der Religionsphilosophie.

In der Aufklärungszeit herrschte hierüber lange Zeit eine empirische Gewissheit. Durch Weltumsegelungen und kolonialen Expansionsdrang entdeckte man viele neue Völker. Dabei stieß man immer wieder auf neue Religionen. Geradezu in der Überzeugungskraft einer Beweisführung war man der Auffassung: Jeder Mensch ist religiös.

Diese Erfahrungsgewissheit wurde dann aber zunehmend von der transzendentalen Denkweise abgelöst, dass Religiosität ein Apriori der Vernunft sei; also dass z. B. die Gottesidee eine Denknotwendigkeit vor allem der praktischen Vernunft sei. Oder die Vernunft erweise etwa darin ihre unumgänglich religiöse Ausrichtung, dass sie den Begriff des Unbedingten schon vor aller Erfahrung in sich habe. Nur dank des Umstandes, dass die Vernunft den Gedanken des Unbedingten immer schon mitbringe, werde es dem Menschen erst möglich, das Bedingte um sich herum als bedingt erfahren zu können.

Mit der neurowissenschaftlichen Suche nach neurophysiologischen Korrelaten für Religiosität könnte sich also die Möglichkeit abzeichnen, dass die verschiedenen (vor allem transzendentalphilosophischen) Theorien von einer religiösen Anlage des Menschen nun durch eine naturwissenschaftliche und damit empirische Erklärung flankiert werden. Die Frage ist dabei freilich: Wie zuverlässig und stichhaltig sind hier die Forschungen und Ergebnisse der Neurowissenschaft? Ich persönlich finde jedenfalls die Ergebnisse noch lange nicht überzeugend. Was Newberg als Deafferenzierung bezeichnet hat, ist doch nur die Beobachtung gewesen, dass am Scheitellappen die Aktivitäten bei religiöser Praxis zurückgingen. Schon im Blick auf diese Beobachtungen würde ich zunächst einmal sehen wollen, wie sie von anderen Neurologen bestätigt oder falsifiziert werden. Und vor allem ist zu sagen, dass die weiteren Erklärungen Newbergs zu diesen Beobachtungen nur Ausdeutungen waren, mehr nicht.

Aber wenn ich auch gegenüber den bisherigen Erkenntnissen sehr skeptisch bin, meine ich doch nicht, die Schlussfolgerung ziehen zu müssen, dass die Neurowissenschaft und mit ihr die Naturwissenschaften zum Thema Religiosität prinzipiell nichts beitragen könnten. Diese Schlussfolgerung ziehe ich nicht.

Vielmehr schließe ich es nicht aus, dass weitergehende Untersuchungen der Hirnforschung zu aussagekräftigeren Ergebnissen gelangen können. Darüber sollte man im Gespräch bleiben.

Die weiteren und grundsätzlichen Fragen sind dann allerdings: Was hätte man mit einer hirnphysiologischen Basis von menschlicher Religiosität erkannt und entdeckt? Oder: Wo liegen die Grenzen solcher Erkenntnis?

Eine Grenze liegt z. B. darin: Sollte es sich herausstellen, dass der Mensch von seiner neurophysiologischen Konstitution her zur Religion fähig ist, heißt dies noch lange nicht, dass jeder Mensch faktisch auch religiös sein muss. Die Faktizität von religiöser Indifferenz, wie wir sie gerade im ostdeutschen Kontext erleben, würde der naturwissenschaftlichen Feststellung einer Religionsfähigkeit des Menschen nicht widersprechen.

Auf eine weitere Grenze komme ich im letzten Teil meiner Ausführungen zu sprechen.

V. Kann transzendente Wirklichkeit neurobiologisch nachgewiesen werden?

Noch einmal sei darauf hingewiesen: Was wir von Anfang an diskutieren ist immer Religiosität als ein menschliches Phänomen. Wenn auf die Frage nach der Religionsfähigkeit des Menschen (IV. Abschnitt) von der Neurowissenschaft womöglich eine positive Antwort gegeben werden kann, etwa im Aufweis einer Fähigkeit des menschlichen Gehirns zum Transzendieren, dann ist damit aber nichts gesagt über transzendente Wirklichkeit selbst, welche vom menschlichen Gehirn erfasst wird. Sollte also von der Hirnforschung eine biologische Erklärung für den anatomischen Ort religiöser Erfahrungen bzw. für menschliche Religiosität überhaupt gegeben werden können, stellt dies keine Klärung dar über den ontologischen Status des Erfahrungsinhalts und über den Wahrheitsgehalt der Religiosität.[22]

---

[22] So auch F. Angel, *Religiosität im Kopf? Katechetische Blätter 127* (2002), 321-326.

Logisch gesehen handelt es sich um eine Metabasis eis allo genos – um einen unzulässigen Gedankensprung von einem Sachgebiet auf ein anderes –, wenn von der vorfindlichen Wirklichkeit, zu der auch das hochkomplexe Gebilde des menschlichen Gehirns gehört, auf eine Macht geschlossen wird, welche die vorfindliche Wirklichkeit ins Dasein ruft.

Oder um denselben Sachverhalt aus dem Blickwinkel *christlicher Theologie* zu formulieren: Gott beweisen zu wollen, in diesem Falle naturwissenschaftlich, neurobiologisch nachweisen zu wollen, bedeutet, den Schöpfer mit seiner Schöpfung zu verwechseln. Die Fähigkeit der menschlichen Vernunft zur Beweisführung ist selbst etwas Geschöpfliches. Die Vernunft ist eine gute Gabe des Schöpfers. Als etwas Geschöpfliches kann sich die Beweisführung aber immer nur auf Zusammenhänge geschaffener Wirklichkeit richten. Wollte man Gott beweisen, würde man den Schöpfer auf der Ebene des Geschaffenen verrechnen. Das ist eines der Probleme, welche die sog. Gottesbeweise an sich haben.

Gott im Scheitellappen oder im limbischen System des menschlichen Gehirns zu verorten ist ein solcher Abweg des Denkens, der - theologisch gesehen – den Schöpfer mit seiner Schöpfung gleichsetzt und der – logisch gesehen – den Fehler einer Metabasis eis allo genos begeht.

Eigentlich ist dieser Sachverhalt auch klar. Ebenso der Neurowissenschaft ist er bewusst. Sie weiß selbst um diese Grenze ihrer Erkenntnisse. Nina Azari hat dieses Wissen in ihrem Thesenpapier so formuliert:

> „Neuroscience cannot make claims about the existence, non-existence, or the location (in the brain) of God, as such. Neuroscience must remain silent.“[23]

23 „Die Neurowissenschaft kann keine Behauptungen über die Existenz bzw. Nicht-Existenz Gottes oder über seinen Ort (im Gehirn) aufstellen. Hier muss die Neurowissenschaft schweigen.“, so der Wortlaut der 1. These ihres Thesenpapiers (s. Anm. 12). In Erläuterung dieser These erklärt sie: „Neuroscience investigates, and can make statements about, neural correlates of reproted human experiences, not about God, or about the neural correlates of God, as such. In fact, any reference to, or statements about, ‚God‘, within the context of a neuroimaging invastigation of religious experience, must be made at the phenomenological level, *not* the factual, level." (Übersetzung: „Die Neurowissenschaft kann Aussagen über neuronale Korrelate menschlicher Erfahrungsberichte machen, nicht

Dass darüber eine Verwirrung in vielen Publikationen, vor allem in Zeitschriftenartikeln entstehen konnte, mag *zum einen* in der mangelnden Unterscheidungsfähigkeit mancher Autoren begründet sein.

Freilich, die Unfähigkeit des Menschen, die unbedingte Gottheit mit den bedingten Mitteln seiner Erkenntnis zu erfassen, schließt nicht aus, dass der Mensch in der Lage ist, Gott zu begegnen. Der unbedingte Gott kann in die Bedingtheiten seiner Schöpfung eintreten und auf sie einwirken. Anders könnte das Unbedingte für die auf das Geschöpfliche gerichtete menschliche Erkenntnis gar nicht fassbar werden. Aber das Unbedingte im Bedingten zu erleben wird für menschliche Erkenntnis immer umstrittene Antworten hervorbringen. Dafür werden sich rein immanente Deutungen finden, die zum Beispiel im Bereich naturwissenschaftlicher Erklärung verbleiben. Daneben wird es auch religiöse Deutungen geben, die eine transzendente Dimension am Bedingten ausmachen. Wie eben religiöse Erfahrungen auf elementaren Sinneswahrnehmungen basieren und diese in religiöser Deutung transzendieren.[24] Darüber hinaus werden die religiösen Deutungen je nach religiöser Tradition unterschiedlich ausfallen. Alle solchen religiösen Erfahrungen des Unbedingten im Bedingten können aber keine Beweiskraft haben. Wo der Unterschied zwischen religiösen Erfahrungen, die als solche das Erleben des Unbedingten im Bedingten aussagen, und beweisfähiger Erkenntnis, die das Bedingte mit bedingten Mitteln erfasst, übersehen wird, kommt es zu falschen Ansprüchen, transzendente Wirklichkeit neurobiologisch nachweisen zu wollen.

Zum anderen dürfte die argumentative Verwirrung in den Printmedien ganz konkret von der irreführenden Diktion des Buches von Andrew Newberg, Eugene D'Aquili und Vince Rause verursacht worden sein. Auf der einen Seite erwecken die Verfasser durch ihren Umgang mit dem Wort „Gott" den Eindruck, als meinten sie im christlichen Sinne einen persönlich begegnenden Gott, der dem Menschen gegenübertritt. Dieser Eindruck muss vor allem in dem christlich-kulturellen Kontext entstehen, in den hinein dieses Buch geschrieben und veröffentlicht worden ist. Newberg, der wohl vor allem für den Inhalt verantwortlich

über Gott oder über neuronale Korrelate von Gott als solchem. Tatsächlich muss jede Bezugnahme auf oder Aussage über ‚Gott' im Kontext einer neuronal-bildgebenden Untersuchung religiöser Erfahrung auf der phänomenologischen Ebene, *nicht* auf der Ebene von Tatsachenaussagen erfolgen.")

24 Vgl. II. Abschnitt, Punkt 2.

zeichnet, meint aber mit seiner Theorie von der Deafferenzierung als einer Entgrenzung des Selbst religiös etwas anderes, nämlich „daß wir den Beweis für einen neurologischen Prozeß erbracht hatten, der es uns Menschen ermöglicht, die materielle Existenz zu transzendieren und mit einem tieferen, geistigeren Teil von uns selbst in Verbindung zu treten, der als absolute, universelle Realität wahrgenommen wird, die uns mit allem Seienden vereint“[25].

Für christliches Verständnis ist aber die transzendente Wirklichkeit Gottes nicht ein Teil von uns selbst[26], auch nicht ein „tieferer, geistigerer Teil von uns

25 Newberg u. a., *Der gedachte Gott*, 19; vgl. die auch die Bezugnahme auf dasselbe Zitat schon in Anm. 16.

26 Auf der Tagung der Evangelischen Akademie Arnoldshain ist im Anschluss an diesen Vortrag eine Diskussion über den angeblich hier vertretenen „Dualismus zweier Wirklichkeiten“ entstanden. Bevor aber die Überlegungen in die fruchtlose Alternative ideologischer Etiketten von „Monismus“ oder „Dualismus“ abgleiten, sei noch einmal auf die Argumentation in diesem Beitrag verwiesen: Wenn Religion bzw. Religiosität als die Eigenart und Fähigkeit des Menschen verstanden wird, „in welcher die Einzelnen ihre Vorfindlichkeit transzendieren“ (s. Definitionsvorschlag im Abschnitt III), dann ist die transzendente Wirklichkeit selbst, auf die hin das Transdenzieren der menschlichen Religiosität offen ist, nicht die Wirklichkeit des Menschen selbst, sondern unterschieden von ihr.

Dass nun die Wirklichkeit, die der Mensch mit seinen Sinnen wahrnimmt und vorfindet, nicht die ganze Wirklichkeit darstellt, ist auf der Tagung in Arnoldshain unter anderem auch an dem Beispiel deutlich geworden, das im letzten Vortrag der Darmstädter Hirnforscher, Kollege Layer, erwähnte: Die Retina eines Schmetterlings ist fähig, ultraviolette Strahlung aufzunehmen. So ist der Schmetterling zu Wahrnehmungen fähig, zu welcher die Wahrnehmungsfähigkeit des Menschen nicht ausreicht. Um wie viel mehr – so meine Frage – übersteigt die Wirklichkeit, welche die immanente Wirklichkeit (Vorfindlichkeit) überhaupt Wirklichkeit werden lässt, die Fähigkeit des Menschen, die Vorfindlichkeit wahrzunehmen?

Wieder zurück zur Argumentation in meinem Beitrag: Die Naturwissenschaften richten (schon von ihrem Selbstverständnis als „Natur“wissenschaften her gesehen) ihre Untersuchungen auf die vorfindliche Wirklichkeit und können nur darüber beweiskräftige Aussagen machen. In seiner Religiosität transzendiert aber der Mensch die vorfindliche Wirklichkeit und damit auch den Bereich, worüber er beweiskräftige Aussagen machen kann. In dem Transzendieren ist der Mensch auf eine Wirklichkeit („transzendente Wirklichkeit“) hin offen, die sich von der vorfindlichen Wirklichkeit unterscheidet, und die auch nicht ein Teil des Menschen selbst ist.

Fazit: Ob man nun zu der Unterscheidung zwischen „vorfindlicher Wirklichkeit“ und „transzendenter Wirklichkeit“ noch einen diesen Unterschied umgreifenden Begriff von Wirklichkeit sucht, sozusagen einen Begriff von Wirklichkeit dritter Ordnung, ist zunächst einmal – terminologisch gesehen – eine semiotische Problemstellung zum be-

selbst". Vielmehr ist für christliches Verständnis ein Distanzbewusstsein charakteristisch.[27] Der Mensch sieht sich unendlich unterschieden von Gott. Gott wendet sich aber in der geschichtlichen Person des Jesus von Nazareth den Menschen zu. So ist er den Menschen nahe; so entsteht eine Gemeinschaft mit Gott. Vor dem Hintergrund des christlichen Verständnisses von Gott als einem Gegenüber gibt es auch eine Mystik im Christentum: das religiöse Erlebnis der Vereinigung mit Gott. Das ist aber doch sehr zu unterscheiden von der Art und Weise, wie Newberg die Deafferenzierung deutet: als den Prozess, die materielle Existenz zu transzendieren und mit einem tieferen, geistigeren Teil von uns selbst in Verbindung zu treten. Diese Vorstellung rührt viel mehr aus fernöstlicher Religiosität her. Newberg benennt selbst ihre Herkunft aus dem Buddhismus. Und in der Tat kennt der Buddhismus nicht das christliche Distanzbewusstsein zwischen Gott und Mensch. Überhaupt ist im Buddhismus eine Gottesvorstellung ungewöhnlich. Es geht also in der religiösen Deutung Newbergs vieles durcheinander. Aber das ist offensichtlich auch gewollt. Und auf die Spitze getrieben wird es durch journalistisch-reißerische und bewusst mehrdeutig gehaltene Formulierungen, welche die Aufmerksamkeit sowohl der Theisten wie Atheisten auf das Buch lenken sollen.

---

grifflichen Konstrukt „Wirklichkeit". Diese Problemstellung kann freilich theologisch sehr wohl aufgenommen werden, etwa mit der Rede von Gott als der „alles bestimmenden Wirklichkeit" (W. Härle, *Dogmatik*, Berlin/New York [2]2000, 211 f., mit Rekurs auf die Überlegungen von R. Bultmann und W. Pannenberg). Trotzdem ändert eine solche Semiose des sprachlichen Zeichens /Wirklichkeit/ nichts daran, dass sich zwischen Wirklichkeit erster und zweiter Ordnung ein grundlegender Unterschied auftut, der nun auch religionsphänomenologisch eine markante Eigenart der christlichen Religion (und anderer semitischer Religionen) im Unterschied zu den fernöstlichen Religionen anzeigt.

Abschließende Bemerkung: Veranlasst durch Fragestellung der Diskussion zu meinem Vortrag in Arnoldshain ist die Gedankenführung unter Anm. 26 vornehmlich auf dem Feld erkenntnistheoretischer Problemstellung verblieben; dabei auch notgedrungen abgekürzt. Zumindest sei aber noch der Hinweis darauf angemerkt, dass darüber hinaus und vor allem ein soteriologisches Problembewusstsein hinter dem christlichen Verständnis vom grundlegenden Unterschied zwischen Gott und Mensch steht.

27 Solches Distanzbewusstsein nimmt seinen Anfang in der Begegnung des Menschen mit Jesus als dem Christus – vgl. die Geschichte von der Begegnung mit Jesus im Zusammenhang mit dem wunderbaren Fischzug (Lk 5,1-9): „Als das Simon Petrus sah, fiel er Jesus zu Füßen und sprach: Herr, geh weg von mir! Ich bin ein sündiger Mensch" (v. 8) – und setzt sich fort bis zu der Einsicht in den grundlegenden Unterschied zwischen Schöpfer und Geschöpf.

Der amerikanische Titel lautet „Why God Won't Go Away" (frei übersetzt: „Warum Gott nicht verschwindet"). Die deutsche Ausgabe ist mit dem Titel versehen worden „Der gedachte Gott". Das erste Kapitel ist überschrieben „A Photograph of God?: An Introduction to the Biology of Belief" (Eine Fotografie Gottes? Einführung in die Biologie des Glaubens). Das sechste Kapitel trägt die Überschrift „Mysticism: The Biology of Transcendence" (Mystik: die Biologie der Transzendenz). Auf dem Schutzumschlag der deutschen Ausgabe hinten sticht die Überschrift ins Auge: „Sitzt Gott im rechten Schläfenlappen?"

Das Ziel, Aufmerksamkeit zu erlangen, ist ganz offensichtlich erreicht worden, gerade in Europa, wenn man auf den Sturm im Blätterwald der Zeitschriften sieht. Aber dies geht auf Kosten der Seriosität.

Die transzendente Wirklichkeit Gottes kann also weder mit Beweis noch mit Gegenbeweis verhandelt werden.

Dass freilich im christlichen Sinne die Begegnung mit Gott Spuren im Menschen hinterlässt und unter anderem Aktivitäten auch im Gehirn der Menschen auslöst, etwa das Erschrecken vor der Heiligkeit Gottes oder das Gefühl der Geborgenheit bei Gott wie das Gefühl der Dankbarkeit, das liegt auf der Hand und ist als Feststellung philosophisch gesehen geradezu wieder als eine Trivialität zu bezeichnen. Es kann dies aber kein neurobiologischer Nachweis für die transzendente Wirklichkeit Gottes sein.

Ulrich Eibach

„Religiöses Erleben": nur ein Hirnprodukt und Bewusstseinsphänomen? – Zur Bedeutung der Neurobiologie für das Verständnis religiösen Erlebens

I. Einleitung: Ein fiktiver Dialog

Ein junger erfolgreicher Molekularbiologe ist tätig auf dem Gebiet der Neurophysiologie und der Hormonforschung. Als er spät abends nach Hause kommt, gerade noch rechtzeitig, um seinem zweijährigen Sohn vor dem Einschlafen einen Kuss geben zu können, fragt ihn seine Frau, ob er mit seinen Forschungen vorangekommen sei.

> „Ja", sagt er: „Wir sind nahe daran zu verstehen, wie die Liebe entsteht?" Seine Frau fragt zurück: „Wie meinst Du das?" Er antwortet: „Wir können die Prozesse, die dabei ablaufen, biochemisch und elektrophysiologisch jetzt fast ganz aufklären." Sie fragt: „Und, was bedeutet das?" Er: „Na ja, wir wissen jetzt, wie Liebe sich biochemisch zusammensetzt, wie die Hormone zusammenspielen müssen und wie sie sich elektrophysiologisch darstellt. Wenigstens so ungefähr." Die Frau sagt: „Ach, ihr wisst jetzt, woraus die Liebe sich zusammensetzt, und vielleicht auch, was sie ist!". Er: „Ja, wenn auch noch nicht in allen Einzelheiten. Sie ist ein bestimmtes Zusammenspiel von optischen und sonstigen Sinneswahrnehmungen, von elektrophysiologischen Reizen und von dadurch ausgelösten Ausschüttungen von Hormonen, die im Gehirn Gefühle erzeugen und die wir jetzt durch neue Verfahrungen abbilden können." „Ach", sagt die Frau, „das ist ja schön zu wissen, dann braucht man ja nur eine derartige Hormonkonzentration zu erzeugen und dann stellt sich die Liebe ein! Dann bin ich ja überflüssig und auch unser Andreas. Da kannst Du ja auch nur Hormone nehmen, dann brauchst Du uns gar nicht. Und – vor allem – dann kannst Du immer im

Labor bleiben, immer so arbeiten, wie Du willst, brauchst auf keine Frau und kein Kind mehr Rücksicht nehmen, musst nicht immer sehen, dass Du Andreas abends ab und an noch vor dem Schlafen siehst. Da kannst Du Deine Gefühle auch im Labor erzeugen.“ Er: „Was redest Du denn für einen Unsinn?! So habe ich das doch nicht gemeint!“ Sie: „Ja, Du hast aber doch gesagt, Du wüsstest, was Liebe ist. Eine bestimmte Zusammensetzung von Hormonen, elektrischen Reizen usw. Oder hast Du das nicht so gemeint?“ Er: „Na ja, also so ist das ja auch nicht ganz. Deshalb sind Du und Andreas ja noch nicht überflüssig!“. Sie: „Aber, was ist denn wichtiger für die Liebe, auch ihre Entstehung, ich und Andreas oder die Hormone. Wir sind doch keine Hormone, die man biochemisch beschreiben kann und die man auch in Form von Tabletten einnehmen kann. Wir sind doch Menschen. Und deine Beziehung zu uns, besteht die aus Hormonen?“ Er: „Gut, ich will zugeben, diese naturwissenschaftliche Sicht ist etwas einseitig. Auf jeden Fall meine ich nicht, dass ihr überflüssig seit. Ich liebe euch doch!“ Sie: „Also meinst Du doch auch, dass die Liebe etwas anderes ist als Hormone usw. Oder meinst Du wirklich, dass, wenn Du die Hormone und die Hirnfunktionen beschrieben hast, Du auch weißt, was Liebe ist?“ Er: „Da magst Du recht haben, da muss ich nochmals drüber nachdenken!“

II. Unterschiedliche Deutungen neurophysiologischer Beobachtungen

Mit diesem fiktiven Dialog sind wir mitten in der Sache, um die es in unserem Thema geht, nämlich um grundlegende philosophische Fragen unseres Menschenbilds und Wirklichkeitsverständnisses, die auch theologisch sehr bedeutsam sind. Die Fragen sind im Grunde alt. Die Antworten auf die Fragen waren und sind recht unterschiedlich. Sie sollen nunmehr mit neuen Techniken einer „naturwissenschaftlichen“ Lösung zugeführt werden. Es geht z. B. um Fragen wie die, ob die Wirklichkeit, die wir wahrnehmen und in unserem Gehirn und Bewusstsein abbilden, so ist, wie wir sie wahrnehmen, oder ob sie nicht ganz wesentlich ein Konstrukt des Bewusstseins und damit des Gehirns ist. Anders ausgedrückt: Erzeugt das Gehirn sich im Bewusstsein seine eigene Welt, die mit der realen Welt nur bedingt identisch ist? Wie der fiktive Dialog zeigt, geht es dabei zentral um die Frage, ob es eine eigenständige geistig-kulturelle Wirklichkeit gibt, die nicht hinreichend oder überhaupt nicht mittels naturwissenschaftlicher Methodik erfassbar und in ihrer Bedeutung beschreibbar ist. Das religiöse Erleben ist dabei nur ein Teilaspekt des gesamten geistig-kulturellen Erlebens. Es findet allerdings – zunächst in den USA, dann aber auch in Deutschland – besondere Beachtung. In dieser Diskussion sind die entscheidenden Fragestellungen im Vergleich zur Religionskritik des Philosophen *L. Feuerbach* und des *Psychoanalytikers S. Freud* nicht neu. Für die von ihnen bestimmte Religionskritik sind die wesentlichen Vorstellungen der Religionen, wie z. B. die, dass es einen Gott, ein Leben „jenseits“ des Todes gibt, „nichts anderes“ als Projektionen der Sehnsüchte des Menschen an einen illusionären Himmel. Ihnen entspricht keine Wirklichkeit außerhalb der seelischen Vorgänge des Menschen, sie sind also „Illusionen“.

Dass auch alle seelisch-geistigen Vorgänge von neurophysiologischen Vorgängen begleitet sein müssen, ist uns längst selbstverständlich. Neu ist, dass wir mit den neuen bildgebenden Verfahren die physiologischen Korrelate seelischen Erlebens, also auch des religiösen Erlebens, im Gehirn darstellen und damit auch lokalisieren können. So könnte es nahe liegen zu behaupten, man habe nun diejenigen Hirnstrukturen gefunden, in denen das religiöse Erleben erzeugt wird, und es könne nun als reines Produkt des Gehirns betrachtet werden. Dies müsste dann allerdings auch für alle geistig-kulturellen Vorgänge gelten, wie z. B. für die Liebe, die Vorstellung von Freiheit usw. Vielleicht wird mancher, der die religionskritische Deutung der neuen neurophysiologischen Erkenntnisse zustimmend aufnimmt, nachdenklich werden, wenn er bedenkt, dass er mit dieser Zustimmung auch zugleich akzeptieren muss, dass es ihn als wahrnehmendes, fühlendes und denkendes „Subjekt“, als „Ich“ überhaupt nicht gibt, dass sein „Ich-Bewusstsein“ nichts anderes als ein illusionäres Produkt seines Gehirns, also eine Fiktion ist.[1]

Die religionskritische Deutung der durch die neuen Verfahren ermöglichten neurophysiologischen Erkenntnisse scheint insbesondere in Deutschland beliebt zu sein. Dies lässt sich an der deutschen Übersetzung des amerikanischen Buches von *A. Newberg / E. D'Aquili/ V. Rause* zeigen. Der amerikanische Titel lautet: „Why God Won't Go Away. Brain Science and Biology of Belief“ (2001). Die deutsche Übersetzung[2] trägt den Titel: „Der gedachte Gott. Wie Glaube im Gehirn entsteht“. Der Klappentext trägt die Überschrift: „Sitzt Gott im rechten

[1] D. Hell, *Seelenhunger. Der fühlende Mensch und die Wissenschaften vom Leben*, Bern u. a., 2. Aufl. 2003.

[2] Piper Verlag, München 2003.

Schläfenlappen?“. Entsprechend ist diese Veröffentlichung in Zeitschriften wie dem „Spiegel“, aber teils auch in „Gehirn & Geist“ vermarktet worden. Damit wird suggeriert, die Autoren wollten religiöses Erleben Prozesse im Gehirn reduzieren, so dass sie im Sinne der Religionskritik nichts anderes als im Gehirn aufgrund irgendwelcher seelischer Bedürfnisse oder physischer Stimulationen provozierte Halluzinationen und Illusionen sind. Das ist das Gegenteil dessen, was die Autoren intendieren. Sie vertreten nämlich zentral die *These*: Wenn sich im Gehirn Strukturen aufzeigen lassen, in denen sich religiöse Erlebnisse physiologisch widerspiegeln, dann ist es wahrscheinlich, dass das Gehirn offen ist für die Wahrnehmung von „religiös-transzendenten Erlebnissen“, es gleichsam ein Empfänger für eine religiös-transzendente Wirklichkeit ist, die es „außerhalb“ des Gehirns auch als eigene Wirklichkeit geben muss, denn sonst wären solche Strukturen im Gehirn wahrscheinlich nicht entwickelt worden. Dabei ist den Autoren bewusst, dass man von subjektivem Erleben nicht zwingend auf eine ihm entsprechende Realität außerhalb des Erlebens schließen kann. Allerdings machen sie geltend, dass die neurophysiologischen Korrelate solcher Erlebnisse sich deutlich von denen eindeutig psychopathologischer Erlebnisse unterscheiden, so dass einer Gleichsetzung von religiösem Erleben schlechthin mit psychopathologischen Erlebnissen die empirische Basis entzogen sei. Die *Offenheit* des Gehirns für die Wahrnehmung einer das biologische Dasein und die sichtbare Welt übersteigenden spirituellen bzw. transzendenten Wirklichkeit sei eine Möglichkeit des Gehirns. Dass es diese Wirklichkeit außerhalb des Gehirns und des Bewusstseins auch gibt, könne zwar nicht bewiesen werden, sei aber aufgrund neurophysiologischer Erkenntnisse die plausibelste Hypothese. Die Autoren sehen darin also nicht einen eindeutigen „natürlichen Gottesbeweis“, sondern nur eine Hypothese, die eine große Wahrscheinlichkeit für sich beanspruchen kann. Der Mensch ist nicht, wie die „ontologischen“ Reduktionisten aller Art (insbesondere die evolutionistischen Soziobiologen) mit seinen Hirnfunktionen nur auf das Überleben in dieser irdischen Welt ausgerichtet, dem auch alle geistig-kulturellen Errungenschaften dienen müssen, sondern die Biologie des Gehirns, die „Natur“ sei offen für eine sie übersteigende „transzendente Wirklichkeit“ und das „Göttliche“, die bzw. das es außerhalb des Gehirns auch geben muss, denn sonst hätte sich diese Offenheit des Gehirns für transzendente Wirklichkeiten in der Evolution nicht entwickelt. Das Gehirn hat gleichsam Antennen für diese transzendente Wirklichkeit.

Die These stellt eine provokante Infragestellung der naturalistisch-reduktionistischen Sicht der Wirklichkeit dar. Die Autoren vertreten – mit anderen angelsächsischen Denkern (z. B. N. Goodman[3], H. Putnam[4]) – einen erkenntnistheoretischen pragmatischen und so genannten „naiven“ „Realismus“, der selbst metaphysische und religiöse Probleme innerhalb der Grenzen menschlicher Vernunft, ja innerhalb der Grenzen empirischer Wissenschaften zu klären versucht. Sie rütteln damit an die von *Immanuel Kant* begründete Erkenntniskritik, die insbesondere die deutschen Wissenschaften und selbst die Theologie meist unwidersprochen wie ein „Dogma“ bestimmt, nämlich dass unser Erkenntnisvermögen und damit das Gehirn die Grenzen von Raum und Zeit und der sinnlichen Wahrnehmung nicht überschreiten, dass es daher keine *Erfahrung* und Erkenntnis einer „transzendenten“ Wirklichkeit geben kann, oder gar, dass derartige Erfahrungen nichts anderes als Projektionen des Gehirns an den „Himmel“ sind, „Gott nur in unseren Köpfen existiert“, dass sich eine transzendente Wirklichkeit aber auf jeden Fall nicht in der Welt sinnlicher Erscheinungen „erfahren“ lasse, es also auch keinen Rückschluss von empirischen Erkenntnissen auf eine sie übersteigende Wirklichkeit, also auch auf keinen Fall einen „natürlichen Gottesbeweis“ geben kann. Um das Gegenteil denkbar, ja naturwissenschaftlich wahrscheinlich zu machen, gehen die Autoren mit *K. Popper* und *J. Eccles*[5] von weiteren Annahmen wie der aus, dass nicht nur das materiell Fassbare „wirklich“, „real“ ist, dass das „geistige Sein“ eine eigenständige Wirklichkeit darstellt, die sich nicht auf Materielles reduzieren lässt, und dass es das materielle Sein beeinflussen kann („Top-down-Vorgänge bzw. Verursachung“). Der „Geist“, der nicht in Bewusstsein aufgehe, entstehe zwar aufgrund von Wahrnehmungsprozessen des Gehirns und könne nicht ohne das Gehirn sein, sei aber deshalb keinesfalls mit Gehirnfunktionen identisch. Das Gehirn müsse den Geist gleichsam hervorbringen, um aus den Wahrnehmungen ein „Selbst“ (Ich) aufzubauen und so geistiges Sein und die von den Religionen gelehrte transzendente Wirklichkeit wahrnehmen zu können. Es handelt sich hier also um einen typisch angelsächsischen Versuch, die empirischen Wissenschaften für die Religion so zu öffnen, dass sich beide nicht nur nicht widersprechen, sondern dass sie vielmehr einander zu einer ganzheitlicheren Sicht der Wirklichkeit ergänzen. Dabei geschieht diese Versöhnung ohne Rücksicht auf philosophische „Dogmen“, also unter weitgehender Relativierung der Erkenntniskritik I. Kants, gleichsam auf der Basis eines erkenntnistheoretisch mehr oder weniger „naiven“ Realismus oder –

---

[3] N. Goodman, *Ways of worldmaking*, Indianapolis 1978.

[4] H. Putnam, *Reason, truth and history*, Cambridge 1981.

[5] K. Popper, J. Eccles, *Das Ich und sein Gehirn*, dt. München 1982 u.ö.

theologisch gesehen – auf der Basis einer „natürlichen Theologie“, die im angelsächsischen Sprachraum trotz I. Kants Erkenntniskritik immer lebendig blieb und für das Gespräch zwischen (Natur-) Wissenschaften und Theologie immer eine „Plattform“ lieferte und die ein Nebeneinander beider Bereiche ohne gegenseitige Berührung verhinderte.

Ähnliche Deutungen neurophysiologischer Erkenntnisse sind auch von anderen Neurowissenschaftlern vorgelegt worden.[6] Natürlich sind die Deutungen nicht unwidersprochen geblieben. In diesem Zusammenhang weist man insbesondere in Deutschland gerne auf die Experimente des kanadischen Neurobiologen *M.A. Persinger*[7] hin, der durch elektromagnetische Stimulationen im rechten Schläfenlappen des Gehirns religiöse Erlebnisse (wie Gottesvisionen, aber auch Visionen von Ufos) erzeugen konnte. Bei seiner Deutung der Ergebnisse dieser Experimente geht Persinger davon aus, dass die Gottesvorstellungen ein Introjekt der frühkindlichen Muttererfahrung sind. Unter dieser Voraussetzung verwundert es nicht, dass er seine Experimente ganz im Sinne der klassischen Religionskritik (Feuerbach, Freud) so deutet, dass alle religiösen Erlebnisse Illusionen sind, die das Gehirn aufgrund mehr oder weniger pathologischer physiologischer Vorgänge erzeugt und die auch durch chemische, elektromagnetische, aber auch durch besondere Atem- und Entspannungstechniken, durch Tanz usw. hervorgerufen werden können. Dies alles sei ein Beweis dafür, dass das religiöse Erleben ein Produkt biologischer Vorgänge sei, dem keine Wirklichkeit außerhalb des Gehirns und des Bewusstseins entspreche. Es könne allenfalls gefragt werden, welche psychischen und psychosozialen Funktionen diese religiösen Vorstellungen im Leben erfüllen, d. h. welchen Nutzwert sie für das „Überleben“ des Menschen haben. Dieser Deutungsansatz ist einem ontologischen „Reduktionismus“ verpflichtet, der geistige Phänomene hinlänglich durch physische Gegebenheiten für erklärbar hält oder gar behauptet, dass sie nichts „anderes als“ Hervorbringungen durch materielle Vorgänge sind, mithin keine eigenständige Wirklichkeit darstellen. Aber schon allein die Tatsache, dass bei Persingers Versuchen die einen „Gottes- und Christus-Erlebnisse“ und andere z. B. „Ufos“ wahrgenommen haben, zeigt an, dass die Erlebnisse offensichtlich von Inhalten bestimmt sind, die im Gehirn schon in etwa gespeichert sind, die also „kulturell“ vermittelt wurden. Sie sind keine „Erzeugnisse“ bloß aufgrund von Stimula-

[6] R. Joseph, *The Transmitter to God. Limbic System, the Soul, and Spirituality*, San Jose 2000.

[7] M. A. Persinger, *Neuropsychological Bases of God Beliefs*, New York 1999.

tionen des Gehirns. Daher sagt allein die Tatsache, dass solche Erlebnisse sich auch künstlich induzieren lassen, auch nichts über die Wirklichkeit des Erlebten aus, z. B. ob hier ein wie auch immer geartete Gottes- bzw. Christuserfahrung stattgefunden hat.

Aus den unterschiedlichen Deutungen neurophysiologischer Erkenntnisse lässt sich als *These* folgern: Nicht die empirischen Beobachtungen der Neurophysiologie sind umstritten, sondern die Deutungen, die die Beobachter selbst (bzw. die Öffentlichkeit) diesen geben.[8] Die Deutungen hängen eindeutig primär von weltanschaulichen Voraussetzungen ab, die sich nicht aus den Beobachtungen selbst ergeben. Je nach weltanschaulichen Voraussetzungen werden die Beobachtungen mehr oder weniger religionskritisch oder die Religionen unterstützend gedeutet. Ob sich hinter den neurophysiologisch nachweisbaren religiösen Erlebnissen eine eigenständige Wirklichkeit auftut, sie sich in den neurophysiologischen Vorgängen kundtut und welcher Art sie ist, darüber kann aufgrund neurophysiologischer Beobachtungen letztlich keine Aussage gemacht werden.

III. Geist und Gehirn: Wer bestimmt wen? Wer ist das erkennende Subjekt?

In der abendländischen, stark von griechischen Denkern bestimmten Tradition ging man davon aus, dass der „Geist" den seinsmäßigen Primat gegenüber der Materie hat, die Geistseele den Körper prägt, leitet, informiert, formt (anima forma corporis). Auch die christliche Theologie hat das schöpferische Handeln Gottes als ein geistiges Wirken (Schöpfung durch das Wort, Logos) verstanden, durch das Sein erst entsteht, und zwar aus dem Nichts. Diese Grundaussage beherrschte über den deutschen Idealismus hinaus das Denken, wurde dann im 19. Jahrhundert aber durch den aufkommenden Materialismus und die Naturwissenschaften, die sich gegenseitig beeinflussten, in Frage gestellt. Danach kommt dem materiellen Dasein immer der seinsmäßige Primat vor der geistigen Wirklichkeit zu, oder es wird gar behauptet, dass nur der Materie Wirklichkeit zukomme, alle geistig kulturellen Phänomene lediglich Epiphänome, Begleitphänomene von physiologischen Vorgängen seien, die ganz den Gesetzmäßigkeiten der Ma-

[8] D. B. Linke, *Religion als Risiko. Geist, Glaube und Gehirn*, Reinbek b. Hamburg 2003, 80 ff.

terie unterworfen seien und ihnen dienen müssten, ihnen gegenüber also letztlich ohnmächtig seien. Geistige Vorgänge wären also letztlich auf die niedere materielle Ebene zu reduzieren, zumindest aber auf ihr hinlänglich zu beschreiben und zu verstehen.[9] Anders ausgedrückt: Sie haben letztlich kein eigenständiges Sein. Wir bezeichnen diese Sicht als *ontologischen Reduktionismus*, der im Unterschied zum *wissenschaftsmethodischen Reduktionismus*, der eine Reduktion komplexer Systeme auf einzelne seiner Teile nur vornimmt, um sie überhaupt oder besser erforschen zu können, fast immer weltanschaulicher Art ist, also nicht verifizierbar, aber auch nicht falsifizierbar ist.[10]

Hier geht es letztlich um die auch aus christlicher Sicht alles entscheidende Frage, ob es eine geistige Wirklichkeit gibt, die gegenüber der materiellen Wirklichkeit eine seinsmäßige *Eigenständigkeit* hat, die ihr ontologisch (und gegebenenfalls auch zeitlich) vorausgeht, die sie beeinflussen kann, ja ohne die materielles Dasein und insbesondere komplexe Systeme wie das Leben, angefangen von dem Einzeller bis hin zum menschlichen Organismus und insbesondere dem menschlichen Gehirn, überhaupt nicht sein können. Von dieser *ontologischen* ist die *erkenntnistheoretische* Frage zu unterscheiden, wie diese geistige und vor allem eine „transzendente“ Wirklichkeit *in Erscheinung treten*, also auch wahrgenommen, erkannt werden kann, ob sie nur an materieller Wirklichkeit in Erscheinung treten kann oder auch unabhängig davon. Damit engstens verbunden ist die Frage: Wer ist die wahrnehmende und erkennende Größe? Erkennt das Gehirn, oder kann nur ein geistiges Subjekt zu Erkenntnis fähig sein?

Die evolutionistische Soziobiologie, die einen ontologischen Reduktionismus als Grundlage ihrer Forschungen voraussetzt, und eine auf sie aufbauende evolutionäre Erkenntnistheorie behaupten, dass das Ziel allen Daseins im Überleben der eigenen Gene bestehe, dass das gesamte Gehirn und das durch es bestimmte Verhalten auf dieses Ziel hin strukturiert seien, dass mithin auch Phänomene wie die altruistische Nächstenliebe nichts anderes seien als verkappter und über den sozialen Umweg verstärkter Egoismus der Gene. Genau besehen besagt dieser ontologische Reduktionismus, der sich meist mit dem Evolutionismus paart, dass

9 A. Newen, K. Vogely (Hg.), *Selbst und Gehirn*, Paderborn 2000, dort bes. *W. Singer*, 333 ff.; zur Kritik J. R. Searle, *Die Wiederentdeckung des Geistes*, Frankfurt a.M. 1996; *M. R. Bennet,* P. M. S. Hacker, *Philosophical Foundations of Neuroscience*, Oxford 2003.

10 J. Lennox, *Hat die Wissenschaft Gott begraben?* Wuppertal 2.Aufl. 2003, 33 ff.

es keine seinsmäßige Eigenständigkeit des geistigen Seins gegenüber dem materiellen Sein gibt, dass es mithin auch keine Beeinflussung und erst recht keine Steuerung materiellen Seins durch geistiges Sein, dass es also auch keine „Top-Down-Vorgänge“, sondern nur „Bottom-up-Vorgänge“ geben kann, eine Behauptung, die nicht nur unserer subjektiven Erfahrung widerspricht. Dies würde zum Beispiel beinhalten, dass die Vorstellung, der Mensch sei ein frei entscheidendes und handelndes Wesen, eine Illusion ist, und nicht nur das, sondern auch, dass die Vorstellung von einem *Ich* (Selbst), das wahrnimmt, erlebt, denkt, entscheidet, handelt überhaupt eine Illusion ist, denn auf ein solches Ich stößt ein außen stehender Beobachter (dritte Person-Perspektive) bei den empirischen Beobachtungen nicht, sondern nur auf hirnphysiologische Vorgänge und messbares Verhalten. Danach hat nicht das *Ich ein Gehirn*, bedient sich nicht ein Ich des Gehirns (Popper / Eccles), sondern dass Gehirn erzeugt die Illusion von einem Ich.

Dieser Reduktionismus muss eigentlich behaupten, dass den subjektiven Erlebnissen – wenigstens denen mit nicht empirisch fassbaren Inhalten - nur in der Hirnphysiologie Wirklichkeit zukomme, dass das Gehirn oder bestimmte Teile desselben diese wahrnehmen und erleben, dass mithin auch die Inhalte des Erlebens nur im Gehirn präsent sind, z. B. Gott nur ein Bewusstseinsphänomen ist, das vielleicht im „rechten Schläfenlappen“ verankert ist. Dies ist jedoch eine irrige Behauptung, denn wenn es eine wahrnehmende, empfindende, fühlende und denkende anatomische und physiologische Größe gibt, dann ist es sicher nicht nur ein Teil des Gehirns, auch nicht nur das Gehirn oder das Zentralnervenssystem, sondern die gesamte *Leiblichkeit* als Träger des Lebens und sichtbare Erscheinung des Subjekts, eben der Mensch als ein vom Geist bestimmtes Subjekt.[11] Das Gehirn ist dabei ein „geführter Führer“ (A. Portmann). Dass die physiologischen Korrelate subjektiver Erlebnisse sich im Gehirn in besonderen Regionen aufzeigen lassen, heißt nicht, dass die subjektiven Erlebnisse nur dort ihre physiologischen Korrelate haben oder gar nur dort erzeugt werden, sondern dass wir sie dort aufgrund unseres methodischen Instrumentariums augenblicklich gut feststellen können. Ja man muss noch weitergehen und fragen, ob denn anatomi-

---

11 Bennet, Hacker (Anm.9); A. R. Damasio, *Descates' Irrtum. Fühlen, Denken und das menschliche Gehirn*, München 1997; *ders., Ich fühle, also bin ich. Die Entschlüsselung des Bewusstseins*, München 2000; G. Schulte, *Neuromythen. Das Gehirn als Mind Machine und Versteck des Geistes*, Frankfurt a.M. 2000; D. B. Linke, *Das Gehirn – Schlüssel zur Unendlichkeit. Der Geist ist mehr als Gehirn*, 2004.

sche Größen überhaupt wahrnehmen, fühlen, denken, ob die Aussage: „Ich nehme war, ich fühle, ich denke, ich entscheide, ich handle!“, falsch ist, nur weil dieses Ich (Selbst) keine empirisch objektivierbares Objekt ist, es dieses also nach der reduktionistischen Theorie letztlich nicht geben kann, es zumindest aber nicht „Ursache“ (im Sinne von Grund und Bedingung der Möglichkeit) des Erlebens sein kann. Dieser subjektiven Dimension kommt dann letztlich keine Realität zu, wenigstens aber ist sie nur eine Funktion biologischer Prozesse. Nur den durch den Beobachter empirisch beschreibbaren materiellen Prozessen und dem auf ihnen basierenden objektivierbarem Verhalten komme seinsmäßige Wirklichkeit zu. Letztendlich führt der Reduktionismus zur Ausklammerung, wenn nicht gar zur Leugnung der ersten Person, des Subjekts. Dies besagt natürlich erst recht, dass die Inhalte subjektiven Erlebens letztendlich wissenschaftlich irrelevant sind. Es sind nur subjektive Vorstellungen. Das heißt, dass man sich bei dieser reduktionistischen wissenschaftlichen Sicht getrost die ganze Ebene der *ersten Person*, eines Ichs, eines Subjekts und damit die des subjektiven Erlebens sparen kann. Sie ist im Grunde wissenschaftlich irrelevant. Welche Auswirkungen diese Ausklammerung des Subjekts und des subjektiven Erlebens in der Medizin, ja auch in der Psychiatrie und der Psychologie in der Theorie und insbesondere der Praxis hat, hat zuletzt der Züricher Psychiater *D. Hell* eindrücklich beschrieben.[12] Der Mensch spielt als fühlendes, erlebendes, denkendes Subjekt immer weniger eine Rolle.

Wir können davon ausgehen, dass geistiges Sein in der Regel nur an, in, durch und unter körperlichem Dasein wirksam werden und sich zeigen kann, das mithin seelisch-geistigen Prozessen in der Regel immer physiologische Korrelate entsprechen. Daher ist es selbstverständlich, dass auch religiöse Erfahrungen nur im Medium körperlicher Vorgänge in dieser Welt in Erscheinung treten können. Damit ist aber nur gesagt, dass seelisch-geistige Vorgänge in der Regel mit physiologischen Vorgängen *korrelieren,* aber noch nicht darüber entschieden, ob in diesen Prozessen der seelisch-geistigen Dimension des Seins oder der physischen Seite der Primat zu kommt, auch nichts darüber gesagt, wie *stark* die Korrelation zwischen materiellen Prozessen und geistigen Vorgängen zu denken ist, ob physiologische Prozesse ontologisch gesehen *notwendige Bedingung der Möglichkeit* geistig-seelischen Seins sind oder geistiges Sein ontologische Bedingung materieller Prozesse ist. Es besagt auch nichts darüber, ob die Korrelation überhaupt

12 D. Hell (Anm. 1); vgl. Newen, Vogely (Hg.), (Anm. 9).

ontologisch notwendig ist, also eine *starke* Korrelation ist, oder ob sie nur fakultativ, möglich ist und bestenfalls notwendig, um in der empirischen Welt überhaupt Erkenntnis zu gewinnen. Diese *schwache* Korrelation liefe letztlich nicht nur auf eine ontologische Unterscheidung, sondern auf eine ontologische Unabhängigkeit beider Dimensionen des Seins hinaus, die aber dennoch aufeinander *bezogen* sind. Auch wenn man behauptet, dass dem geistigen Sein ontologische Selbstständigkeit zukommt, besagt das – wenn es auf Beziehung zum materiellen Sein hin angelegt ist – nicht, dass es nicht durch das materielle Sein beeinflusst werden kann und auch nicht, dass geistiges Sein nicht durch materielles Sein beeinflusst werden kann, auch wenn das Wie dieser Beeinflussung wissenschaftlich gesehen nach wie vor weitgehend unklar ist und auch bleiben wird, da es mittels naturwissenschaftlicher Methoden letztlich nicht geklärt werden kann.

Insbesondere stellt sich die Frage, ob der in der empirischen Welt lebende Mensch zu Erkenntnissen einer der sinnlichen Welt „transzendenten" Welt fähig ist und welcher Art eine derartige Erkenntnisse sind. Wenn man davon ausgeht, dass nicht das Gehirn erkennt, sondern der Mensch als geistiges Wesen erkennt, dass mithin das Gehirn für den Geist nur eine fakultative Bedingung der Möglichkeit von Erkenntnis ist, dann gibt es keinen Grund, den Menschen als geistiges Wesen hinsichtlich seiner Wahrnehmungsfähigkeit und des darauf aufbauenden Erkenntnisvermögens grundsätzlich auf die Wahrnehmung einer sinnlich fassbaren und empirisch objektivierbaren Wirklichkeit zu beschränken. Es ist durchaus möglich, dass der Mensch eine der sinnlichen Wirklichkeit transzendente Wirklichkeit wahrnehmen kann, vorausgesetzt natürlich, dass eine derartige transzendente Wirklichkeit nicht grundsätzlich geleugnet wird. Es wäre keine wissenschaftliche, sondern eine primär weltanschaulich bedingte Hypothese, wenn man behaupten würde, religiöse Erlebnisse, insbesondere das Erleben einer „transzendenten" Wirklichkeit, seien mit materiellen Prozessen im Gehirn und den ihnen entsprechenden innerpsychischen Prozessen so identisch, dass ihnen keine Wirklichkeit außerhalb dieser subjektiven Erlebnisse und ihrer physischen Korrelate entspreche. Dies würde dann selbstverständlich für alle subjektiven Erlebnisse, auch die personalen Erlebnisse wie die Liebe und ästhetische Erlebnisse gelten. Dennoch bleibt die Frage, welcher Art solche Erlebnisse „transzendenter" Wirklichkeiten und die auf ihr aufbauende Erkenntnis sind.

IV. Neurophysiologische Vorgänge und religiöses Erleben

Religiöse Erlebnisse sind notwendig subjektive Erlebnisse, Erlebnisse der ersten Person, eines Subjekts, die für das Subjekt den Charakter der unmittelbaren Evidenz, also der Gewissheit und Wahrheit haben können. In der Regel bedürfen solche Erlebnisse, wie jedes andere Erleben, auch für das Subjekt selbst der Deutung im Rahmen eines kulturell vermittelten Deutungssystems, um verstanden und sinnvoll in eine Lebensbiographie eingeordnet werden zu können.

Verdeutlichen wir uns diesen Sachverhalt zunächst einmal an der Musik. Wenn ein Mensch, der von Geburt an taub ist, eine Partitur sieht, so werden in seinem Gehirn nur die optischen Signale verarbeitet, die von der Betrachtung der Noten ausgehen, aber es wird daraus keine Melodie entstehen, weil die Noten in ihrer musikalischen Bedeutung nicht verarbeitet werden können. Daran ändert auch die Tatsache nichts, dass der taube Mensch vielleicht alles über die Physik und Neurophysiologie des Sehens von Noten und des Hörens von Musik weiß. Dieses Wissen macht ihn nicht zu einem Musik hörenden und musikalischen Menschen. Sieht ein musikalisch gebildeter Mensch die Noten, so sind sie ihm nicht undeutbare Zeichen, sondern ihre optische Betrachtung kann zugleich in seinem Gehirn in das Erlebnis von Musik umgesetzt werden, und zwar ohne dass er die Musik hört. Voraussetzung dafür ist allerdings, dass der Mensch bereits ein entsprechendes musikalisches Bedeutungssystem in seinem Gedächtnis gespeichert hat. Natürlich gelingt ihm dieses Nacherleben der Musik insbesondere dann gut und schnell, wenn ihm das Musikstück vom Hören bereits bekannt ist. Soll man nun sagen, dass in einem solchen Fall die Musik nur im Gehirn erzeugt wird und nur im Gehirn existiert, eine Illusion oder Halluzination ist und dass sie nichts anderes als neurophysiologische Vorgänge ist? Dies scheint ebenso abwegig zu sein wie die Behauptung, die Musik bestünde nur aus Noten, die man auf einem Blatt Papier aufgeschrieben hat, oder aus Musikinstrumenten und den Bewegungen der Musikanten.

Wir kommen zur weiteren Verdeutlichung zurück auf die Erlebnisse von Menschen, die Persinger Stimulationen im Gehirn unterworfen hat. Die Probanden haben bei gleicher Stimulation ganz Unterschiedliches erlebt. So hatten die einen Gottes- und Christuserscheinungen, andere z. B. die Erscheinung von „Außerirdischen" durch „Ufos". Dass beide Deutungen des Erlebten auf das Gleiche hinauslaufen, kann man nur behaupten, wenn man das subjektive Erleben und seine inhaltliche Deutung mehr oder weniger für belanglos erklärt, denn neurophysiologisch gleichartige Vorgänge können offensichtlich auf der seelisch-geistigen Ebene völlig unterschiedlich erlebt werden und unterschiedliche Deutungen erfahren und damit auch unterschiedliche Inhalte erhalten. Dies zeigt an, dass die Erlebnisse mit Inhalten gefüllt wurden, die bereits im Gehirn gespeichert waren, die also kulturell bedingt sind. Würde man diese Stimulationen an Gehirnen vornehmen, die „leer" sind, in denen also noch keine kulturell vermittelten Inhalte, die als Deutungssystem in Frage kommen, im Gedächtnis gespeichert sind, so könnten die Erlebnisse nicht mit Inhalt gefüllt und nicht sinnvoll gedeutet und so verstanden werden. Singuläre Erlebnisse, für die im Gehirn kein Deutungssystem gespeichert ist, müssen in der Regel verdrängt werden oder werden völlig zusammenhangslos und unverständlich verarbeitet, führen also zu krankhaftem Erleben. Das Deutungssystem muss dem Erlebten entsprechen, wenn es eine sinnvolle Deutung liefern soll. Das Beispiel macht deutlich, dass sich die Inhalte der Erlebnisse nicht aus den neurophysiologischen Beobachtungen und Daten ableiten lassen, dass sie also letztlich ihnen gegenüber eine *kategorial verschiedene Ebene* darstellen. Das subjektive Erleben lässt sich nicht direkt aus einer physikalisch vermittelten Information ableiten, nicht aus einem neurophysiologischen und Geschehen empirisch erschließen und in dieser Weise durch einen Außenstehenden *beobachten,* denn die *Information* ist nicht mit dem Träger der Information, der Biochemie und Elektrophysiologie identisch. Subjektives Erleben lässt sich nur dadurch erschließen, dass das erlebende Subjekt seine Erlebnisse anderen Menschen mitteilt, sie also sprachlich vermittelt und damit in einem kulturellen Kontext deutet, den es selbst und zugleich auch die anderen *verstehen.* Es ist die Ebene der Deutungen und der sprachlichen Mitteilung des Gedeuteten und nicht die der unbeteiligten physiologischen Beschreibung eines Außenstehenden, die subjektives Erleben in seiner Bedeutung erschließt und über die Ebene der bloßen Subjektivität erhebt, so dass andere daran teilhaben können. Und es ist daher diese Ebene der Bedeutungen, auf der sich die über eine bloße Subjektivität hinausgehende „Wahrheit" des religiösen Erlebens entscheidet, denn nur auf der Ebene der sprachlichen Deutungen von Erlebnissen, also der Bedeutungen, lässt sich eine Verständigung zwischen dem erlebenden Menschen und dem Mitmenschen, der an seinem Erleben verstehend Anteil haben soll, herstellen. Zur Deutung religiöser Erlebnisse und zu ihrer Mitteilung an andere und der Erschließung ihrer Bedeutung für andere bedarf es also der Sprache. Erst so werden diese Erlebnisse zu Erfahrungen, die auch andere nachvollziehen können. Die Bedeutung der religiösen Erlebnisse ergibt sich nicht aus neurophysiologischen Daten, sondern nur aus der Deutung der Erlebnisse durch ein Subjekt, das dazu immer auch auf ein übergreifendes und kulturell vermitteltes Deutungssystem zurückgreifen muss, in dem die religiösen Erfahrungen anderer Menschen aufgenommen und verarbeitet sind.

Die Nicht-Ableitbarkeit der Bedeutung des Erlebten aus neurophysiologischen Prozessen besagt zunächst einmal nur, dass das subjektive Erleben und die durch Sprache vermittelte Deutung des Erlebten und die Bedeutung der Sprache selbst (Semantik) von der Neurophysiologie zu unterscheiden sind und „mehr“ aussagen als die auf ihrer Basis messbaren Daten, dass sie sich also nicht – wie *W. Singer u.a.*[13] behaupten – auf diese reduzieren lassen, ja sich auf einer ganz anderen kategorialen Ebene bewegen, aber nicht, dass die Semantik auch unabhängig von der Neurophysiologie existieren könnte, oder – weiter gefasst – dass geistige Phänomene im Sinne des Dualismus von Körper und Geist losgelöst von physiologischen Prozessen in Erscheinung treten können. Andererseits bedeutet dies aber auch nicht, dass die Bedingungen für das „Neue“, das seelisch-geistige Erlebnisse und die sie deutende Sprache darstellen, bereits so hinreichend in der Neurophysiologie enthalten sind, dass sie sich aus ihr ohne einen „qualitativen Sprung“ kausal ableiten lassen, dass das Gehirn sie in linear kausaler Weise erschafft, sondern nur, dass es sie *ermöglicht*, dass sie ohne Gehirnfunktionen nicht sein können. Dies entspricht einem Problem, das die neodarwinistische Evolutionstheorie selbst in Bezug auf die Entwicklung des Lebens noch keineswegs zu klären vermochte. Die ausschließlich reduktionistische Ableitung des „Höheren“ – insbesondere des „qualitativ Neuen“ (z. B. der DNA aus der „toten“ Materie; der Zelle aus vorzellulären organischen Substanzen; der Information aus biochemischen Vorgängen; des Bewusstseins aus Hirnprozessen) – aus den Bedingungen, die im „Niederen“ bereits hinreichend vorgegeben sind, und damit die Leugnung der ontologischen Eigenständigkeit der höheren Ebenen ist empirisch wissenschaftlich keineswegs auch nur annähernd geklärt. Darüber existieren bisher nur zahlreiche empirisch nicht verifizierbare, oft aber auch nicht falsifizierbare Hypothesen, teils mit eindeutig weltanschaulichem Charakter.[14]

Wir haben es also bei religiöser wie jeder anderen Erfahrung mit verschiedenen Ebenen zu tun, die jeweils etwas Neues enthalten, das nicht einfach aus der

---

[13] Vgl. Anm. 9.

[14] P. Davies, *Das fünfte Wunder. Die Suche nach dem Ursprung des Lebens*, Bern u. a. 2000; J. Lennox (Anm. 10).

vorhergehenden bzw. niederen Ebene, auf der die nächste Ebene aufbaut, abzuleiten ist. Das Erleben eines Ichs (Selbst, Subjekt) ist nicht aus den neurophysiologischen Prozessen im Körper und im Gehirn einfach ableitbar, wenigstens mit ihnen nicht seinsmäßig identisch, sondern nur mit ihnen korreliert. Das Erleben selbst bedarf, wenn es vom erlebenden Subjekt verstanden werden und in lebensdienlicher und sinnvoller Weise in die persönliche Biographie eingeordnet werden soll, der Deutung aufgrund der bisherigen Erfahrungen des Subjekts, die im Gedächtnis gespeichert sind. Das Erleben muss sich also auf diese Erfahrungen beziehen und sinnvoll in sie eingeordnet werden können, um gedeutet und so zur Erfahrung zu werden. Es muss also verstanden und auf der Basis des Verstehens auch an andere mitgeteilt werden können. Diese Kommunikation mit anderen muss zwar nicht nur sprachlich, sondern kann auch körperlich, z. B. mimisch und gestisch, verlaufen, doch gewinnt ein subjektives Erleben in der Regel für andere nur eine Eindeutigkeit und kann auf dieser Basis von anderen Menschen verstanden werden, wenn es auch sprachlich vermittelt wird. Die Sprache selbst ist als Bedeutungssystem (Semantik) gegenüber dem Erleben des Subjekts eine neue, aus ihm nicht ableitbare Ebene. Zugleich wird mittels der Sprache ein Bedeutungssystem vermittelt, das es möglich macht, das eigene Erleben im Horizont eines Bedeutungssystems zu deuten, in dem sich das Erleben anderer Menschen niedergeschlagen hat und gedeutet wurde. Dadurch wird das subjektive Erleben und seine persönliche Deutung in den Horizont der Erfahrungen einer menschlichen Gemeinschaft und damit einer Kultur eingeordnet. Natürlich kann man fragen, ob religiöses Erleben der Mitteilung und damit der Sprache unbedingt bedarf, ob dieses Erleben nicht auf das erlebende Subjekt zu beschränken ist, also rein subjektiv-persönlicher Art ist und bleiben sollte. Das entscheidet sich daran, ob religiöses Erleben auch ein Erleben in der Gemeinschaft von Menschen ist und wiederum in eine solche Gemeinschaft zurückfließen und sie bereichern soll, wie es wenigstens für die christliche Religion unverzichtbar ist.

V. Bemerkungen zur Bedeutung neurophysiologischer Erkenntnisse für Theologie und kirchliches Handeln

Aus den bisherigen Erörterungen wird nicht ersichtlich, ob die neuen neurophysiologischen Methoden und Erkenntnisse überhaupt eine Bedeutung für die Beurteilung religiösen Erlebens haben und welcher Art diese Bedeutung ist, ob sie nur eine religionskritische Funktion ausüben oder vielleicht auch eine hilfreiche Funktion für das Verstehen religiösen Erlebens und das kirchliche Handeln haben.

Die Darstellung neurophysiologischer Prozesse mittels der neuen bildgebenden Verfahren gibt uns nicht nur Auskunft, welche verschiedenen Regionen des Gehirns bei unterschiedlichen Formen religiösen Erlebens besonders beteiligt sind, sondern auch über die Intensität und die Tiefe religiösen Erlebens, die mit unterschiedlich starken Hirnaktivitäten in Zusammenhang stehen können und die insbesondere mit der gefühlsmäßigen Besetzung der Erlebnisse zusammenhängt. Dabei spielt nicht zuletzt auch die Beteiligung der *Gefühle* und damit der Hirnregionen eine Rolle, die insbesondere für das Gefühlsleben bestimmend sind, denn Erlebnisse haben in der Regel um so tiefgreifendere Auswirkungen auf die Person, je mehr sie mit Gefühlen besetzt sind. Damit ist ein Punkt angesprochen, der für den christlichen Glauben wesentlich und in der Theologie und der kirchlichen Praxis zu beachten ist.

Sinneseindrücke und Vorstellungen werden gerade durch Regionen außerhalb der Großhirnrinde von Gefühlen geprägt. Vor allem ist daran das so genannte „limbische System“ (insbesondere Hypothalamus, Amygdala, Hippokampus) beteiligt, das die Prozesse des vegetativen Nervensystems und damit des ganzen Körpers mit den höheren Strukturen der Großhirnrinde vernetzt und diese mit Gefühlen besetzt und so einen großen Einfluss auf unser Geistesleben und auch religiöse und spirituelle Erfahrungen hat.[15] Man hat das limbische System, das „emotionale Gehirn“, daher auch schon als „Sender zu Gott“ bezeichnet.[16] Diese gefühlsmäßige Seite des Glaubens und der Religion, die insbesondere in den Riten, der Liturgie und dem Gesang und der Musik überhaupt angesprochen wird, ist und wird gerade innerhalb des Protestantismus vernachlässigt, da er sich ganz stark und einseitig auf die Rationalität des Menschen und ein durch sie bestimmtes sittliches Handeln ausrichtet und die Gefühle weitgehend ausblendet, insbesondere im durch *Immanuel Kant* bestimmten Neuprotestantismus und in Abwehr des Pietismus und der Erweckungsbewegung, für die das religiöse Erleben und die Gefühle eine bedeutende Rolle spielen.[17] Eine Ausnahme bilden vom

[15] Newberg u. a. (Anm. 2), 64 ff.

[16] R. Joseph (Anm. 2); vgl. Damasio (Anm. 11).

[17] P. Zimmerling, *Evangelische Spiritualität – Wurzeln und Zugänge*, Göttingen 2003.

Pietismus und der Erweckungsbewegung beeinflusste Theologen, vor allem *Friedrich E. D. Schleiermacher.*

Die Neurobiologie ruft uns also wieder ins Bewusstsein, dass Religion und auch der christliche Glaube nicht ohne Gefühle sein kann, dass der Mensch auch auf der Gefühlsebene und nicht nur auf der kognitiven Ebene angesprochen werden muss, wenn die Religion und der Glaube das Leben bestimmen und verändern will und soll und wenn dadurch auch Motivationen zu einem dem Glauben entsprechenden Leben und Handeln hervorgerufen werden sollen, wenn also aus dem „Sollen" ein ihm entsprechendes „Wollen" und „Können" werden soll.

Sicher ist eine derartige Konzentration auf das subjektive religiöse Erleben, auf das *religiöse Subjekt* mit seinen Gefühlen nicht ohne Probleme, ja durchaus ambivalent. Gefühle, sicher aber auch das Denken, sind in vielfältiger Weise manipulierbar. Diese Ambivalenz darf deshalb aber nicht zu der Behauptung führen, dass religiöses Erleben und entsprechende Gefühle überhaupt keine Bedeutung für den christlichen Glauben haben oder haben sollten, dass eine *Gewissheit* im Glauben überhaupt nicht mit derartigen Gefühlen im Zusammenhang stehe, dass sie jedenfalls keine konstitutive Bedeutung für den Glauben haben. Der Glaube gerät dann schnell zu einem bloß kognitiven Akt, zu einem „Für-wahr-halten". Glaubensäußerungen sind dann reine Glaubenslehre oder moralische Aussagen, vollziehen sich auf der Ebene reiner Begriffssprache ohne „Anschauung" (I.Kant), ohne sie mit Inhalt füllendes Erleben. Ohne subjektive Erlebnisse und damit ohne Erfahrungsinhalte sind sie „leer", bestenfalls mit bloßen Denkprodukten angefüllte Begrifflichkeiten und als solche für den Menschen meist ohne ihn ansprechende existenzielle Bedeutung. Dann ist man nicht weit entfernt von dem tauben Neurowissenschaftler, der alles über die Physik und die Neurophysiologie des Hörens weiß, aber nicht von der Musik angesprochen werden kann und daher das Eigentliche der Musik nicht kennt, das man nur mit dem Gehör erleben kann. Man wird zum „Theologen", der theologische Aussagen in ihrer Entstehung als Historiker beschreibt und vielleicht ein „logisches" System der Theologie entwickelt, aber die Lebenswirklichkeit, von der der Glaube spricht, letztlich nicht kennt. Theologie wird zum Begriffssystem, ohne dass sie aus der Beziehung zu Gott, dem Angesprochensein von Gott und dem Sprechen mit Gott heraus entfaltet wird, dessen Kern das Gebet, das Reden *mit* und *nicht über* Gott ist[18], zu dem kirchliches Reden und Handeln als seinem Ziel auch wieder hinführen soll.

Der Beziehung zu Gott stiftende Heilige Geist bestimmt nicht nur unseren Verstand, unsere Vernunft, sondern die ganze Seele, das Herz, das Innerste, den Geist des Menschen (Römer 8, 16) und damit den ganzen Menschen, mithin nicht zuletzt auch seine Gefühle, und schafft so die Gewissheit des Glaubens, deren Subjektivität unhintergehbar ist und zu der das Wissen über Moral, Religion, Theologie nur einen begrenzten, jedenfalls keinen konstituierenden Beitrag liefert. Das gilt erst recht für das tiefe „Ergriffenwerden“ des Menschen in seinem Innersten, das der christliche Glaube als „Wiedergeburt“ oder „Bekehrung“ bezeichnet und das eine Neuausrichtung auf Gott bewirkt, in der der Mensch dazu befreit wird, Gott von ganzen Herzen und mit allen Kräften seines Gemüts und den Nächsten wie sich selbst zu lieben (Markus 12,28 –31). Diese Hinwendung zu Gott ist durch Belehrung und kognitive Akte allein selten zu erreichen. Erst recht ist sie kein rein innerpsychisches Geschehen, das der Mensch selbst „machen“ kann, sondern ein Geschenk Gottes, ein Ergriffenwerden vom Heiligen Geist, dem der Mensch sein „Innerstes“, sein „Herz“ öffnen, aber auch verschließen kann. Ohne das Bestimmtwerden auch der Gefühle durch den Heiligen Geist kann es also in der Regel weder Glauben noch eine Gewissheit im Glauben noch ein Handeln aus Glauben geben, auch wenn diese Gewissheit letztlich nicht durch dieses subjektive Erleben, sondern nur durch Gott selbst, durch die Gabe des Heiligen Geistes konstituiert werden und deshalb das subjektive Erleben auch durch Anfechtung und Zweifel, aber auch durch seelische Erkrankungen in Frage gestellt werden kann. Dem gläubigen Menschen, der z. B. durch eine Depression von seinen Gefühlen abgeschnitten ist, kann die Erfahrung des „lebendigen“ Gottes zum bloß abstrakten Begriff zerrinnen, so dass Gott als „abwesend“ oder gar als tot erscheint, seine heilsame Nähe also nicht mehr erlebt wird (vgl. z. B. Psalm 42; 77).

Die Verarbeitung und Deutung von mit religiösen Gefühlen besetzten Erlebnissen vollzieht sich im Großhirn aufgrund der in der Großhirnrinde gespeicherten Gedächtnisinhalte. Auch ein tiefgehendes, die religiösen Gefühle erregendes

[18] G. Sauter, *Das Gebet als Wurzel des Redens von Gott. Glauben und Lernen 1* (1986), 21 ff; G. Ebeling, *Dogmatik des christlichen Glaubens Bd. I,* Tübingen 1979, 193 ff.; U. Eibach, *Der leidende Mensch vor Gott. Krankheit und Behinderung als Herausforderung unseres Bildes von Gott und dem Menschen*, Neukirchen-Vluyn 1991, 85 ff.

Erleben ist vieldeutig, es schafft noch keinen religiösen Inhalt. Subjektive *Erlebnisse* haben den Charakter von Widerfahrnissen und damit der *Einmaligkeit.* Als solche müssen sie nicht nur für die Person, die sie erlebt, sondern auch in einem geschichtlichen Horizont deutbar sein, um zu einer mitteilbaren *Erfahrung* zu werden, zu der andere Menschen „eingeladen" werden können, diese Erfahrungen auch zu machen. Erst die Einordnung des subjektiven Erlebens in die gedeuteten und sprachlich vermittelten Erlebnisse anderer lässt diese zur Erfahrung werden, die sprachlich mitteilbar ist und in deren Rahmen neue Erlebnisse deutbar sind. Erlebnisse, die nicht sprachlich deutbar und mitteilbar sind und die dann auch von anderen nicht nachempfunden und verstanden werden können, sind keine kommunizierbare und religiöse oder sonstige Gemeinschaft stiftende Erfahrung. Gefühle und Erlebnisse ohne Deutung in einem Erfahrungskontext, die sie für den Erlebenden selbst seinem Verstehen erschließen und so sprachlich anderen mittelbar machen, sind rein subjektiv und letztlich auch „blind", im Sinne von nicht mitteilbar. So hat z. B. der Apostel Paulus nicht allein aus seinem singulären Christuserlebnis, seinem – sicher für sein Leben und seine Theologie entscheidenden – Bekehrungserlebnis vor Damaskus (Apostelgeschichte 9; Galater 2) heraus seine Lehre von der „Rechtfertigung" des Menschen allein aufgrund der Gnade Gottes entwickelt, sondern ebenso aufgrund einer durch seine Bekehrung ausgelösten langen kritischen Auseinandersetzung mit seiner Herkunft als jüdischer Gesetzeslehrer.

Religiöse Erlebnisse ohne diese geistige Verarbeitung sind „blind"; desgleichen sind aber nur kognitiv vermittelte religiöse Begriffe ohne Erfahrung – auch gefühlsmäßiger Art – der mit ihnen ausgesagten religiösen „Wirklichkeit" leer. Ob der Mensch in seinem religiösen Erleben diese Wirklichkeit erfährt oder eine andere Wirklichkeit und Macht oder ob er nur sich selbst erlebt, das vermag die Neurophysiologie ebenso wenig zu klären, wie sie von neurophysiologisch feststellbaren religiösen Erlebnissen her beweisen oder bestreiten kann, dass Gott existiert. Beide Schlussfolgerungen ergeben sich nicht aus den Erkenntnissen der Neurophysiologie, sondern aus den von weltanschaulichen Vorgaben bestimmten Deutungen der neurophysiologischen Beobachtungen.

Religiöse Erlebnisse und durch sie ausgelöste religiöse Empfindungen bringen also allein noch keinen religiösen Inhalt hervor und geben auch keine Kriterien an die Hand, nach denen sie in ihrer von Gott gewollten heilsamen, dem Leben dienenden und der Liebe Gottes entsprechenden Wahrheit überprüft werden können. Zu dieser Unterscheidung liefern uns auch die Neurowissenschaften keine Kriterien, es sei denn man nehme die Intensität der neuronalen Erregung im Gehirn unter Ausblendung der Inhalte des Erlebten als Gradmesser für die Wahrheit. Damit aus religiösen Erlebnissen Glaube und eine auch andere Menschen überzeugende und Gemeinschaft mit Gott und unter den Gläubigen stiftende Glaubensgemeinschaft und Religion werden kann, müssen sie geistig so verarbeitet werden, dass das mitgeteilte Erleben auch von anderen Menschen überzeugend geistig nachvollzogen, verstanden und grundsätzlich auch erlebt werden kann. Dazu bedarf es der Sprache, nicht zuletzt der sprachlichen Vermittlung von Inhalten, also der Lehre und der Tradition, durch die und in der auch den Gefühlen eine Orientierung gegeben wird. Erst die nur sprachlich vermittelbare Bedeutung stiftet Beziehungen, stiftet Gemeinschaft zwischen Menschen und Mitmenschen und Menschen und Gott, die wenigstens für die christliche Religion konstitutiv sind. Diese Bedeutung ist mehr als bloß subjektive religiöse Gefühle, bei denen der Inhalt des Erlebten letztlich nicht entscheidend ist, sondern nur das Erlebnis selbst und bei denen der Mensch letztlich bei sich bleibt und nicht in die Gemeinschaft mit Gott und anderen Menschen, in eine Glaubensgemeinschaft eingefügt wird. Insofern ist der christliche Glaube auch auf Lehre und Unterweisung und eine Gemeinde angewiesen, in der der Glaube in der Liebe zu Gott und Mitmenschen gelebt wird. Über die Bedeutung religiösen Erlebens und auch darüber, ob ihm als Bewusstseinsphänomen eine Wirklichkeit außerhalb seiner selbst entspricht, darüber können die Neurowissenschaften einschließlich der Neuropsychologie wenig oder nichts aussagen, außer bei eindeutig psychopathologischen Erlebniszuständen und Erlebnisinhalten. Die Wahrheit z. B. christlicher Glaubensinhalte kann mit den Methoden dieser Wissenschaften weder verifiziert noch falsifiziert werden. Auch die Theologie und die Kirchen können die Deutungen religiöser Erlebnisse durch die, die sie erlebt haben, letztlich nur daraufhin prüfen, ob und inwieweit die Inhalte des Erlebens mit der Glaubenslehre der Kirchen und einem Leben entsprechend dieser Lehre übereinstimmen und insofern in Bezug auf die Lehren der Kirchen wahr sind.

VI. „Außergewöhnliche“ religiöse Erlebnisse – Halluzinationen?

Natürlich muss jede Religion auch für die Erfahrung von „Neuem“ offen sein und daher auch „neuartige“ und außergewöhnliche religiöse Erlebnisse daraufhin überprüfen, ob in ihnen nicht eine religiös bedeutsame Erfahrung ausgesagt wird.

In allen Religionen kennt man solche, meist mit nicht normalen Bewusstseinszuständen verbundenen außergewöhnlichen Erfahrungen einer der normalen sinnlichen Erfahrung meist verschlossenen und daher „transzendenten" Wirklichkeit. Vorausgesetzt wird dabei, dass Menschen für derart neue religiöse Erfahrungen und Erfahrungen einer transzendenten Wirklichkeit offen sind oder geöffnet werden. Von der Offenheit für neue geistliche Erfahrungen lebt auch die christliche Gemeinde.

Nun zeigt es sich, dass neue Erkenntnisse und neues Leben vermittelnde geistliche Erfahrungen in der Regel nur eintreten, wenn der Mensch durch sie in seinem Innersten und damit als ganzer Mensch und nicht zuletzt auch in seinen Gefühlen erfasst und bestimmt wird. Solche Widerfahrnisse können unter außergewöhnlichen Lebensumständen (z. B. Nahtoderlebnisse) und in Lebenskrisen, aber auch im alltäglichen Leben auftreten, sie können von veränderten Bewusstseinszuständen begleitet sein, die zu veränderter Wahrnehmung des Lebens, zu Visionen und Erscheinungen von einer „transzendenten" Wirklichkeit und anderem führen (z. B. Verstorbenen). Derartig intensiven religiösen Erfahrungen entsprechen in der Regel auch außergewöhnliche, von der Verarbeitung der normalen Alltagserfahrung abweichende neurophysiologische Zustände. Solche Zustände können den Menschen ungeplant und unvorhersehbar überkommen, können allerdings auch mehr oder weniger bewusst erzeugt werden, z. B. durch Psycho- und Körpertechniken (Entspannungstechniken, Atemtechniken, langsames Schreiten, Meditation, Musik, Tanz bis zur Ekstase usw.) und auch chemische Mittel (Rauschmittel, Drogen) und durch elektrophysiologische Stimulationen.

Dagegen, dass solche Zustände unvorhersehbar eintreten, kann der Mensch nichts tun. Wie die christliche Frömmigkeitsgeschichte zeigt, haben Christen auch immer körperliche und andere Übungen angewendet, durch die der Mensch zur inneren Ruhe finden und sich so für das Wirken des Heiligen Geistes an und in ihm öffnen will (sei das nun Formen der Meditation, des anhaltenden Gebets und des Schweigens, des stetigen Wiederholens von Bibeltexten, des Singens, des langsamen Schreitens u. a.), ohne damit die Absicht zu verfolgen, außerordentliche religiöse Erlebnisse auf diese Weise bewusst herbeizuführen. Das entspricht der Erkenntnis der Neurowissenschaften, dass es nicht ein isoliertes Gehirn, sondern der Mensch als leiblich-seelische Ganzheit ist, der wahrnimmt, fühlt, denkt, handelt, so dass der Körper dabei notwendig immer eine entscheidende Rolle spielt.[19] Daher kann durch Methoden, durch die körperliche Zustände verändert werden, insbesondere in einer nicht alltäglichen Weise, auch das Gehirn in einen veränderten Zustand versetzt werden, z. B. den Zustand der gesteigerten Offenheit des Bewusstseins für die Wahrnehmung der inneren wie äußeren Wirklichkeit. Der generelle Verdacht, hier sollten außerordentliche religiöse Erlebnisse durch Manipulationen des normalen Lebens bewusst erzeugt werden und sie seien deshalb auch nur Bewusstseinsinhalte, denen keine Realität außerhalb derselben entspreche, ist unter solchen Voraussetzungen nicht begründet.

Dass solche außerordentlichen Erlebnisse – zu denen z. B. auch die Erscheinungen des auferstandenen Christus vor seinen Jüngern, vor Paulus und anderen gehören – den Glauben bestärken oder auch begründeten können, sollte nicht bestritten werden. Der Apostel Paulus, der von sich selbst berichtet, dass er Erlebnisse einer transzendenten, himmlischen Wirklichkeit hatte, so dass er nicht wusste, ob er sich noch in oder außerhalb seines Leibes befand (2. Korinther 12, 1 ff.), betont jedoch gegen die Gnostiker, die sich auf solche „Schauungen“ transzendenter Wirklichkeiten berufen, dass Christen „im Glauben und nicht im Schauen“ wandeln (2. Korinther 5,7), Glauben also auch nicht durch ein Erfahrungswissen ersetzbar ist. Entsprechend beruft er sich in seiner Verkündigung des Evangeliums weniger auf die Erscheinung des auferstandenen Christus, die ihm vor Damaskus widerfahren ist und die Grund seiner Bekehrung war, als vielmehr auf das sich in der sichtbaren Welt ereignende Heils- und Erlösungswerk Jesu Christi. Selbst die meisten christlichen Mystiker haben daran festgehalten, dass das „Außerordentliche“ des Glaubens an Christus sich im Rahmen des „Alltäglichen“, nicht zuletzt der Verkündigung des Evangeliums, ereignet und dass dieses Alltägliche dadurch „außerordentlich“ wird, dass Gott sich in ihm den Menschen offenbart und er so im Glauben erkannt wird.[20] Trotzdem sollten religiöse Erlebnisse, in denen eine transzendente Wirklichkeit (z. B. Christusvisionen) wahrgenommen wird, nicht generell unter den Verdacht gestellt werden, sie seien immer nur Halluzinationen, denen keine Wirklichkeit außerhalb des Bewusstseins entspricht. Für diese Deutung geben die neurowissenschaftlichen Er-

---

[19] Literatur (Anm. 11).

[20] D. Mieth, Gottessuche in der Erfahrung oder die überfließende Antwort auf das religiöse Bedürfnis. In: U. Baumann, *Gott im Haus der Wissenschaften. Ein interdisziplinäres Gespräch*, 2004, 154 ff.

kenntnisse (vgl. Kapitel II) ebenso wenig eine Basis wie für die Behauptung, dass solche Erlebnisse die Existenz einer derartigen transzendenten Wirklichkeit beweisen würden.

An einem Punkt wird man *I. Kants* Erkenntniskritik aus biblischer Sicht beipflichten müssen, nämlich dem, dass Gott nie unmittelbarer Gegenstand sinnlicher Anschauung werden kann, auch nicht in Erlebnissen, die Einblick in eine transzendente Wirklichkeit vermitteln, denn es ist einhelliges Zeugnis der Heiligen Schrift, dass Gott, „den kein Mensch gesehen hat noch sehen kann", „in einem Licht (wohnt), zu dem niemand kommen kann" (1. Timotheus 6,16, vgl. 2. Korinther 5, 7). Gotteserfahrungen sind immer vermittelte Offenbarungen Gottes, auch dann, wenn sie sich außerhalb der sichtbaren Welt und in Zuständen eines auf eine transzendente Wirklichkeit hin erweiterten Bewusstseins vollziehen. Sie sind vermittelt durch den Heiligen Geist, in dem und durch den Gott sich so für den Menschen öffnet, dass durch den Heiligen Geist im Geist des Menschen die Gewissheit des Glaubens entsteht, dass wir mit Gott Gemeinschaft haben, seine Kinder sind (Römer 8, 15 f.; Johannes 16,12-15).

VII. Zusammenfassendes Ergebnis

Die neurophysiologischen Erkenntnisse können je nach wissenschaftstheoretischen und weltanschaulichen Prämissen sehr unterschiedlich gedeutet werden. Sie vermögen die Frage, ob in religiösem Erleben eine eigenständige geistige Wirklichkeit wahrgenommen wird, speziell, ob es einen Gott gibt oder ob Gott nur ein „Hirnprodukt" ist und es ihn insofern nicht „gibt", nicht zu beantworten, sondern nur zu sagen, in welchen Regionen des Gehirns und in etwa auch mit welcher Aktivität und Intensität sich die unterschiedlichen Formen religiösen Erlebens widerspiegeln. Auch vermögen sie die Frage nach der Echtheit und der Bedeutung der religiösen Erlebnisse und der Wahrheit der auf sie aufbauenden Religionen nicht zu beantworten. Dazu bedarf es unabdingbar der Bezugnahme auf die durch die Sprache vermittelten Deutungen des religiösen Erlebens im geschichtlichen Kontext der Inhalte und Lehren der Religionen. Die Neurophysiologie vermag also über die Inhalte, Bedeutung, Qualität und Wahrheit religiösen Erlebens keine entscheidenden Aussagen zu machen.

Bestenfalls können die neurophysiologischen Erkenntnisse einen Beitrag dazu leisten, dass der naturalistische Empirismus und Reduktionismus, der nur der sinnlich wahrnehmbaren und empirisch erforschbaren Welt „Wirklichkeit“ zubilligt und mithin jede „spirituelle“ Wirklichkeit und insbesondere die Existenz eines sich den Menschen kund tuenden Gottes negieren muss, auch auf wissenschaftlicher Ebene in Frage gestellt wird. Wenn man wie *A. Newberg u. a.* davon ausgeht, dass es überhaupt keine vom Geist unabhängige Wahrnehmung der sinnlichen Wirklichkeit gibt, dann gibt es auch keinen Grund, die Wirklichkeiten der subjektiven Wahrnehmung und damit auch der religiösen Erlebnisse wegen ihrer Abhängigkeit vom Geist als unreal, als bloße Hirnprodukte und Fiktionen abzutun, ja dann ist es wahrscheinlich, dass das materielle Organ „Gehirn“ auch *offen* und befähigt ist, geistige Wirklichkeiten, von denen die Religionen reden, wahrzunehmen, dass es dafür gleichsam auch ein „Empfangsorgan“ ist, es also in seinem Wahrnehmungsvermögen nicht auf die sinnlich fassbare und empirisch beschreibbare Wirklichkeit begrenzt ist, sondern auch „transzendente Wirklichkeiten“ wahrnehmen kann. Allerdings besagt das nicht, dass diese Wirklichkeit mit empirischen Methoden wahrgenommen und beschrieben und im Sinne der empirischen Wissenschaften als *Wissen* und Beweis ausgegeben, sondern nur, dass diese Wirklichkeit *subjektiv erlebt* werden kann, vor allem wenn man nach ihr sucht und sich ihr aussetzt. Diese Subjektivität des Erlebens und die darin gründende Gewissheit einer „spirituellen Wirklichkeit“ sind unhintergehbar, also weder auf die Ebene neuronaler Prozesse reduzierbar noch in eine höhere Einheit überführbar, aber dennoch nicht im Sinne der empiristischen Religionskritik als bloßes Hirnprodukt, also „Illusion“ oder als psychopathologisches Erleben abzutun. Die Neurowissenschaften können die Bedingungen der Möglichkeit religiösen Erlebens aufzeigen und erklären. Diese *Erklärung* bedeutet aber nicht zugleich ein *Verstehen* religiösen wie auch anderen seelisch-geistigen Erlebens in seiner Bedeutung für das erlebende Subjekt und andere Menschen. Die neurowissenschaftliche Erklärung muss die Dimension des subjektiven Erlebens in seiner Einmaligkeit und Bedeutung für das Subjekt auf objektivierbare und messbare und daher wiederholbare physiologische Daten reduzieren und damit die Einmaligkeit des Erlebens des Subjekts und das Subjekt selbst ausklammern. Damit wird oft geleugnet, dass das Subjekt die Wirklichkeit anders wahrnimmt und oft auch eine andere Wirklichkeit wahrnimmt als die reduktionistisch verfahrende objektivierende Naturwissenschaft, Medizin und auch Psychologie, die nur der naturwissenschaftlich fassbaren Welt „Wirklichkeit“ zubilligt und gegebenenfalls alle Vorstellungen von einer „transzendenten“ Wirklichkeit als Illusion abtut.

Die *Offenheit* des Gehirns für die Wahrnehmung einer das biologische Dasein und die sichtbare Welt übersteigenden spirituellen Wirklichkeit ist „empirisch“ nicht beweisbar, aber sie ist eine *Möglichkeit* des Gehirns und mit ihm des menschlichen Lebens überhaupt, das nicht nur – wie die dem „Evolutionismus“ verpflichteten Soziobiologen u. a. behaupten – auf sein „Überleben“ in dieser irdischen Welt ausgerichtet ist. In diesem eingeschränkten Sinne kann man mit A. Newberg u. a. die These vertreten, dass die Biologie des Gehirns offen ist für eine transzendente Wirklichkeit und das „Göttliche“, dass die Religion eine biologische Grundlage hat, ohne dass das religiöse Erleben und die Inhalte der Religion auf die Biologie und die empirische Psychologie zu reduzieren sind. Schon diese Behauptung stellt eine provokante Infragestellung der reduktionistischen naturalistisch-empiristischen Sicht der Wirklichkeit dar. Diese Hypothese ist aber ebenso wenig einen Beweis für eine spirituelle und transzendent-religiöse Wirklichkeit, wie die Deutung der empirischen Erkenntnisse der Hirnforschung auf der Basis der reduktionistischen Hypothese einen Beweis für die Nichtexistenz dieser religiösen Wirklichkeit liefert. Die These von Newberg u. a. vermag bestenfalls die religiöse und die wissenschaftliche Weltsicht an einem Punkt so miteinander zu versöhnen, dass beide zusammen sich zu einer umfassenderen Sicht der sichtbaren und der unsichtbaren Wirklichkeit ergänzen, ohne dass *Glauben* durch *Vernunft* und *Wissen* ersetzt werden kann, und dass die Perspektive der „ersten Person“ und damit die des subjektiven Erlebens und seiner Deutungen als notwendige komplementäre Sicht auch in den Neurowissenschaften ernst genommen wird. Das besagt, dass man den Menschen nicht nur in der Perspektive des zu erforschenden Objekts, sondern immer auch in seiner „Innenperspektive“, also der des fühlenden, erlebenden, denkenden und handelnden Subjekts, und in seiner für das Menschsein konstitutiven Beziehung zu den Mitmenschen in Blick nehmen muss, wenn man in seinen Aussagen über das menschliche Leben das Menschsein nicht verfehlen will. Diese Innenperspektive des Erlebens der „ersten Person“ und seine Bedeutung kann sich dem anderen, dem Beobachter letztlich nur durch die Kommunikation, die nonverbale und vor allem die verbale, und nicht durch die Beobachtung und Beschreibung neurophysiologischer Vorgänge aus der Außenperspektive erschließen. Die Neurophysiologie kann nur Aussagen über die neurophysiologischen Korrelate des Erlebens der ersten Person machen. Nur soweit sich das erlebende Subjekt den Beobachtern neurophysiologischer Vorgänge im Gehirn zugleich körperlich (z. B. mimisch, gestisch) und sprachlich mitteilt, können sie diese Vorgänge in ihrer Bedeutung für das erlebende Subjekt und auch für andere Menschen verstehen. Dies besagt, dass das subjektive Erleben und seine mimische, gestische und nicht zuletzt sprachliche Mitteilung die Voraussetzung dafür sind, dass die Neurowissenschaften überhaupt die neuronalen Entsprechungen dieses subjektiven seelisch-geistigen Erlebens empirisch aufweisen können. Ohne diese Bezugnahme auf das Erleben des Subjekts und damit ohne Kommunikation mit ihm kann meist nicht einmal entschieden werden, ob das Erleben des Subjekts „krankhaft“ ist, geschweige denn, ob dieses Erleben, wenn es nicht eindeutig krankhaft ist, eine Illusion ist oder ob ihm eine „Wirklichkeit“ entspricht. Die Einstufungen subjektiven Erlebens als „Illusion“ oder bloßes „Hirnprodukt“ durch Außenstehende hängen weitgehend von deren weltanschaulichen Einstellungen, nicht aber von gesicherten neurowissenschaftlichen Erkenntnissen ab.

Die entscheidende positive Bedeutung der neuen neurowissenschaftlichen Erkenntnisse für den christlichen Glauben und insbesondere das kirchliche Handeln ist darin zu sehen, dass sie das Augenmerk wieder auf die wesentliche Bedeutung der Gefühle für das menschliche Erleben und die Weise lenken, in der es für das Leben prägend wird. Es hängt nicht zuletzt von der Besetzung von Erlebnissen mit Gefühlen ab, ob und wie sehr sie für das menschliche Leben bestimmend werden. Allerdings bleiben gerade stark mit Gefühlen besetzte religiöse Erlebnisse darauf angewiesen, dass sie im Rahmen eines auch von anderen nachvollziehbaren Bedeutungssystems verstehbar werden und in einer heilsamen Weise in das Leben des Betroffenen und der christlichen Gemeinde eingeordnet werden können.

Paul Gottlob Layer

Vernünftiges und vernünftig Vermutetes zu Gehirn, Geist und Gott

Zusammenfassung

Anlass zum vorliegenden Artikel gab eine Tagung zum Thema „Gott-Geist-Gehirn“[1], bei der im Dialog zwischen Theologen und Neurowissenschaftlern Beziehungen zwischen diesen drei Begriffen diskutiert wurden. Aus biologischer Sicht sind es vor allem Hirnleistungen, welche uns spezifisch zum Menschen machen. Die Entstehung der Hirnstrukturen während der Embryonal- und Postnatalperiode wird im ersten Teil behandelt, deren Verständnis essentiell ist. Im zweiten Teil werden physiologische Fähigkeiten des menschlichen Gehirns am Beispiel des visuellen Systems in sehr verkürzter Weise dargestellt, um zu untersuchen, inwieweit physiologische Erkenntnisse das Phänomen der Wahrnehmung bis hin zur Entstehung von Bewusstsein erklären können. Weil sich hier Verständnislücken auftun, die nach meinem Dafürhalten grundsätzlich und unlösbar sind (Qualia-Problem), komme ich schließlich zur Unvollständigkeit jeglicher naturwissenschaftlichen Weltsicht (unendliche Regresse) und die damit notwendige Annahme einer „Ur-Ursache“ dieser Welt, wie sie schon von Aristoteles im kosmologischen Gottesbeweis formuliert wurde. So führt diese Betrachtung zum Schluss, dass insbesondere Naturwissenschaftler einer Ur-Ursache bedürfen (*Gottesbedürftigkeit*).

---

[1] Der Autor ist Professor und Lehrstuhlinhaber für Entwicklungsbiologie und Neurogenetik an der TU Darmstadt. Dies ist ein nachträglich ausgearbeitetes Skript zum Vortrag am 23.01. 2005 über „Die Maschine bleibt leblos – Der Wissenszuwachs der Neurowissenschaften und die unerledigten Menschheitsfragen“ in der Evangelischen Akademie Arnoldshain über „Gott – Geist – Gehirn, Religiöse Erfahrungen im Lichte der neuesten Hirnforschung“. Die Teile 1 und 2 wurden detaillierter in Layer dargestellt. Vgl. P. G. Layer, Zu Evolution und Entwicklung von Hirn und Bewusstsein. Über Zellen, neuronale Netze zu Qualia. In: *Der entthronte Mensch? Anfragen der Neurowissenschaften an unser Menschenbild* (Hg. J.C. Schmidt, L. Schuster), Mentis-Verlag: Paderborn 2003, 79-96. Zur begrifflichen Vereinfachung wird im Text nicht zwischen Geist und Seele unterschieden.

Stufe 1. ...wir „sind Hirn“: Funktion erfordert strukturelle Ordnung

Neun Monate braucht der Mensch von der Befruchtung bis zu seiner Geburt. Er kommt, um zoologisch zu sprechen, als ausgeprägter Nesthocker zur Welt, denn er ist noch vollständig von der Fürsorge und Ernährung durch seine Mutter abhängig. Auf Bauch oder Rücken liegend, nimmt das Kleinkind die Welt wahr. Nach etwa 10–12 Monaten krabbelt es auf allen Vieren, versucht bald auf die Beine zu kommen, hält für wenige Augenblicke das Gleichgewicht, fällt, versucht es wieder und wieder, und nach kurzer Zeit wird es diesen epochalen Schritt zum Zweibeiner meistern (Abb. 1). Das Kind lernt aufrecht zu gehen und bekommt so seine Hände frei. Epochal ist dieser Schritt, weil er den Übergang vom noch Animalischen hin zum Menschendasein in jeder Individualentwicklung (Ontogenese) wiederholt, was stammesgeschichtlich sich vor ungefähr 10 Millionen Jahren abgespielt hat (Phylogenese; siehe unten).

Ein Kleinkind richtet sich auf,
ein wichtiger Schritt in der menschlichen Entwicklung

Bild:.H.P. Frey, Ch. Schiller, 2004. Abb. 1

Hirne bestehen aus vielen einzelnen Zellen, den Neuronen und etwa gleich vielen Gliazellen, ihren Begleitzellen. Neurone und auch Gliazellen besitzen alle Komponenten einer normalen tierischen Zelle. Im Zellkörper – dem Soma – finden sich Zellkern und wichtige Organellen, als Fortsätze leiten Dendriten elektrische Signale zum Soma, Axone leiten sie vom Soma weg. Neurone sind also polarisierte Zellen; sie können elektrische Impulse über lange Distanzen fortleiten (normalerweise immer in einer Richtung – unipolar) und neigen dazu, mit anderen Zellen enge Kontakte, Synapsen auszubilden. Die Morphologie von Neuronen und Gliazellen ist vielfältig und häufig sehr ausgeprägt. Je nach Struktur, Funktion und Lage können viele Typen von spezialisierten Neuronen unterschieden werden. Ein Photorezeptor im Auge kann Lichtenergie in chemische Signale umwandeln, eine nachgeschaltete Ganglienzelle kann dies nicht, sondern sie leitet ein Summenpotential von der Netzhaut an höhere Hirnzentren weiter. Obwohl Neurone auch als einzelne Zellen Reize aufnehmen und darauf reagieren können (was z. B. in der Zellkultur leicht nachgewiesen werden kann), so erfüllen sie ihre eigentliche Aufgabe erst im Zellverband, also auf der Ebene eines Gewebes.

Hohe räumliche Zellordnung im Nervensystem:
Netzhaut im Auge einer Wüstenrennmaus

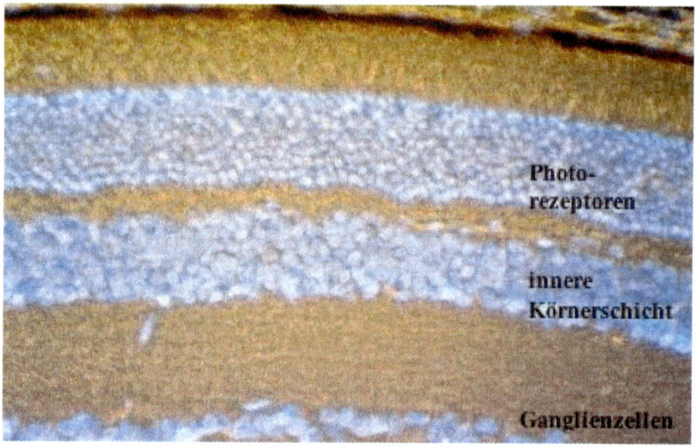

Bild: Bytyqi, 2003. Abb.2

Im Gewebe Gehirn ist räumliche Ordnung eine wesentliche Voraussetzung für seine Funktion. Die vielen Milliarden Zellen eines Hirns lassen sich weniger als hundert Hauptzelltypen zuordnen; Zellen eines Zelltyps üben gleiche Funktionen aus und sind häufig in einer Zellschicht vereinigt. Am Beispiel der Netzhaut im Wirbeltierauge kann man diese Ordnung sehr deutlich sehen. Alle Zellkörper sind in nur drei Zellschichten angeordnet, die äußerste Schicht enthält die Photorezeptoren, die innere die Ganglienzellen, dazwischen liegen Interneurone. Man unterscheidet nur fünf Hauptzelltypen und einen Gliazelltyp. In zwei so genannten plexiformen Schichten sind diese Zellen untereinander synaptisch verschaltet (Abb. 2). Die morphologische und physiologische Einheitlichkeit bestimmter Zelltypen ist immer wieder beeindruckend. Zellschichtung oder die Ansammlung gleichartiger Zellen in Ganglien ist also ein wichtiges Ordnungsprinzip auf dem Gewebeniveau[2].

Um Gehirne zu verstehen, ist die Entwicklungsbiologie wichtig

Die Aufklärung embryonaler Entwicklungsabläufe trägt wesentlich zum Verständnis von Nervensystemen bei, wobei das zentrale Thema die neuronale Spezifität und ihre entwicklungsbiologische Spezifizierung ist. Die 15 Trillionen Synapsen im menschlichen Hirn sind nicht chaotisch verteilt, sondern es herrscht eine räumliche Zuordnung der sendenden und empfangenden Neuronen (siehe z. B. Projektionskarten, unten). Um heraus zu finden, wie diese Ordnung während der Entwicklung erreicht wird, sind der Zebrafisch, der Frosch, das Hühnchen und die Maus beliebte Untersuchungsmodelle. Die frühe Hirnentwicklung aller Wirbeltiere ist ähnlich, was sich deutlich am fünfgliedrigen Grundbauplan ihres Gehirns zeigt. Seine regionale Gliederung wird dabei von Genen gesteuert, die im ganzen Tierreich vorkommen. Die Fehlsteuerung solcher Gene kann bei Mensch und Tier zu Missbildungen führen, wie etwa einem dritten Auge oder Zyklopenbildung, Spina bifida bis hin zu Anencephalie. Hier sei an die Bemerkung des vor kurzem im Alter von 100 Jahren verstorbenen Ernst Mayr erinnert, dass ohne den Evolutionsgedanken die ganze Biologie schwer zu verstehen ist. Als wissenschaftshistorisches Schmankerl sei ferner vermerkt: Die neuen genetischen Einblicke lassen Goethe's oft belächelte Suche nach den Ur-Formen in hellem Licht erstrahlen, wenn er etwa schreibt:

> „Alle Gestalten sind ähnlich, und keine gleichet der anderen: Und so deutet das Chor auf ein geheimes Gesetz, auf ein heiliges Räthsel.“[3]

Bei allen Wirbeltieren geht die Differenzierung des peripheren und des zentralen Nervensystems von der Anlage eines Neuralrohrs aus[4]. Die Maus als wichtigster Vertreter der Säugetiere kann genetisch gut manipuliert werden. Definierte Wirkungen einzelner Gene können bei der Entwicklung, aber auch bei Krankheits-

---

[2] J. Dudel, R. Menzel, R. F. Schmidt, *Neurowissenschaft*, Springer: Berlin 1996.

[3] J. W. Goethe (1798), Metamorphose der Pflanzen, in: *Schriften zur Naturwissenschaft*. Reclam: Universal-Bibliothek, No. 9866 (Hg. M. Böhler, 1977).

[4] S. F. Gilbert, *Developmental Biology*. 6th Edition. Sinauer: Sunderland 2000.

prozessen entschlüsselt werden. Will man die Bildungsprozesse allgemein einordnen, so taucht immer wieder die Frage auf, ob ein bestimmter Schritt in der Hirnentwicklung von seiner Umgebung unabhängig (autonom) ist, oder ob die betroffenen Zellen von ihr – der Umwelt – beeinflusst werden. Im zweiten Fall spielen Zell-Zell-Wechselwirkungen eine wichtige Rolle. Ihnen kommt größte Bedeutung zu, denn die Zahl der gesamten Gene in allen Tieren – egal ob Wurm oder Mensch – ist klein im Vergleich zur schier unendlich großen Neuronen- oder gar Synapsenzahl, und damit der Anzahl der notwendigen Spezifizierungsschritte. Selbstorganisierende Prinzipien zwischen den Zellen, man könnte sie auch als *epigenetische* Phänomene bezeichnen, müssen daher weitgehend die Hirnbildung erklären. Dies zeigt sich etwa in der Zellkultur, wenn Zellen, die aus einer Netzhaut des Hühnerembryos isoliert werden, wieder einen korrekt geschichteten, vernetzten und physiologisch aktiven Zellverband nachbilden[5].

Die vielen molekularen Instruktionen, die den komplexen Prozess der Hirnbildung steuern, unterliegen häufig dem Prinzip der *Redundanz* (man mache von allem zuerst zuviel, z. B. mehr Zellen, mehr Synapsen als notwendig, etc.; der Überschuss wird später abgebaut). Die frühen Prozesse der Hirnentstehung bei Wirbeltieren lassen sich wie folgt zusammenfassen: Entlang der Rückenseite *(dorsal)* bildet sich die Neuralplatte, welche sich einstülpt und sich im Reißverschlussverfahren zur Neuralröhre ausbildet. Alle Zellen vermehren sich zu dieser Zeit vielfach *(Proliferationsphase)*. Die Röhre wird in fünf Längsabschnitte unterteilt, aus denen dann *Hirnbläschen* und Rückenmark entstehen. Die Genetik dieser Prozesse ist in ihren wichtigen Zügen verstanden. Zellen, die sich nicht mehr weiter teilen, besiedeln die äußere *Mantelzone* des Rohrs und beginnen, in verschiedene Zelltypen zu differenzieren. Durch weitere Zellvermehrung wird die Wand des Neuralrohrs dicker, wobei jede neu entstandene Zelle durch gezielte Wanderung *(Migration)* ihren Platz in einer zugehörigen Zellschicht findet. Das *periphere Nervensystem* entsteht aus Zellen, die aus dem Neuralrohr auswandern und sich in weit entfernten Regionen ansiedeln. Millionen neu gebildeter Neurone senden lange Fortsätze (Axone, Dendriten) aus, die ihre entfernten Zielgebiete ansteuern. Dies wird sowohl durch lokale *Wegweiserzellen* wie auch schwache, aber weit reichende hemmende Einflüsse bewerkstelligt. Erste lose Kontakte zwischen Fortsatz und Zielzelle werden zu Synapsen „verdichtet". Schritt für Schritt entstehen so einfache und daraus komplexere Nervennetze.

---

5 P. G. Layer *et al.*, Of layers and spheres: the reaggregate approach in tissue engineering, *Trends Neurosci. 25*, 131-134, 2002.

Spontan aufkommende Nervenaktivität trägt zur weiteren strukturellen Verfeinerung in den Netzwerken bei. Dieser Selektionsprozeß dauert auch noch bei aktiver Nutzung lange fort: viel benutzte Bahnen werden verstärkt, wenig aktive Verbindungen werden abgebaut, ein Prozess, der durch den englischen Ausspruch „Fire together – wire together" treffend beschrieben wird.

Besonderes am menschlichen Gehirn: seine späte Reifung und Plastizität

Verschiedene Kriterien belegen, dass der Mensch das komplexeste Gehirn besitzt. Da ist zunächst die unfassbare Zahl von Nervenzellen und ihren Verschaltungen: etwa 1 Billion Neurone und etwa dieselbe Anzahl von Gliazellen. Jede dieser Zellen kann nun entlang ihrer Fortsätze bis zu zehntausend Synapsen, also bis zu 10^{15} spezifische Verschaltungen mit anderen Zellen bilden. Eine solche Komplexität ist für uns völlig unvorstellbar, ungriffig: was heißt 10^{15}? Wenn wir jede Sekunde eine Synapse zählen könnten, so würden wir drei Millionen Jahre zählen, um alle Synapsen in nur einem menschlichen Gehirn erfassen zu können. Ein weiteres Kriterium dafür, dass mit dem menschlichen Gehirn ein Höchststand in der Hirnentwicklung unter allen Tieren erreicht ist, wird durch sein Gewicht im Verhältnis zum gesamten Körpergewicht angedeutet. Beim Menschen ist die Vergrößerung des Neokortex als Teil des Endhirns besonders auffällig und letztlich für die besonderen menschlichen Leistungen ausschlaggebend. Ob der Mensch an der Spitze einer stammesgeschichtlichen Entwicklungsleiter steht, oder nur ein Seitenzweig in einem offenen Entwicklungsbaum darstellt, soll hier nicht weiter bewertet werden.

Dass das Hirn des Neugeborenen unreif ist, könnte man als des Menschen Glück betrachten, denn von dieser biologischen Gegebenheit hängt wahrscheinlich – wie von keinem anderen Faktor – seine stammesgeschichtliche wie auch die individuelle Entwicklung ab. Während der pränatalen menschlichen Hirnentwicklung spielen sich die oben geschilderten Prozesse in ganz ähnlicher Art wie in allen Wirbeltieren ab. Schon im Zeitraum von der 8. bis zur 25. Schwangerschaftswoche werden 10^{11} Zellen produziert. Das Hirngewicht nimmt von dieser Phase an kontinuierlich und schnell zu; mit 350 g hat es bei der Geburt noch lange nicht sein Wachstum abgeschlossen. Bis zum dritten Jahr verdreifacht sich das Gewicht, bis zur Pubertät erreicht es sein Endgewicht von 1350 (f.) bzw. 1450 (m.) Gramm. In dieser Zeit erfolgt zu einem großen Teil auch die Myelinisierung, d. h. die isolierende Ummantelung langer Nervenfortsätze durch Gliazellhüllen. Noch bedeutender in den ersten beiden Lebensjahren ist die starke Feinverästelung von dendritischen Fortsätzen, einhergehend mit vermehrten axonalen Kontakten und ein massiver Zuwachs an Synapsen, insbesondere im Großhirn. So kommt es im visuellen Kortex des Kleinkindes zwischen dem 2. und 4. Lebensmonat zu einem rasanten „Synapsen-Spurt". Mit knapp 1 Jahr ist mit annähernd einer Milliarde Synapsen pro Kubikmillimeter die höchste Synapsendichte in diesem Areal erreicht. Überraschenderweise verringert sich diese Zahl bis zur Pubertät wieder auf weniger als die Hälfte. Somit bleibt das kindliche Gehirn bis zur Pubertät sehr „plastisch"; Es ist strukturell gut formbar und dem Informationsgehalt nach bei Geburt noch weitgehend leer wie ein unbeschriebenes Blatt Papier. Das Prinzip heißt Überschussproduktion von neuronalen Strukturen (*Redundanz*), um nicht genutzte Synapsen später wieder abzubauen. Darauf beruht die hervorragende Lernfähigkeit des frühkindlichen Gehirns, ebenso wie die Erkenntnis „...was Hänschen nicht lernt, lernt Hans nicht mehr". Diesbezügliche neue Forschungserkenntnisse haben in den USA vor einigen Jahren zu einer fast hysterischen Pädagogik-Diskussion bis in die hohe Politik hinein geführt, nach der viel mehr Gewicht auf die frühkindliche Erziehung gelenkt werden sollte[6]. So wichtig diese ersten Jahre sind, so weiß man ebenso, dass Synapsen – wenn auch mit stark verminderter Rate – bis ins hohe Alter neu- bzw. umgebildet werden, und somit der Mensch im physiologischen Sinne lernfähig bleibt. Je älter eine Person ist, desto weniger wird seine (noch verbliebene) Lernfähigkeit (geistige Flexibilität) von der Hirnstruktur, sondern wohl eher von seinen individuellen Lebensumständen und kulturellem Hintergrund bestimmt.

Stufe 2. Hirn und Geist: Wesentliches bleibt unerledigt

Unser Gehirn ist nicht nur das Organ, das uns zum Sehen, Hören, Riechen, Tasten, Fühlen und Empfinden befähigt – das können bekanntlich viele Tiere auch (und vieles davon besser als wir) –, sondern es versetzt uns in die Lage, uns zu erinnern, zu denken, zu hoffen und zu glauben. Es stellt also die materielle Basis für geistige Vorgänge dar. Im folgenden Abschnitt soll der Frage nachgegangen werden, inwiefern die Kenntnis der Funktion von Nervensystemen, also der Ge-

[6] J. T. Bruer, *Der Mythos der ersten drei Jahre*, Beltz-Verlag: Weinheim 2000.

hirnphysiologie, uns die Beziehung zwischen Hirn und Geist erschließen kann (An dieser Stelle sei auf terminologische Probleme hingewiesen: zwischen *Geist* und *Seele* wird nicht unterschieden. Entsprechende Übersetzungen aus/ins Englische führen häufig zu Verwirrungen). Was kann die Hirnforschung zur Klärung der Leib-Seele-Diskussion beitragen, die so alt ist wie der Mensch selbst? Es gibt wohl kaum ein anderes Thema aus dem Grenzbereich Naturwissenschaften-Philosophie, das wie dieses in den letzten Jahren Beachtung gefunden hat. Letzten Endes geht es um die Frage nach einer naturwissenschaftlichen (neurophysiologischen) Erklärung des Phänomens „Bewusstsein".

Zunächst sollen zwei wesentliche Denkrichtungen, die diese Diskussion bestimmen, gegeneinander abgegrenzt werden[7]. Traditionell am bedeutendsten war der Dualismus. In vielerlei Spielarten hat er die Ideengeschichte der Menschheit geprägt. Alle gehen von einer Trennung von Leib und Seele aus, oft auch als *wesensmäßige Verschiedenheit* von Materie und Geist bezeichnet. Spätestens seit Mitte des 19. Jahrhunderts, mit dem Siegeszug der Physik und nach der Entwicklung der Biologie zu einer exakten Wissenschaft, haben aber *materialistische* Ideen das Weltbild nachhaltig verändert. Die heutigen, oft von Hirnforschern propagierten Vorstellungen zur Entstehung von Bewusstsein, lehnen dualistische Ideen weitgehend ab. Oft auch als Reduktionismus bezeichnet, findet man *materialistische* Ansätze unter Namen wie Monismus, Identismus, Parallelismus, meinen aber immer wieder Ähnliches, nämlich dass der Geist ein Epiphänomen[8] der Hirnaktivität sei.

Einig sind sich Physiologen, Psychologen und Philosophen darüber, dass es einen engen Zusammenhang zwischen geistigen Tätigkeiten und Gehirnzuständen gibt. Man spricht von der *mental-neuralen Parallelität.* Mit modernen Methoden der nicht invasiven Bildgebung, insbesondere der funktionellen Kernspintomografie (fMRI), kann eine erhöhte Hirnaktivität in bestimmten Hirnarealen verfolgt werden, wenn der Proband z. B. Rechenaufgaben löst, in anderen, wenn er sich mit einem Kreuzworträtsel beschäftigt, wieder in anderen, wenn er sich mit religiösen Themen befasst, etc.. Umgekehrt wurden an hochgradigen Epilep-

---

[7] B. Rensch, *Biophilosophie auf erkenntnistheoretischer Grundlage*, G. Fischer: Stuttgart 1968. G. Roth, *Das Gehirn und seine Wirklichkeit*, Suhrkamp Taschenbuch Wissenschaft, stw 1275, 1994. G. Vollmer, *Biophilosophie*, Reclam 9386, 1995.

[8] Huxley; s. G. Vollmer (1995), Anm. 7.

tikern bestimmte Regionen (z. B. im Mandelkern) elektrisch gereizt, worauf der Patient sichtlich heftige Angstzustände durchlebte, die durch unmissverständliche Gebärden und andere Anzeichen sich offenbarten[9]. Es gibt also eine mental-neurale Parallelität, indem einem bestimmten Gehirnzustand (elektrische bzw. physiologische Aktivität) ein ganz bestimmter mentaler Zustand, und umgekehrt, entspricht. Haben wir damit das Mentale verstanden? Ich meine nein.

Sehen – Wahrnehmen – Bewusstwerden?

Diese Verständnislücke, also dem Übergang von Hirnaktivität in „Geistaktivität", soll am Beispiel der visuellen Wahrnehmung vertieft werden, ein Forschungsthema, welches das Fach der Neurobiologie seit dem 19. Jahrhundert beflügelt hat[10]. Über keinen anderen Sinn weiß man heute mehr als über das Sehen. Welche physiologischen Prozesse spielen sich bei der Bildwahrnehmung vom Auge bis zum Sehzentrum des Gehirns ab? Wie sehen wir die äußere Welt, wie nehmen wir sie „wahr", erkennen z. B. eine rote Rose, lassen uns aber auch durch Illusionen hin und wieder fehlleiten. Hier ein Abriss unseres derzeitigen Wissens zur Dekodierung von Bildern: Das Bild des Sehfelds in der Außenwelt wird durch Hornhaut, Linse und Glaskörper auf der Netzhaut abgebildet. Über die Sehbahn werden Signale vom Auge in räumlich geordneter Weise über Nervenbahnen (z. B. optischer Nerv) an höhere Zentren weitergeleitet; ein erstes Relaiszentrum ist der seitliche Kniehöcker (Geniculatum laterale), und von dort erfolgt die Weiterleitung der Signale zur Area 17 und weiteren Zentren des primären visuellen Kortex (s. unten). In „räumlich-geordneter Weise" heißt, dass Punkte, die im ursprünglichen Bild benachbart sind, in der Retina bis zu den höheren Zentren benachbart bleiben. Man spricht von topografischen Projektionen; derartige Projektionskarten gibt es für verschiedene Sinnesverarbeitungssysteme (auditorisch, olfaktorisch, somato-sensorisch, etc.).

---

[9] C. Hoppe, s. Manuskript zum Vortrag „Der entthronte Mensch? Anfragen der Neurowissenschaften an unser Menschenbild" am 22.01.2005 in Arnoldshain in diesem Band.

[10] Helmholtz 1821–1894, s. I. Jahn, *Geschichte der Biologie*. Spektrum Akademischer Verlag: Heidelberg 2002.

Der Betrachter im Betrachter:
Wer/was nimmt das Bild im Gehirn wahr?

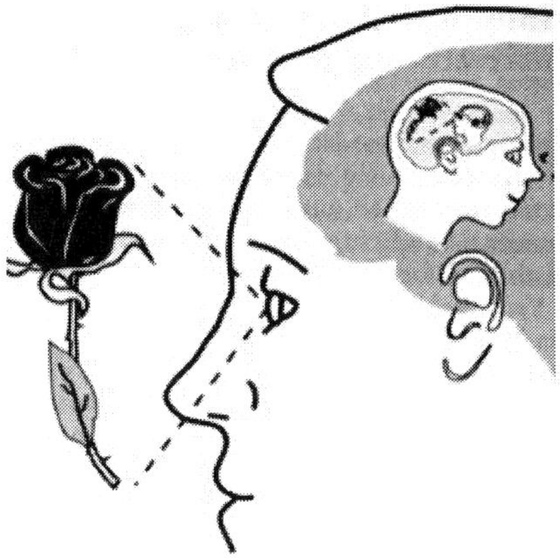
Betrachter der roten Rose?

Abb. 3

Das Bild wird in unteren Ebenen – also von der Retina bis etwa Area 17 – Schritt für Schritt zerlegt (*divergente Verarbeitung*), um dann wieder *hierarchisch konvergent* in übergeordneten Zentren zusammengesetzt zu werden. Die Retina ist im Dunkeln dauererregt und arbeitet mit umgekehrten Vorzeichen, so dass kleinste Lichtschwankungen extrem verstärkt werden. Subklassen von Photorezeptoren werden von bestimmten Farben (mehr als 1 Mio. Farbnuancen können aufgelöst werden), andere bei sehr geringer Lichtintensität erregt. Dabei werden Kontraste verschärft, ähnliche Signale werden zusammengefasst, unähnliche weiter getrennt. In der Retina und im seitlichen Kniehöcker (Geniculatum laterale) wird das Bild also mehr und mehr zerlegt, gefiltert, analysiert (Dissoziation). *Einfache Zellen* reagieren besonders stark auf einfache Bildeigenschaften, wie etwa Punkte, Ecken, Kanten, Linien. In Area 17 sind es dann *einfache* und *komplexe* Zellen, die z. B. bewegte Linien erkennen. Die Felder 17 und 18 sind mit Bildeigenschaften wie Farben, Bewegung, Richtung, Disparität, etc. beschäftigt. Diese Teileigenschaften eines Bildes scheinen nun in noch höher liegenden Verschaltungsebenen (Area 19-20) auf *hyperkomplexe* Neuronen weitergeleitet zu werden. Man könnte nun schließen, dass Bilder von der Außenwelt über das Auge bis zu den höchsten Zentren einfach immer nur abgebildet werden (quasi „gespiegelt“)? Dies kann uns die Wahrnehmung (Repräsentation) von Bildern jedoch nicht erklären, denn egal, wie viele Spiegelebenen durchlaufen wurden, führt dies immer zum so genannten „unendlichen Regress“, so dass sich irgendwann die Frage nach dem Betrachter des Betrachters stellt und offen bleibt, d. h. *wer* oder *was* nimmt *wo* das Bild schlussendlich „wahr“ (Abb. 3)?

Eine gängige Hypothese war lange, dass es für jedes mögliche Objekt der Außenwelt ein ganz bestimmtes einzelnes Neuron gibt, welches genau dieses und nur dieses Objekt erkennt (z. B. ein Neuron, das deine Großmutter „wahr nimmt“). Bis heute suchen Physiologen deshalb die berühmten *Großmutterneurone* im Gehirn. Und tatsächlich konnte man sie, allerdings nur selten, auffinden. Es gibt also *gnostische Neurone*, aber zur Erklärung der gesamten visuellen Wahrnehmung reicht ihre Zahl bei weitem nicht aus.

Die moderne neurophysiologische Forschung weist uns auf einen anderen Weg. Man geht nunmehr eher von der Repräsentation von Bildern durch große *Neuronen-Ensembles* aus (*Engramme*; *Populationskodierung*), die über mehrere (viele?) kortikale und subkortikale Regionen weit verteilt sein können (*Distributionstheorien*). Nicht so sehr sequentiell-linear, sondern eher parallel, synchron und distributiv scheinen unsere Gehirne zu arbeiten, wobei auch die reziproke Reizverarbeitung eine wichtige Rolle spielt. Oft wird der Vergleich mit Hologrammen herangezogen. Hierbei spielen nicht nur räumliche, sondern auch zeitliche Korrelationen zwischen Signalkaskaden eine Rolle (Synchronizität). Ein weiterer ungeklärter Aspekt im Verständnis der Hirnfunktionen betrifft die Neutralität des neuronalen Codes, den schon Johannes Müller (1801–1858)[11] als *Gesetz der spezifischen Sinnesenergien* formuliert hatte. Dahinter versteckt sich, dass die übertragene Information von ihrer jeweiligen Bedeutung streng zu unterscheiden ist. Denn alle neuronalen Signale, egal ob sie visuelle, auditorische oder andere Informationsinhalte vermitteln/bearbeiten (Modalität des Reizes), sind immer von gleicher elektrischer Natur. Übertragen werden also immer nur elektrische Signale; ihre Bedeutung erhalten sie erst durch den Rezipienten, insbesondere das jeweilige Hirnareal mit seinen spezifischen Rezeptormolekülen und ihren nachgeschalteten molekular-zellulären Kaskaden.

Soweit die Neurophysiologie. Wenn bei Johannes Müller der Vorgang der Wahrnehmung noch als *semantischer Kontext spezifischer Sinnesenergien* umschrieben war, wird derselbe Vorgang von einem heutigen Physiologen vielleicht

[11] Vgl. I. Jahn (2002), Anm. 10.

als *synchron-distributive Repräsentation komplexer Neuronenensembles* definiert. Wissen wir nun, wo der Betrachter sitzt? Und schon hat uns das Leib-Seele-Problem wieder. Aber brauchen wir überhaupt einen Betrachter? Viele Neurophysiologen sagen Nein und nehmen an, dass Hirn und Geist nur zwei verschiedene Aspekte ein und derselben Sache sind. Dies führt dann zu verschiedenen Varianten von *Emergenztheorien* (emergere – auftauchen, erscheinen). Die Kernannahme ist dabei, dass das „Bewusstsein" ein synergistisches Produkt der Aktivität von neuronalen Netzwerken ist. Die „Wahrnehmung" einer roten Rose erfolgt demnach – quasi autopoietisch – auf dem langen Weg der Dekodierung und Neukomposition des Bildes über ausgedehnte verteilte Netzwerke. Unser Bewusstsein einer roten Rose wird als ein *Epiphänomen* verstanden, das bei Aktivierung des „Rote-Rosen-Engramms" emergiert.

Zweifellos ist der Wissenszuwachs in den Neurowissenschaften immens und bewundernswert, aber das Thema „Bewusstsein" ist bei weitem noch nicht *ad acta* gelegt. Dualistische Denkansätze spielen dabei kaum noch eine Rolle, was durch die folgende Äußerung des Hirnforschers und Philosophen Gerhard Roth (1994) zum Ausdruck kommt:

> „...ein Dualismus, sofern er von einer wesensmäßigen Verschiedenheit von Hirn und Geist ausgeht (und nur dann handelt es sich um einen echten Dualismus), ist nicht mit dem modernen naturwissenschaftlichen Denken vereinbar".

Der Neurophysiologe Eccles war wohl der letzte renommierte Hirnforscher, der mit seinem *interaktionistischen Dualismus* eine dualistische Position – ohne nennenswerten Erfolg allerdings – vertreten hat[12]. Eccles ging davon aus, dass der Geist das Hirn steuert; nach dieser Auffassung braucht und gebraucht der Geist das Gehirn, um sich zu verwirklichen. Roger Penrose geht als Physiker das Bewusstseins-Problem durch Annahme von Quantenprozessen in zellinternen Polymerstrukturen (*Mikrotubuli*) an. Seine Vorstellungen sind nicht nur von Nicht-Physikern besonders schwer nachzuvollziehen, weil man seine Quantenmechanik nicht versteht, und seine Zellbiologie diffus bleibt[13]. Gerhard Roth vertritt einen *nicht-reduktionistischen Physikalismus*, wonach das Bewusstsein eine Art physi-

---

[12] J. C. Eccles, *Wie das Selbst sein Gehirn steuert*, Piper: München 1994.

[13] R. Penrose, *The Emperor´s New Mind*, Oxford 1989.

kalischen Zustand widerspiegeln soll, vergleichbar mit anderen physikalischen Erscheinungen wie elektromagnetische Wellen, Wärme, Schwerkraft, Mechanik. Er schlägt vor, dass wir die Physik möglicherweise noch nicht vollständig kennen, sie bleibt uns also nach bisherigen Erkenntnissen (epistemisch) verschlossen. Eccles und Popper haben eine solche Haltung – berechtigterweise frustriert – als *Schuldscheintheorie* bezeichnet.

…wenn ein Roboter bei Roquefort und Rotwein weint

Bleibt uns die Physiologie tatsächlich etwas schuldig, oder erwarten wir von ihr Antworten, die sie gar nicht leisten kann? Jedenfalls sind die Fragen nach dem Wesen des Geistes noch nicht beantwortet. Dies hat aus meiner Sicht mit dem *Qualia-Problem* zu tun, was ich – um griffiger zu bleiben – als die (physiologische) „*Unerklärbarkeit des Bedeutungsinhalts*“ anspreche.

Die Sinnesphysiologie hat uns bisher nicht erklärt, was das Wesen der Farbe „Rot“ ist (s. oben). Und sie kann es wohl auch nicht, weil es sich um einen klassischen Kategoriensprung handelt[14]. Wie ist es *überhaupt möglich* und warum ist *es notwendig*, dass mir Wahrnehmungen bewusst werden, dass ich bewusste Erfahrungen haben kann und muss? Alle Tiere, ja sogar Einzeller, sind durchaus auf sensorische Eindrücke angewiesen, aber deshalb müssen sie noch lange kein Bewusstsein darüber haben. Meine bewusste Erfahrung, der Bedeutungsinhalt beim Anblick einer „roten Rose“ ist nun mal ein anderer als der beim Lauschen von „Mozarts Nachtmusik“, oder beim Genuss von „Roquefort mit Rotwein“. Dies ist es aber, was uns am Thema „Bewusstsein“ wirklich interessiert. Ein Gedankenexperiment aus dem Bereich der künstlichen Intelligenz *(AI)* soll diesen Punkt weiter verdeutlichen. Nehmen wir an, es gäbe den perfekten Roboter, ausgestattet mit Augen, Ohren, Tastrezeptoren, etc.; er verfügt also über eine perfekte Sensorik und Motorik. Mit bester Software programmiert, kann er wie ein Mensch sinnvoll Rede und Antwort stehen. Man kann sich mit ihm angeregt und auf hohem Niveau über Dieses und Jenes unterhalten. Ihm wird nun eine unendlich traurige Geschichte mitgeteilt, etwa die, dass sein Mutter-Roboter durch einen tragischen Hardware-Unfall völlig überraschend verschieden ist. Die Nachricht bringt den Roboter völlig außer Fassung, er bricht in heftiges Weinen aus

[14] Vgl. C. Hoppe (2005), Anm. 9.

und scheint untröstlich. Natürlich vergießt er echte Tränen, denn schlaue Bioniker haben ihm eine Tränendrüse eingebaut. Bleibt für den Beobachter die Frage: Ist die Trauer des Roboters echt, oder nur simuliert, *verspürt* diese Maschine wirklich einen Schmerz? Emergiert in dem Silikon-Chip-Drahtesel tatsächlich echte Trauer? Es gibt AI-Leute, die offenbar dies und noch viel mehr für möglich halten. Auch, dass es irgendwann einen Roboter geben könnte, der beim Hören/ Lesen der folgenden Aria von Barthold Heinrich Brockes (1680–1747) – dieses Mal aus überquellender Freude an der Schönheit der Poesie – zu weinen beginnt:

Paradises Kind und Bild,
Rose, deiner Blaetter Prangen,
hat mit sehnlichem Verlangen.
Durch das Aug' mein Hertz erfüllt,
Die verlohr'nen Edens Auen
Selig wiederum zu schauen.

Eine Maschine, die aus ästhetischer Freude weint? Nein, eine solche Maschine wird es wohl nie geben. Warum ? Weil ihr der *Bedeutungsinhalt des Schmerzes ebenso wie der der Freude* fehlt, sie *verspürt* weder Schmerz noch Freude, es fehlt ihr die Qualia, oder, ganz banal gesprochen: die Maschine ist und bleibt *leblos*.

Auch der „Freie Wille" ist physiologisch nicht hinreichend fassbar

Dass der Physiologe das Gehirn zuerst materiell betrachtet, ist methodisch notwendig, dass manche es in seinen Leistungen aber auf die Betrachtung der Physiologie verkürzen, macht es dann zur leblosen Maschine. Soeben in den Medien zu verfolgen bei der erstaunlichen Diskussion über den „freien Willen".

Aufgrund der so genannten Libet-Experimente[15] sind namhafte Neurophysiologen hierzulande und weltweit zur kühnen Behauptung gelangt, der Mensch verfüge über keinen freien Willen. Der freie Wille als reine Illusion, dies erregt öf-

[15] B. Libet *et al.*, Subjective referral of the timing for a conscious sensory experience: a functional role for the somatosensory specific projection system in man, *Brain 102*, 193-224, 1979.

fentliches Aufsehen. Diese Verhaltensexperimente gehen wie folgt (Abb. 4): Ein Proband soll seinen Finger nach freier, eigener Entscheidung bewegen. Dabei bestimmt er den Zeitpunkt seiner „bewussten Entscheidung“ anhand der *Wundtschen Uhr.* Aus wiederholten Einzelversuchen wird eine Reaktionszeit von 0,2 Sekunden ermittelt, nach welcher die Bewegung erfolgt.

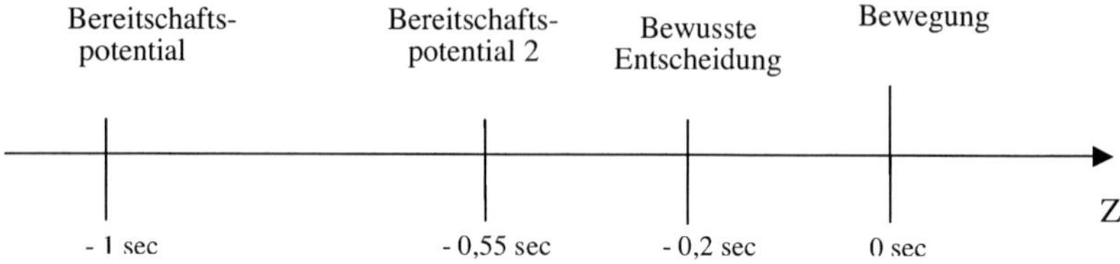

- Aufgabe: Proband soll Finger bewegen – ungeplant & eigene Entscheidung
- Durch Introspektion und anhand der *Wundtschen Uhr* bestimmt er den Zeitpunkt seiner „freien“ Entscheidung.
- Die Bewegung erfolgt 0,2 sec später (Reaktionszeit)
- In best. Hirnarealen werden **vor seiner bewussten Entscheidung** schon Bereitschaftspotentiale gemessen.

Abb. 4

Das Erstaunliche war nun, dass der Experimentator mithilfe von Elektroden in bestimmten Hirnarealen schon Bereitschaftspotentiale messen konnte, bevor der Proband seine „bewusste Entscheidung“ trifft. Aufgrund eines so simplen und speziellen Verhaltensexperiments wird dem Menschen von manchen Hirnforschern generell sein freier Wille abgesprochen. Das ist scharfer Tobak, hier kommen Weltbilder ins Purzeln. Weil dies eine weitreichende Mutmaßung ist, hat sich, nicht zum Geringsten in deutschen Medien, eine Sache hochgeschaukelt, deren Sachdürftigkeit ans Unglaubliche grenzt. Libet selbst hat im Übrigen durch weitere Experimente auf ein physiologisches *Vetorecht des Gehirns* hingewiesen, was physiologisch sehr wichtig ist (s. unten). Zu dieser ganzen Affäre gibt es von geisteswissenschaftlicher Seite lesenswerte Klarstellungen (siehe z. B. P. Bieri, H. Goller, etc.). Weil es den hier behandelten Rahmen „Gehirn – Geist – Gott“ wesentlich berührt, soll der Sachverhalt anhand dreier Beispielsituationen veranschaulicht werden:

1. Sie bedrohen und erschrecken ein (schreckhaftes) Tier, z. B. eine Schlange: Das Tier wird reflexartig handeln, entweder sich zurückziehen oder attackieren (wohlgemerkt: auch das Nervensystems des Tiers muss eine – wie auch immer bewirkte – Entscheidung treffen).

2. Ein 20-Jähriger, im besten Saft stehender Bursche, sein Name sei Fritz-Jakob, wird von einem gleichaltrigen Burschen im Beisein einer blonden Schönen provozierend beleidigt. Wie reagiert er? Gut möglich, dass er ohne viel Zögern (quasi reflexartig und animalisch) die schnellst mögliche Reaktion zeigt, und sein Gegenüber niederschlägt. Das Bereitschaftspotenzial in seinem Bizeps ist lange schon aufgebaut (und hat sich auch motorisch verwirklicht), bevor ihm dämmern könnte, dass man auch hätte anders reagieren können.

3. Fritz-Jakob ist inzwischen 50 Jahre alt, die Schönheit der Blonden ist etwas verblasst, sein Gegenüber sei aber immer noch 20 Jahre. Was passiert nun? Wieder baut sich nach der Verbalinjurie im Bizeps von Fritz-Jakob ein starkes Bereitschaftspotenzial auf, wieder passiert dies schneller, als ihm bewusst werden kann, und dennoch bleibt sein Arm dieses Mal brav in Ruhestellung.

Hat nun Bruder Kain – um biblisch zu sprechen – den freien Willen, seinen Bruder Abel zu erschlagen oder nicht? Warum schlägt Fritz-Jakob im Alter von 20 Jahren zu, aber drei Jahrzehnte später lässt er es doch besser bleiben? Weil weder beim „unfreien" (unbewussten) noch beim freien Willen nicht die Physiologie des Hirns über Aktion oder Nichtaktion entscheidet, sondern weil es die ganze Person – das ICH – ist, welches über sein Verhalten entscheidet (siehe Abb. 5). Das ganze ICH, welches auf einen komplexen Reiz hin eine komplexe Reaktion zeigt, wird von vielerlei Einflüssen und Faktoren bestimmt, welche teils konstant (besser konstitutiv), teils entwicklungs- (alters-) und situationsabhängig sind (raumzeit-different). Im Bild sind nur einige dieser Faktoren aufgezählt. Die genetische Grundkonstitution bildet eine erste Basis für die Persönlichkeit, etwa für das Temperament. So wird ein Choleriker in einer gegebenen Situation anders reagieren als ein Sanguiniker. Viel Unbewusstes spielt in jede Entscheidung mit hinein. Reflexartige Verhaltensmuster werden durch Angst, Unlust/Lust, Sym- und Antipathie in einer bestimmten Situation stark mitbestimmt (es ist bekannt, dass das limbische System, wie schon beim Schimpansen, auch beim Menschen jeden Gegenüber zuerst in Feind oder Freund kategorisiert).

Freie Entscheidung – freier Wille?

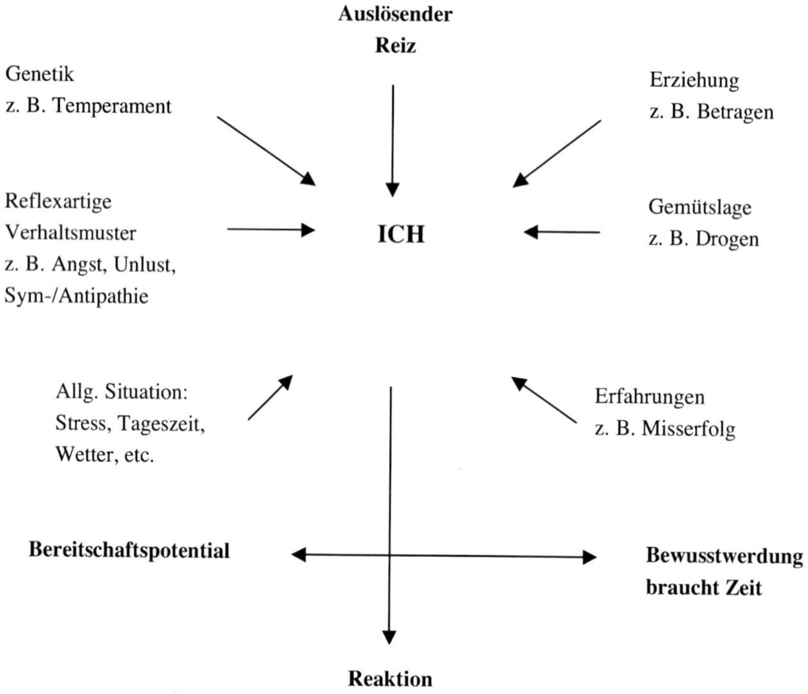

Abb. 5

Die allgemeine Situation, in der die ganze Szene sich abspielt, wird ebenso eine große Rolle spielen: Fühlt Fritz-Jakob sich frisch oder ermüdet, steht er unter Stress, was macht das Wetter mit ihm? Überhaupt seine Gemütslage: hat er schon ein Gläschen zuviel, oder durchlebt er gerade eine depressive Phase? Nicht zu vergessen, seine Kinderstube, die Erziehung im Elternhaus: hat er früh gelernt, sich in schwierigen Situationen zu beherrschen? Viele dieser Einflüsse werden im so genannten limbischen System des Hirns (phylogenetisch sehr alt), also im Unbewussten, bewertet und verrechnet. Das limbische System steht in ständiger Zwiesprache insbesondere mit dem Frontallappen der Großhirnrinde, der für

Selbststeuerung und Individualverhalten besonders wichtig ist[16]. Jeder einzelne Faktor kann dabei sein Vetorecht (s. oben) zur Geltung bringen. Physiologisch gesprochen werden aktivierende mit hemmenden Einflüssen verrechnet (Aktivierung und Inhibition).

Zweifelt immer noch jemand am freien Willen, muss mehr gesagt werden? Der Mensch ist nicht nur eine neurophysiologische Maschine, sondern auf dem genetischen Unterbau (physische Konstitution) bildet sich das ICH – je älter desto mehr – aufgrund seiner eigenen Erfahrungen und als Kulturprodukt seiner gesamten Umwelt. Die Summe aller Erfahrungen und sonstiger Faktoren in einer ganz bestimmten momentanen und örtlichen Umgebung werden sein komplexes Verhalten auf einen Reiz jeweils neu bestimmen. Oder anders gesagt: Weil jeder Mensch eben gerade erst durch all diese Faktoren zum Individuum (zum Unikat) wird, ist auch jede seiner Entscheidungen/Handlungen individuell (Kain hat Abel erschlagen, nicht nur weil seine Genetik halt so war wie sie war: Kain ist schuldig, weil schuldfähig). Obwohl vieles auf der unbewussten Stufe ablaufen wird, bleibt viel Raum für den freien Willen. Es ist nicht verwunderlich, dass diese Summenentscheidung ihm erst bewusst wird, nachdem sein ICH die ihm noch unbewusste, aber dennoch freie – weil individuelle – Entscheidung getroffen hat, weil auch die *Bewusstwerdung* aller zu summierenden Einflüsse Zeit benötigen wird.

Bleibt festzuhalten, dass die Libet-Experimente sicherlich ungeeignet sind, um daraus weit über die bloße Physiologie hinausreichende Schlüsse zu ziehen. Die Frage nach dem freien Willen kann von der Physiologie allein nicht behandelt werden. Von welcher Art Freiheit wird eigentlich gesprochen? Hinterfragt kann nur werden, wie viel freier „Momentan-Wille“ in eine komplexes Verhalten eingeht. Vielleicht hat die Diskussion wenigstens dazu gedient, auf breiterer öffentlicher Basis der tatsächlich irrigen Meinung entgegen zu wirken, als sei unser ganzes Verhalten durch einzelne, momentane Entscheidungen je neu („freiwillig“) bestimmt. Dies ist allerdings eine weit verbreitete Illusion. Freiheit ist mit Verantwortung siamesisch verschwistert. Spricht man dem Menschen seinen freien Willen ab, so entlässt man ihn auch aus jeder Verantwortung. Er würde nicht nur zum Tier, sondern zur Maschine degradiert. „Wirklich freie Menschen“

16 D. Falk, *Braindance – oder warum Schimpansen nicht steppen können*, Birkhäuser-Verlag: Basel 1994.

sind indessen rar. Der Grad der Freiheit ist sozusagen eine jedem Menschen eigene Individualerrungenschaft. Die elfjährige Göre, die zur Zigarette greift, tut dies nicht aus freiem Willen. Goethe, andererseits und zum Beispiel, hatte es in diesem Punkt weit gebracht, und die meisten von uns haben bis zu seiner Art von Freiheit noch einen weiten Weg vor sich. Die Diskussion um den freien Willen entpuppt sich somit als ein großes Missverständnis, an dessen medienwirksamer Verbreitung allerdings manch einer ein zweifelhaftes Interesse gehabt haben dürfte.

3. Stufe. Vernünftig Vermutetes über Geist und Gott

Wenn die Frage, was Geist physiologisch sein könnte, unerledigt bleibt, so ist es nur noch ein kleiner Schritt, inwieweit der Mensch sich mit der Frage nach „Was ist Leben?" beschäftigen kann. Die wohl-verdrahtete Maschine bleibt leblos, wer sollte sie zum Leben erwecken, wie könnte aus/in ihr Leben emergieren? Wie ist Leben denn in diese Welt gekommen?

> *Im Anfang war das Wort,*
> *Und das Wort war bei Gott,*
> *Und Gott war das Wort.*
> *Dasselbe war im Anfang bei Gott.*
> *Alle Dinge sind durch dasselbe gemacht,*
> *Und ohne dasselbe ist nichts gemacht, was gemacht ist.*
> *(Johannes-Evangelium 1)*

Gerade für Naturwissenschaftler kann dieser Auftakt des Johannes-Evangeliums vielleicht wie keine andere Bibelstelle Leitsatz des Nachdenkens über die Urgründe dieser Welt werden. Dieser kurze Text – scheinbar tautologisch sich im Kreis drehend – kann uns eine Vorstellung vermitteln von dem, was Gott sein könnte (*…und Gott war das Wort…*); er könnte auch im scheinbar unlösbaren Streit zwischen Kreationisten und Evolutionisten Brücken bauen. *„Alle Dinge sind durch dasselbe gemacht"* deutet doch auf eine Evolution in der Natur hin: Alles geht auf ein *„Eines"* – auf ein Wort zurück, aus diesem Einen entstehen (evolvieren) alle Dinge. Ersetzen wir den Begriff „Wort" durch „Ur-Gesetz" oder „Ur-Regel", so sind wir wohl nahe an dem, was Philosophen als Ur-Idee gesucht haben und Physiker als Weltformel immer noch suchen.

Viele Hirne – viele Welten: zur Begrenztheit menschlicher Welterfahrung

Nach der Tsunami-Katastrophe in Südostasien mussten Berge von menschlichen Leichen geborgen werden, aber man fand erstaunlich wenige Tierkadaver. Offenbar besaßen die Tiere ein Vorwarnsystem, das sie die Gefahr erahnen und in höher gelegene Regionen wandern ließ. Viele Tiere sind mit sensorischen Fähigkeiten ausgerüstet, die wir als Mensch selbst nur wenig oder auch gar nicht besitzen (Abb. 6). Beispiele hierfür sind das Sehvermögen von ultraviolettem oder von polarisiertem Licht bei Insekten, ebenso eine Art Echolot-Spürsinn, den Fische durch ihre Seitenlinie besitzen, bis hin zur Erdbeben-Sensititivität vieler Tiere.

Tiere nehmen die Welt anders wahr

Abb. 6

Unser Gehirn eröffnet uns also nur einen Ausschnitt aus dem Weltganzen. Unser Weltbild ist beschränkt durch das Spektrum unserer Wahrnehmungsmöglichkeiten. Eine Ratte sieht die Welt grau-in-grau, wir Menschen sehen die Welt – wenn es hell genug ist – ähnlich wie Vögel in wunderbaren bunten Farben: „viele Hirne – viele Welten".

Somit bleibt unser Denken über die Welt und unser Verstehen der Welt zwingend begrenzt, unser Unwissen über sie dürfte weitreichend sein. Wie Sokrates sollten wir wissen, „dass wir nichts wissen", und also mit Hypothesen leben müssen.

Das religionsfähige Gehirn als Zeichen der Menschwerdung

Bei aller beschränkten Wahrnehmungsfähigkeit, scheint dem menschlichen Gehirn Religionsfähigkeit aber immanent zu sein. Denn eines der eindeutigsten Zeichen der Menschwerdung und Triebfeder jeder Kulturbildung ist die Tatsache, dass in allen uns bekannten Kulturkreisen eine Form von Religion hervorgebracht wurde. Von keinem anderen Lebewesen gibt es Anzeichen für eine wie auch immer geartete Gottessicht. Menschen jedoch haben schon sehr früh Zeugnisse ihrer spirituellen Welt hinterlassen. Die Hominiden tauchen in der Zeit vor 5 bis 1 Millionen Jahren auf. Für den Neanderthaler, dessen erste Funde etwa 60.000 Jahre alt sind (der aber bis auf 500.000 Jahre zurückgehen dürfte[17]), sind Bestattungsriten nachzuweisen. Die Felsmalereien in den Höhlen von Lascaux oder Alta Mira datieren 15000-30000 Jahre zurück[18]. Die Erkenntnis des Menschen seiner eigenen Vergänglichkeit hat Fragen nach seinem Vorher und Nachher, nach Diesseits und Jenseits, hat Bestattungsrituale und hat Göttervorstellungen befördert. Diese waren bei Urvölkern wohl immer zuerst polytheistisch angelegt; monotheistische Religionen sind späte Zeichen fortgeschrittener Kulturentwicklung. Zweifellos war eine bestimmte Stufe in der strukturellen Hirnentwicklung notwendig, um stammesgeschichtlich den Schritt vom Primaten zu religionsfähigen Menschen tun zu können. War die Religionsfähigkeit ein Ziel oder nur ein zufälliges Nebenprodukt der menschlichen Evolution? Während die Hilfe übernatürlicher Kräfte, also Götter, dem frühen Menschen ein notwendiges Mittel war, um in einer insgesamt feindlichen Umwelt zu überleben, ihre immanente Präsenz ihm ein sinnvolles Weltverständnis vermitteln konnte, kann der moderne Mensch angesichts naturwissenschaftlicher Einsichten, insbesondere von Erkenntnissen der modernen Hirnforschung, offenbar mehr und mehr auf einen Glauben an Gott verzichten. Wissenschaftliche Aufklärung gepaart mit ökonomischer Effluenz scheint Transzendenz überflüssig zu machen. Ist die Religionsfähigkeit des Gehirns beim modernen Menschen obsolet geworden, wie unser Blinddarm ein phylogenetisches Relikt?

---

17 F. Schrenk, T. G. Bromage, *Adams Eltern. Expeditionen in die Welt des Frühmenschen*, Verlag C.H. Beck: München 2002.

18 J. W. van Huyssteen, In search of human uniqueness: theology in dialogue with paleoanthropology and neuroscience (unveröffentlichtes Manuskript zum Vortrag am 22.01. 2005 in Arnoldshain).

Das religiöse Hirnareal im Schläfenlappen – ein Gottesbeweis? (Neurotheologie)

Hat die menschliche Religionsfähigkeit sogar eine hirnstrukturelle Basis? Der amerikanische Neurobiologe Vilayanur Ramachandran hat entdeckt, dass Menschen, die an einer bestimmten Form von Epilepsie leiden, zu religiösen Visionen tendieren. Er glaubt, dass die Schläfenlappenregion unseres Großhirns maßgeblich am Entstehen religiöser und spiritueller Erfahrungen beteiligt ist und nennt diesen Hirnbereich das Gottesmodul. Der Radiologe und Religionswissenschafter Andrew Newberg berichtet, dass die Hirnaktivität bei betenden Nonnen und meditierenden buddhistischen Mönchen Ähnlichkeiten zeigt. Offenbar rufen Beten und Meditieren verwandte Erregungsmuster in einem als Orientierungsfeld bezeichneten Hirnareal hervor. Michael Persinger geht einen Schritt weiter und behauptet, dass er jedem Menschen unabhängig von seiner religiösen Einstellung Gotteserfahrungen vermitteln kann, indem er ihm Magnetfelder rund um den Schädel anlegt. Ab einer bestimmten Feldstärke haben die meisten seiner Probanden den zwingenden Eindruck, dass sich ein höheres Wesen unmittelbar hinter ihnen befindet (Engelserscheinungen).

Können solche „Gottesexperimente" einen eingefleischten Atheisten, wie es etwa der Evolutionsbiologe Richard Dawkins ist, bekehren? Wohl kaum. Selbst wenn religiöse Empfindungen bei ihm induziert würden, wäre dies für Dawkins noch lange kein Beweis der Existenz Gottes, weil er das Phänomen mit verschiedenen Begründungen wissenschaftlich „wegerklären" könnte. So würde er etwa sagen, dass der Erwerb von Spiritualität und Ausübung religiöser Rituale im Verlauf der Evolution zu einem festeren Sozialgefüge (Verantwortungsgefühl, Weitsichtigkeit) menschlicher Gemeinschaften beigetragen hat, also die Fitness der Spezies Mensch erhöht haben könnte. Oder er könnte einwenden, dass prä- oder postnatale Umwelteinflüsse das unreife Gehirn zur Anlage eines Gottesmoduls gebracht haben. Im Sinne eines Dialogs zwischen Theologie und Naturwissenschaften wird somit diese Art der Forschung (Neurotheologie) wohl wenig vermitteln können. Auch wenn derartige Studien noch weitere faszinierende Offenbarungen erwarten lassen, so werden sie als Gottesbeweis alle nicht taugen. Wer Atheist sein will, wird es bleiben.

Rationalität & Gottesbedürftigkeit – ein „*szientologischer Gottesbeweis*"

Längstens hat man sich in der Philosophie darauf geeinigt, dass es den unumstößlichen Gottesbeweis nicht gibt. Auch das Folgende ist keiner. Sofern jedoch den oben genannten Ausführungen über die Unerklärbarkeit des Geistes sowie der Beschränktheit unserer Weltsicht gefolgt wurde (hier ist intellektuelle Selbstbescheidung angesagt), soll dargelegt werden, warum gerade Naturwissenschaftler zu einem positiven Gottesbegriff kommen könnten (etwas, was bis ins 19. Jahrhundert im Übrigen selbstverständlich war; man denke an den Theologen Darwin oder den Mönch Mendel).

Was zeichnet den Beruf eines Wissenschaftlers aus, was ist sein ureigenstes Tun? Der Naturforscher versucht, die Welt dadurch zu verstehen, dass er Phänomene rational erklären möchte. Dies tut er, indem er sie genau beobachtet, beschreibt und dadurch nach ihren Ursachen forscht. Er stellt Hypothesen über das Phänomen auf und versucht, seine Annahmen durch Experimente zu bestätigen oder zu widerlegen. Ein Wissenschaftler ist also seiner ganzen Natur nach ein *Ursachen-Sucher*. Eine Sache, die nicht durch eine Ursache erklärt werden kann, muss für ihn, weil unbegründet und bodenlos, als unbewiesen, dubios, un"wahr" gelten. Grundlage seiner Weltsicht ist die Vernunft, und nur die Vernunft. Wahr und sinnvoll ist für ihn, was eine vernünftige Begründung hat. Je mehr er sich als Materialist versteht und äußert, desto mehr wird er sich auf diese Grundhaltung der Vernunft berufen, und – häufig – wird er sich desto distanzierter gegenüber Religion(en) zeigen. Weil Glauben mit Nichtwissen gleichgesetzt wird, scheint eine Distanz zwischen Naturwissenschaft und Religion heute oft naturgegeben zu sein. Ein gläubiger Mensch sieht sich Wissenschaftlern gegenüber häufig einem unterschwelligen Misstrauen, gar einem arrogant herablassenden Bedauern ausgesetzt. Ebenso dürfte es zutreffen, dass die große Mehrheit der heutigen Hirnforscher sich als Materialisten sehen. Dies soll genauer betrachtet werden: ist ein gläubiger Wissenschaftler ein Widerspruch in sich selbst, ein Mensch mit gespaltener Persönlichkeit, der am Labor- und Schreibtisch seine Vernunft einsetzt, sonntags jedoch transzendenter Mystik nachhängt?

Stufen der Organisation & unendlicher Regress

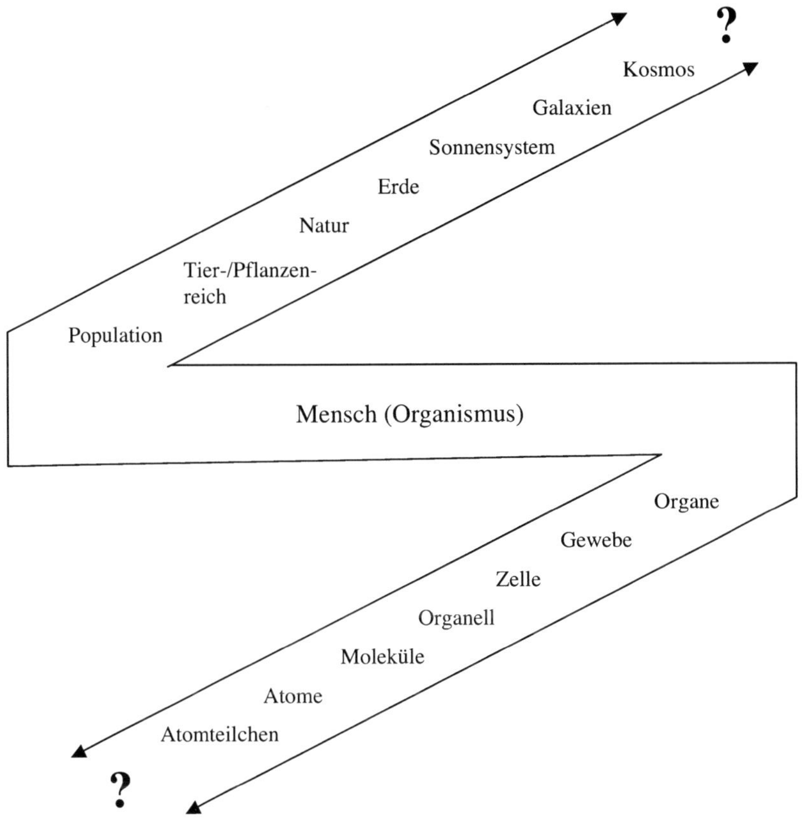

Abb. 7

Wie verhält es sich etwa mit einem Biologen, der nach Ursachen in der belebten Natur sucht? Ein Biologe betrachtet einen Organismus (Mensch, Tier, Pflanze) als aus Organen zusammengesetztes physiologisches System (Abb. 7). Für ihn wäre also eine ursächliche Erklärung für die Existenz von Organismen das strukturelle und physiologische Zusammenwirken der verschiedenen Organe. Organe ihrerseits sind aus Geweben, Gewebe aus bestimmten Zellen, und Zellen aus Organellen zusammengesetzt. Ihre Bestandteile werden durch ein komplexes Zusammenspiel sehr großer Moleküle (Proteine, Nukleinsäuren, Lipide, Kohlenhydrate) und kleiner Moleküle organisiert. So bildet eine niedrigere Organisationsstufe immer die Begründung – die Ursache – für die nächst höhere. Molküle bestehen aus Atomen, Atome aus Atomteilchen. Der Zirkus der Teilchenphysik selbst bleibt vorerst unüberschaubar. Wo ist das Ende hin zu den kleinsten Teilchen, wo endet der Kosmos? Zum Großen führen die Stufen über Populationen zum Tier- bzw. Pflanzenreich, zur belebten und unbelebten Natur, zu Erde, Planeten und Sonnen, zu Galaxien und dem ganzen Kosmos. Wie wenn Kinder auf „Was sitzt denn auf dem Zweigerl?" im Kehrreim singen „Vogerl aufm Zweigerl, Zweigerl am Astl, Astl am Baum…", endet der Mensch bei diesen Betrachtungen in einem unendlichen Regress.

Sowohl im Kleinsten wie bei Betrachtung des Kosmos kommen wir an Grenzen: Angenommen wir wüssten, was das ultimativ kleinste Teilchen ist, müssten wir dann nach dem Grund seiner Existenz fragen. Gibt es eine Nicht-Materie? Erwächst alle Materie aus der Strahlung? Wenn ja, warum und wodurch gibt es Strahlung? Ist der Kosmos endlich oder unendlich? Wäre er endlich, wird man fragen, was sich außerhalb dieser Endlichkeit findet? Nichts? Aber was heißt das – Nichts? Gibt es einen Nicht-Raum? Ist ein unendlicher Raum vorstellbar? Grenzen unserer Denkfähigkeit sind erreicht. Zwar kann man in der Mathematik mit vieldimensionalen Räumen rechnen, die menschliche Vorstellungskraft reicht jedoch nicht aus, solche Grenzbetrachtungen vernünftig zu fassen und mit Einsicht zu erfüllen.

Unser Gehirn scheint nicht dafür geschaffen zu sein, mit dieser Art von Fragen umzugehen. Der denkende Mensch, der Naturwissenschaftler allemal, gerät angesichts solcher Grenzen in einen *intellektuellen Notstand.* Bemerkenswert, wie sich im Kinderreim das Regressproblem wie von alleine durch den versöhnlichen Allgemeinplatz auflöst „..drunt'n in der Grünau, steht a Birnbaum schee blau", als habe das Kind akzeptiert, dass man den Birnbaum halt niemals durch Auflösung in seine Einzelteile vollständig verstehen wird, aber festzuhalten sei auf alle Fälle, dass er in seiner Ganzheit eben schön ist (holistische Betrachtung). Niemand sucht so sehr nach Ursachen, wie der Wissenschaftler. Verschließt er die Augen vor diesen Grenzen, muss – aus meiner Sicht – ein wesentlicher Mosaikstein in seinem gesamten Weltbild fehlen. Sein Zustand ist, als ob er einen riesigen Gewölbebau bis auf den letzten, alles zusammenhaltenden Stein beendet hätte, und er dann merkt, wie ohne dieses letzte „Steinlein" sein Gebäude nicht zu halten ist, es fällt in sich zusammen. In dieser rational begründeten intellektuellen Notlage erscheint es unausweichlich, dem unendlichen Regress durch Annahme einer Ur-Ursache ein Ende zu setzen. Die ganze Materie, ja selbst alle Strahlung, der ganze Kosmos sind doch nicht einfach da, ohne dass sie einen Grund haben. Diese Ur-Ursache, die Grund für das geringste Nichts und über die unendlichste Unendlichkeit hinausreicht, kann man dann getrost als GOTT bezeichnen. So betrachtet, benötigt niemand eine Gottesvorstellung so sehr, wie eben der etwas tiefer schürfende Wissenschaftler. Der Naturforscher braucht als letzte Ursache das letzte ETWAS, weil er sich in einem Begründungsnotstand wieder findet, den ich als *rationale Gottesbedürftigkeit* bezeichnen möchte.

Gott, Geist und Gehirn: zum Sinn des Ganzen

Überschauen wir den langen Weg eines Menschen von der Befruchtung des Eis, über seine Geburt, seine Jugendjahre (Adoleszenz), seine Wirkung als Erwachsener bis hin ins hohe Alter, so kann sicherlich die Sicht des Hirnforschers besonders fruchtbar sein im Hinblick auf die Frage, was den Menschen vom Tier unterscheidet. Die pränatale Hirnreifung ist in vielem mit der Hirnentwicklung von Wirbeltieren, insbesondere der von Primaten vergleichbar. Bald aber nach der Geburt richtet sich der Mensch auf und macht dabei einen entscheidenden Schritt, der ihn von den Tieren unterscheidet. Sein postnatales Hirn ist noch sehr unreif, hat aber durch eine besonders dem Menschen eigene, lang andauernde plastische Entwicklungsphase die Fähigkeit, schnell und intensiv zu lernen (... Mensch ist mit Vernunft begabt). Während in der Frühphase sein Verhalten (und Lernen) – ähnlich wie bei Tieren – vor allem auf Nachahmung beruht, lernt er später mehr und mehr selbständig zu denken und zu urteilen. Erst dadurch kann er mental (und möglicherweise später spirituell) „frei" werden. Das menschliche Gehirn bleibt zeitlebens, wenn auch in stark eingeschränktem Maße, plastisch und damit lern- und erfahrungsfähig. Es bildet sich nach und nach in der Person etwas, was man im Deutschen mit „Geist" bezeichnet, das Neugeborene besitzt noch keinen Geist. Mit seinen geistigen Fähigkeiten kann der Mensch im Lauf der Jahre viele Fertigkeiten entwickeln (Handwerk, Kunst, Beruf) und kann Gedanken denken, die vor ihm noch niemand gedacht hat. Manch einer sammelt im Lauf seines Lebens sehr viel Wissen über die Welt an, und manch einer wird dabei allmählich erkennen, wie begrenzt sein Wissen ist, gemessen am Wissbaren in der Welt. Auf dieser Stufe wird das menschliche Gehirn zu einer Geisteshaltung fähig, die man als Demut ansprechen könnte. Je mehr diese Hirnfähigkeit entwickelt ist, desto mehr wird der Mensch einen Urgrund suchen und vermissen. Wo dann der fehlende Urgrund zum geistigen Notstand wird, können Welt-Wissen und Gott-Glaube sich treffen und befrieden.

Die Fortschritte der Hirnforschung sind nichts weniger als *stunning* (gleichermaßen verblüffend wie beeindruckend). Sie zeugen von der scheinbar unendlichen Leistungsfähigkeit unseres Gehirns, und sie werden uns im medizinischen Bereich noch viel Erstaunliches und Hilfreiches bringen. Wie jede andere Wissenschaft, führt uns gerade jedoch die Neurowissenschaft an Grenzen ihrer Erklärungskraft. Die sichtende Beschäftigung mit Grenzen der Hirnforschung kann sehr produktiv sein. Ist es etwa so, dass uns die vielen Hirnwindungen, die wir durch die lange Evolution erworben haben, und die bei unserer Geburt noch wenig ausgereift sind, erst zum Menschen machen? Die evolutiv erworbene Plastizität ermöglicht unserem Gehirn Lernen und Erfahrungen bis ins hohe Alter. Und so könnte dieses komplexeste Organ im Kosmos so strukturiert sein, die Welt gerade so weit durchschauen zu können, dass wir als Essenz des Lebens Gott - in welcher Form auch immer - notwendig denken müssen.

Dem heutigen „aufgeklärten" westlichen Menschen (aufgeklärt? Vielleicht war der menschliche Geist nie beschränkter als in der heutigen Konsumwelt?) kann Glaube an Gott nicht mehr aufoktroyiert werden (vom Kleinkindesalter an durch Rituale, Kirchgang, etc.), noch scheint er sich die „Naivität" erhalten zu haben, eigene mystische Erfahrungen sammeln zu können. Gegenüber Naturvölkern wurden wir in dieser Hinsicht verbildet. Unser Hirn also ein stammesgeschichtliches Relikt, wie der Blinddarm? Wenn wir die Dinge im obigen Licht betrachten, dann kommt der Glaube *nicht vor, sondern nach* dem Wissen, diese „vernünftig vermutete" Existenz Gottes zwingt sich erst nach langem Denken über diese Welt selbst auf. Dass zu einer solchen Weltsicht auch viele der größten Denker immer wieder gekommen sind, kann auch heute noch Rückversicherung sein. Auf Anselm von Canterbury zurückgehend, beinhaltete der Begriff Gott für Descartes das Allumfassende, Allwissende (ontologischer Gottesbeweis). Für Kant war es die dem Menschen inhärente Moral, die einen Gott notwendig machten (moralischer GBW); Voltaire hat seine Gotteszweifel noch auf dem Sterbebett aufgegeben. Für Goethe zeigte sich das Göttliche wohl vor allem in der Erkenntnis von Einheit und Vielfalt in der Natur. Mit seinem „heiligen

Räthsel“ (s. oben) war Goethe nicht weit entfernt von Aristoteles, für den es eine Ur-Ursache gab, die – selbst ruhend – alles andere bewegt (kosmologischer GBW). Zu dieser Art von Weltsicht, bei der der letzte Mosaikstein der Vernunft nach notwendig ist, aber dennoch Vermutung bleiben muss, kann man sich auch als moderner Hirnforscher gerne bekennen.

Die Autoren

Hermann Düringer, Dr. theol., geb. 1947, studierte Theologie und Philosophie; Pfarrer der Evangelischen Kirche in Hessen und Nassau, seit 1999 Studienleiter und seit 2000 Direktor der Evangelischen Akademie Arnoldshain.
Arbeitsschwerpunkte an der Akademie: Nord-Süd-Beziehungen, Friedens- und Sicherheitspolitik, Zivilgesellschaft und Demokratieentwicklung, Kirche und Staat, religionssoziologische und theologische Themen.

Ulrich Eibach, Prof. Dr. theol., geb.1942; Studium und Staatsexamen in Biologie, Philosophie und Ev. Theologie; seit 1981 Pfarrer am Universitätsklinikum Bonn-Venusberg und Beauftragter der Ev. Kirche im Rheinland für Fortbildung und Fragen der Ethik in Biologie und Medizin; 1991 Habilitation in Bonn; 1997 apl. Professor für Systematische Theologie und Ethik an der Universität Bonn; Mitglied der „Akademie für Ethik in der Medizin" (Göttingen).
Wichtigste Veröffentlichungen zur Ethik in Biologie und Medizin : *Medizin und Menschenwürde* (1976) 5. Aufl. 1997*; Seelische Krankheit und christlicher Glaube*, 1992; *Sterbehilfe – Tötung aus Mitleid?* 1998; *Menschenwürde an den Grenzen des Lebens. Einführung in Fragen der Bioethik aus christlicher Sicht*, 2000; *Gentechnik und Embryonenforschung: Leben als Schöpfung aus Menschenhand? Ethische Fragen in christlicher Sicht* (2002). 2. Aufl. 2005.

Hans Günter Gassen, Prof. Dr. rer. nat., geb. 1938; 1958–1964 Studium der Chemie in Marburg; Dissertation im Bereich Proteinchemie. Zweijähriger Forschungsaufenthalt am Oak Ridge Laboratorium, USA 1967–1969; 1969–1971 Mitarbeit am Max-Planck-Institut für Experimentelle Medizin in Göttingen; 1972 Habilitation an der Universität Münster; 1973 C4 Professor und Leiter des Fachgebietes Biochemie an der Technischen Universität Darmstadt; sechs Jahre Leiter des Forschungsverbundes „Angewandte Gentechnik" und von 1992–1998 Vorsitzender der Fachgruppe Biochemie der GDCh. Gründer und Gesellschafter der B.R.A.I.N. GmbH, GENIUS GmbH und N-Zyme BioTec

GmbH. Seit 1998 Beauftragter für Biotechnologie der Hessischen Technologiestiftung; Emeritus seit April 2004.

Christian Hoppe, Dr. rer. nat., Dipl.Psych. Dipl.Theol., geb. 1967, studierte katholische Theologie und Psychologie an der Hochschule der Redemptoristen in Hennef/Sieg und an der Universität Bonn, 1997-98 Max-Planck-Institut für neuropsychologische Forschung Leipzig, seit 1998 als Neuropsychologe an der Universitätsklinik für Epileptologie in Bonn tätig. 2004 Promotion an der Universität Bielefeld mit einer experimentell-neuropsychologischen Frage zu akuten kognitiven Effekten der elektrischen Vagusnerv-Stimulation bei Epilepsiepatienten. Vortragstätigkeit im Themenkreis von Hirnforschung und Philosophie/Theologie seit 2001.

Robert-Benjamin Illing, Prof. Dr. rer. nat., geb. 1953 in Berlin-Mariendorf, Studium der Biologie an der Universität Konstanz. Weiterführende Ausbildung und Berufspraxis am Max-Planck-Institut in Tübingen, am Massachusetts Institute of Technology in Cambridge/USA, und an der Albert-Ludwigs-Universität in Freiburg im Breisgau. Habilitation für die Fächer Neurobiologie und Biophysik, Leiter des Neurobiologischen Forschungslabors an der Universitäts-HNO-Klinik Freiburg i. Br., Autor von über 50 Fachartikeln zu verschiedenen Aspekten der Gehirnforschung. Aus seinem langjährigen Interesse an den geschichtlichen Wurzeln seines Fachgebietes und aus seiner Mitarbeit an zwei Lexikonprojekten (Spektrum Akademischer Verlag/Heidelberg) sind außerdem mehrere Veröffentlichungen über die Geschichte der Gehirnforschung entstanden.

Paul G. Layer, Prof. Dr. rer. nat., geb. 1948, Studium der Ernährungswissenschaften in Stuttgart-Hohenheim 1969–73, Promotion 1976 in Neurochemie an der Universität Konstanz, Postdoc an der Medical School der Stanford Universität 1977–79; wiss. Mitarbeiter und Heisenberg-Stipendiat am MPI für Entwicklungsbiologie Tübingen 1980–90; Habilitation 1984 an der Universität Tübingen; seit 1991 Lehrstuhlinhaber für Entwicklungsbiologie & Neurogenetik an der TU Darmstadt. Vielfältige Forschungsarbeiten zur Embryonalentwicklung des Nervensystems von Huhn und Maus, insbesondere zum visuellen System und der Netzhaut; Zellkulturarbeiten u. a. mit Stammzellen mit dem Ziel der

Rekonstruktion einer Retina (Tissue Engineering); Seminare zur Bioethik der Stammzellbiologie.

Matthias Petzoldt, Prof. Dr. theol, geb. 1948. Nach dem Studium der Evangelischen Theologie in Leipzig und Naumburg 1967–1972 Pfarrer in Bautzen 1977–1985, Promotion 1984 (Leipzig), Habilitation 1992 (Neuendettelsau), Assistent, Dozent und Professor für Systematische Theologie an der Kirchlichen Hochschule Leipzig bis 1992, seit 1994 Professor für Fundamentaltheologie und Hermeneutik an der Theologischen Fakultät der Universität Leipzig.
Aus den Veröffentlichungen: *Gottmensch und Gattung Mensch. Studien zur Christologie und Christologiekritik Ludwig Feuerbachs*, Berlin 1989; *Christsein angefragt. Fundamentaltheologische Beiträge*, Leipzig 1998; zusammen mit W. G. Jeanrond Art. Fundamentaltheologie. *RGG*[4] *Bd. 3* (2000), 426-436; *Autorität der Schrift und Lehrvollmacht der Kirche*, Leipzig 2003; *Evangelische Fundamentaltheologie in der Diskussion*, Leipzig 2004. Mitherausgeber der „Berliner Theologischen Zeitschrift“ und der Buchreihe „Theologie – Kultur – Hermeneutik“.

Wolf-Rüdiger Schmidt, Dr. phil., geb. 1939. Journalist seit 1964, Fernsehredakteur (ZDF), Redaktionsleiter im Bereich Kultur und Wissenschaft bis 2002, Autor und Redakteur u. a. der Reihen „Tagebuch“, „Kontakte“, „Kontext“, „37°“, zahlreiche Filme, u. a. „Ich heiße Rhein, du bringst mich um“, „Der Mensch, ein Vetter der Tiere“, „Urknall und Sternenstaub“, „Frühling in Galiläa“, „Letzte Tage in Jerusalem“, „Diesseits der Todeslinie – Dietrich Bonhoeffers Weg in den Widerstand“; Aufsätze zu medienpolitischen Fragen und zum Dialog „Naturwissenschaft und Religion“; Bücher u. a. *Leben ist mehr* (5.Auflage 1989), *Leben ohne Seele? Tier – Religion – Ethik* (1991), *Geliebte und andere Tiere im Judentum, Christentum und Islam* (1996), zuletzt 2003 *Der Schimpanse im Menschen* und 2004 (zus. mit I. Pollatscheck) *Der brennende Dornbusch – Glanz und Elend der Juden in Europa.*

Arnoldshainer Texte

Band 7: Licharz, Werner (Hrsg.): **Dialog mit Martin Buber**. 1982. 452 Seiten, Paperback € 24,60. SFr. 44,20. ISBN 3-88129-521-6

Band 8: Licharz, Werner (Hrsg.): **Wie können wir heute verantwortlich von Gott reden?** Mit einem Beitrag von Hermann Dembowski: Gott im Wort. 1982. 291 Seiten, Paperback € 17,80. SFr. 32,10. ISBN 3-88129-561-5

Band 9: Licharz, Werner (Hrsg.): **Heil für die Christen - Unheil für die Juden?** Von der Notwendigkeit des Gesprächs und des gemeinsamen Zeugnisses. 1982. 123 Seiten, Paperback € 8,60. SFr. 15,50. ISBN 3-88129-568-2

Band 11: Sievering, Ulrich O. (Hrsg.): **Schule und Praxisschock**. Beiträge zur Berufsbezogenheit der Lehrerausbildung. 1982. 244 Seiten, Paperback € 15,30. SFr. 27,50. ISBN 3-88129-581-X

Band 12: Harms, Jens (Hrsg.): **Das Multinationale Unternehmen im sozialen Umfeld.** Ökonomische und ethische Aspekte. 1983. 119 Seiten, Paperback € 8,60. SFr. 15,50. ISBN 3-88129-629-8

Band 13: Stöhr, Martin (Hrsg.): **Leben - Zusammenleben - Überleben.** Wirklichkeit und Verwirklichung von Gerechtigkeit und Befreiung, Frieden und Liebe, Schöpfung und Hoffnung. 1983. 140 Seiten, Paperback € 8,60. SFr. 15,50. ISBN 3-88129-646-8

Band 14: Stöhr, Martin (Hrsg.): **Theologische Ansätze zum religiösen Sozialismus.** 1983. 140 Seiten, Paperback € 8,60. SFr. 15,50. ISBN 3-88129-647-6

Band 15: Stöhr, Martin (Hrsg.): **Judentum im christlichen Religionsunterricht.** 1983.172 Seiten Paperback € 10,20. SFr. 18,30. ISBN 3-88129-648-4

Band 16: Stöhr, Martin (Hrsg.): **Das Erbe der Bekennenden Kirche.** 1983. 140 Seiten, Paperback € 8,60. SFr. 15,50. ISBN 3-88129-599-2

Band 17: Stöhr, Martin (Hrsg.): **Abrahams Kinder.** Juden - Christen - Moslems. 1983. 176 Seiten, Paperback € 10,20. SFr. 18,30. ISBN 3-88129-883-2

Band 18: Sievering, Ulrich O. (Hrsg.): **Ökologischer Landbau.** Beiträge zu seinen praktischen und geistigen Grundlagen. 1983. 162 Seiten, Paperback € 10,20. SFr. 18,30. ISBN 3-88129-704-9

Band 21: Schäfer, Karl Heinrich / Ulrich O. Sievering (Hrsg.): **Ausländerrecht contra Resozialisierung?** Beiträge zur Problematik straffällig gewordener Ausländer in der Bundesrepublik Deutschland. 1984. 190 Seiten, Paperback € 12,70. SFr. 22,90. ISBN 3-88129-745-6

Band 22: Sievering, Ulrich O. (Hrsg.): **Politisches Asyl und Einwanderung.** Die Unterbringung von Asylbewerbern in der Bundesrepublik Deutschland im Lichte von historischer Entwicklung und Menschenrecht. 1984. 240 Seiten, Paperback € 15,30. SFr. 27,50. ISBN 3-88129-757-X

Band 24: Licharz, Werner (Hrsg.): **Lernen mit Franz Rosenzweig.** 2. Auflage 1987. XVIII, 343 Seiten, Paperback € 19,50. SFr. 35,00. ISBN 3-89228-114-9

Band 25: Harms, Jens / Doron Kiesel / Achim von Loesch / Bernhard Suin de Boutemard (Hrsg.): **Alternativökonomie und Gemeinwirtschaft.** 2. Auflage 1987. VI, 159 Seiten, Paperback € 11,70. SFr. 21,00. ISBN 3-89228-101-7

Band 29: Nickel, Egbert / Ulrich O. Sievering (Hrsg.): **Gewissensentscheidung und demokratisches Handeln.** 1984. VI, 110 Seiten, Paperback € 8,60. SFr.15,50. ISBN 3-88129-860-6

Band 30: Licharz, Werner (Hrsg.): **Nicht Du trägst die Wurzel - die Wurzel trägt Dich.** Hanna Wolff und die Frage nach einer christlichen Identität. 1985. VIII, 99 Seiten, Paperback € 7,60. SFr. 13,70. ISBN 3-88129-880-0

Band 36: Henrix, Hans-Hermann / Werner Licharz (Hrsg.): **Welches Judentum steht welchem Christentum gegenüber?** 1985. 129 Seiten, Paperback € 10,20. SFr.18,30. ISBN 3-88129-924-6

Band 37: Stöhr, Martin (Hrsg.): **Zur biblischen Begründung sozialethischen Handelns.** 1985. VI, 50 Seiten, Paperback € 5,60. SFr. 10,00. ISBN 3-88129-929-7

Band 39: Link, Hans-Georg / Martin Stöhr: **Der Herr des Lebens.** Jüdische und christliche Interpretationen in der Ökumene.1985. VIII, 177 Seiten, Paperback € 12,70. SFr. 22,90. ISBN 3-88129-951-3

Band 40: Licharz, Werner / Peter Lutze / Josef Schädle: **Mit geistig behinderten Menschen zusammenleben.** 1985. VI, 60 Seiten, Paperback € 6,60. SFr. 11,80. ISBN 3-88129-960-2

Band 41: Licharz, Werner / Bruno Wilke (Hrsg.): **Juden und Christen.** Informationen und Unterrichtsangebote für den Religionsunterricht. 1986. VIII, 193 Seiten, Paperback € 10,20. SFr. 18,30. ISBN 3-89228-040-1

Band 43: Stöhr, Martin (Hrsg.): **Ziviler Ungehorsam und rechtsstaatliche Demokratie.** 1986. VI, 134 Seiten, Paperback € 10,20. SFr. 18,30. ISBN 3-89228-061-4

Band 44: Stöhr, Martin (Hrsg.): **Von der Verführbarkeit der Naturwissenschaft.** Naturwissenschaft und Technik in der Zeit des Nationalsozialismus. 1986. VI, 123 Seiten, Paperback € 10,20. SFr. 18,30. ISBN 3-89228-062-2

Band 45: Frasch, Gerhild / Franz Grubauer / Doron Kiesel / Fritz-Rüdiger Volz (Hrsg.): **Geduld, sage ich, eine Abkürzung gibt es nicht.** Gespräche während einer Israel-Reise. 1987. VIII, 191 Seiten, Paperback € 15,30. SFr. 27,50. ISBN 3-89228-095-9

Band 46: Stöhr, Martin (Hrsg.): **Die Erste Reformation.** 1987. VI, 103 Seiten, Paperback € 10,20. SFr. 18,30. ISBN 3-89228-109-2

Band 47: Sievering, Ulrich O. (Hrsg.): **Behandlungsvollzug - Evolutionäre Zwischenstufe oder historische Sackgasse?** Problem Strafhaft - Alternative Sanktionen.1987. VI, 328 Seiten, Paperback € 23,10. SFr. 41,40. ISBN 3-89228-110-2

Band 48: Harms, Jens (Hrsg.): **Sozialstaat und Marktwirtschaft.** 1987. VI, 199 Seiten, Paperback € 15,30. SFr. 27,50. ISBN 3-89228-130-0

Band 52: Goeschel, Albrecht / Jens Harms (Hrsg.): **Raumordnung und Sozialpolitik.** 1988. VI, 127 Seiten, Paperback € 12,70. SFr. 22,90.
ISBN 3-89228-232-3

Band 54: Sievering, Ulrich O. (Hrsg.): **Kritischer Rationalismus heute.** 2. Auflage 1989. VI, 268 Seiten, Paperback € 20,40. SFr. 36,70. ISBN 3-89228-335-4

Band 55: Harms, Jens (Hrsg.): **Risiken der Genetik.** 1988. VI, 104 Seiten, Paperback E 10,20. SFr. 18,30.
ISBN 3-89228-250-1

Band 56: Schäfer, Karl Heinrich / Ulrich O. Sievering (Hrsg.): **Justizvollzug und Straffälligenhilfe als Gegenstand evangelischer Akademiearbeit.** 1989. VI, 154 Seiten, Paperback € 15,30. SFr. 27,50.
ISBN 3-89228-312-5

Band 57: Licharz, Werner / Heinz Schmidt (Hrsg.): **Martin Buber (1878-1965). Internationales Symposium zum 20. Todestag.** Band 1: Dialogik und Dialektik. 2., durchgesehene Auflage 1991. XIV, 310 Seiten, Paperback € 24,60. SFr. 44,20.
ISBN 3-89228-605-1

Band 58: Licharz, Werner / Heinz Schmidt (Hrsg.): **Martin Buber (1878-1965). Internationales Symposium zum 20. Todestag.** Band 2: Vom Erkennen zum Tun des Gerechten. 2., durchgesehene Auflage 1991. XII, 332 Seiten, Paperback € 24,60. SFr. 44,20.
ISBN 3-89228-606-X

Band 59: Harms, Jens / Fritz Rüdiger Volz: **Arbeit und Wirtschaft.** Beiträge zu Ökonomie und Ethik. 1989. VI, 311 Seiten, Paperback € 20,40. SFr. 36,70.
ISBN 3-89228-373-7

Band 60: Schmidt-Ohlemann, Matthias / Jens Harms (Hrsg.): **Soziale Netzwerke und Regionalisierung - Perspektiven für Behinderte.** 1990. 124 Seiten, Paperback € 12,70. SFr. 22,90. ISBN 3-89228-419-9

Band 62: Feltes, Thomas / Ulrich O. Sievering (Hrsg.): **Hilfe durch Kontrolle?** Beiträge zu den Schwierigkeiten von Sozialarbeit als staatlich gewährter Hilfe. 1990. 130 Seiten, Paperback € 11,70. SFr. 21,00.
ISBN 3-89228-445-8

Band 63: Licharz, Werner / Heidi Karg / Jens Harms (Hrsg.): **Leben in der Begegnung.** Deutsche und Polen auf dem Weg zueinander. 1990. 92 Seiten, Paperback € 8,60. SFr. 15,50. ISBN 3-89228451-2

Band 64: Neuhaus, Dietrich (Hrsg.): **Teufelskinder oder Heilsbringer - die Juden im Johannes-Evangelium.** 2. Auflage 1993. 200 Seiten, Paperback € 17,80. SFr. 32,10. ISBN 3-86137-074-3

Band 65: Kiesel, Doron/Ernst Karpf (Hrsg.): **Identität und Erinnerung.** Zur Bedeutung der Shoa für die israelische Gesellschaft. 1990. 176 Seiten, Paperback € 15,30. SFr. 27,50. ISBN 3-89228-513-6

Band 66: Siegele-Wenschkewitz, Leonore/Gerda Stuchlik (Hrsg.): **Hochschule und Nationalsozialismus.** Wissenschaftsgeschichte und Wissenschaftsbetrieb als Thema der Zeitgeschichte. 1990. 156 Seiten, Paperback € 15,30. SFr. 27,50, ISBN 3-89228-517-9

Band 68: Determann, Barbara/Ulrike Hammer/Doron Kiesel (Hrsg.): **Verdeckte Überlieferungen.** Weiblichkeitsbilder zwischen Weimarer Republik, Nationalsozialismus und Fünfziger Jahren. 1991. 184 Seiten, Paperback € 17,80. SFr 32,10. ISBN 3-89228-690-6

Band 69: Moltmann, Bernhard (Ed./Hrsg.): **Beyond the Cold War / Nach dem Kalten Krieg.** Evolving a Concept of Responsible International Development / Auf der Suche nach einem Konzept verantwortlicher Entwicklung. Report of the Conference, held at the Protestant Academy Arnoldshain, September, 24-28, 1990, sponsored by Evangelischen Akademien in Deutschland/ German Protestant Academies (Org. Fritz Erich Anhelm) Vesper International (Org. Harlan Stelmach). 1991.148 Seiten, Paperback € 14,80. SFr. 26,50. ISBN 3-89228-6914

Band 70: Proksch, Roland/Ulrich O. Sievering (Hrsg.): **Förderung der gemeinsamen elterlichen Verantwortung nach Trennung und Scheidung.** Neue Aspekte durch neue Regelungen im vereinigten Deutschland. 4. Kleiner Arnoldshainer Familiengerichtstag. 1991. 228 Seiten, Paperback € 20,40. SFr. 36,70. ISBN 3-89228-7074

Band 73: Jansen, Mechtild M./Doron Kiesel/Heike Deul (Hrsg.): **Rechtsradikalismus.** Politische und sozialpsychologische Zugänge. 1992. 144 Seiten, Paperback € 14,80. SFr. 26,50. ISBN 3-89228-823-2

Band 74: Moltmann, Bernhard (Hrsg.): **Sicherheitspolitik in den 90er Jahren.** Politische und ethische Positionsbestimmungen für die Bundeswehr. 2. Auflage 1993. 120 Seiten, Paperback € 12,70. SFr. 22,90.
ISBN 3-86137-002-6

Band 75: Bechinger, Walter (Hrsg.): **Zukunftsaufgabe Umweltbildung.** 1993. 124 Seiten, Paperback € 12,70. SFr. 22,90. ISBN 3-89228-957-3

Band 76: Abarbanell, Stephan/Claudia Cippitelli/ Dietrich Neuhaus (Hrsg.): **Fernsehen verstehen.** 1993. 212 Seiten, Paperback € 20,40. SFr. 36,70.
ISBN 3-89228-958-1

Band 77: Siegele-Wenschkewitz, Leonore (Hrsg.): **Die evangelischen Kirchen und der SED-Staat - ein Thema Kirchlicher Zeitgeschichte.** 1993. 164 Seiten, Paperback € 16,80. SFr. 30,20.
ISBN 3-89228-959-X

Band 78: Schmincke, Bernhard/Gabriele Schmid/ Karl-Martin Schönhals (Hrsg.): **Auf dem Weg zum Gläsernen Menschen?** Bilder in der Medizin. 1993. 140 Seiten, Paperback € 15,30. SFr. 27,50. ISBN 3-89228-987-5

Band 79: Moltmann, Bernhard/Doron Kiesel/Cilly Kugelmann/ Hanno Loewy/Dietrich Neuhaus (Hrsg.): **Erinnerung.** Zur Gegenwart des Holocaust in Deutschland-West und Deutschland-Ost. 1993. 236 Seiten, Paperback € 20,40. SFr. 36,70. ISBN 3-89228-989-1

Band 80: Mertin, Jörg/Dietrich Neuhaus/Michael Weinrich (Hrsg.): **»Mit unsrer Macht ist nichts getan...«** Festschrift für Dieter Schellong zum 65. Geburtstag. 1993. 456 Seiten, Paperback € 45,00. SFr. 81,00. ISBN 3-89228-990-5

Band 84: Schäfer, Karl Heinrich/Ulrich O. Sievering (Hrsg.): **Strafvollzug - Ende für Partnerschaft, Ehe und Familie?** Perspektiven des Langstrafenvollzugs. 1994. 104 Seiten, Paperback € 10,20. SFr. 18,30. ISBN 3-86137-186-3

Band 86: Neuhaus, Dietrich (Hrsg.): **Kirche und Kultur: Beispiel Musik.** 1994. 112 Seiten, Paperback € 12,70. SFr. 22,90. ISBN 3-86137-210-X

Band 87: Meyer, Berthold/Bernhard Moltmann (Hrsg.): **Konfliktsteuerung durch Vereinte Nationen und KSZE.** 1994. VIII, 184 Seiten, Paperback € 17,80. SFr. 32,10. ISBN 3-86137-245-2

Band 88: Kiesel, Doron/Sabine Kriechhammer-Yagmur/ Hans von Lüpke (Hrsg.): **Bittersüße Herkunft.** Zur Bedeutung ethnisch-kultureller Aspekte bei Erkrankungen von Migrantinnen und Migranten. 1995. 124 Seiten, Paperback € 14,80. SFr. 26,50. ISBN 3-86137-271-1

Band 89: Meyer, Berthold/Bernhard Moltmann (Hrsg.): **Neuer Osten - Alter Westen.** Die europäischen Staaten zwischen Annäherung und Distanz. 1996. VIII, 260 Seiten, Paperback € 23,10. SFr. 41,40. ISBN 3-86137-427-7

Band 90: Kersten, Ralph/Doron Kiesel/Sener Sargut (Hrsg.): **Ausbilden statt Ausgrenzen.** Jugendliche ausländischer Herkunft in Schule, Ausbildung und Beruf. 1996. 160 Seiten, Paperback € 17,80. SFr. 32,10. ISBN 3-86137-440-4

Band 91: Karpf, Ernst/Doron Kiesel (Hrsg.): **Politische Kultur und politische Bildung Jugendlicher ausländischer Herkunft.** 1996. 164 Seiten, Paperback € 17,80. SFr. 32,10. ISBN 3-86137-455-2

Band 92: Kiesel, Doron/Sabine Kriechhammer-Yagmur/ Hans von Lüpke (Hrsg.): **Gestörte Übertragung.** Ethno-kulturelle Dimensionen im psychotherapeutischen Prozeß. 1996. 140 Seiten, Paperback € 16,80. SFr. 30,20. ISBN 3-86137-464-1

Band 93: Kolbe, Fritz-Ulrich/Doron Kiesel (Hrsg.): **Professionalisierung durch Fortbildung in der Jugendarbeit.** Reflexivität professionellen Könnens und Wissens: Konturen eines neuen Fort-bildungskonzepts. 1997. 136 Seiten, Paperback € 16,80. SFr. 30,20. ISBN 3-86137-539-7

Band 94: Karpf, Ernst/Doron Kiesel (Hrsg.): **Migrationsbewältigung.** Neue Orientierungen in der politischen Bildung Jugendlicher. 1997. 128 Seiten, Paperback € 15,30. SFr. 27,50. ISBN 3-86137-566-4

Band 95: Kiesel, Doron/Astrid Messerschmidt (Hrsg.): **Pädagogische Grenzüberschreitungen.** Erwachsenenbildung in der Einwanderungsgesellschaft. 1997. 136 Seiten, Paperback € 16,80. SFr. 30,20. ISBN 3-86137-595-8

Band 96: Kiesel, Doron/Gotffried Kößler/Werner Nickolai/Manfred Wittmeier (Hrsg.): **Pädagogik der Erinnerung.** Didaktische Aspekte der Gedenkstättenarbeit. 1997. 168 Seiten, Paperback € 18,90. SFr. 33,90. ISBN 3-86137-612-1

Band 97: Schönhals, Karl-Martin/Ulrike Höhmann/ Alfred Möhrle (Hrsg.): **Qualität im Medizinbetrieb - für wen, mit wem, zu Lasten von wem?** 1997. VIII, 136 Seiten, Paperback € 17,80. SFr. 32,10. ISBN 3-86137-618-0

Band 98: Karpf, Ernst/Doron Kiesel/Manfred Wittmeier (Hrsg.): **Europäische Städte und ihre Jugendlichen.** Jugendpolitik und Jugendarbeit im Vergleich. 1997. 184 Seiten, Paperback € 20,40. SFr. 36,70. ISBN 3-86137-635-0

Band 99: Breidenstein, Lothar/Doron Kiesel/Jörg Walther (Hrsg.): **Migration, Konflikt und Mediation.** Zum interkulturellen Diskurs in der Jugendarbeit. 1998. 188 Seiten, Paperback € 20,40. SFr. 36,70. ISBN 3-86137-687-3

Band 100: Kiesel, Doron/Leonore Siegele-Wenschkewitz (Hrsg.): **Der Aufklärung zum Trotz.** Antisemitismus und politische Kultur in Deutschland. 1998. 168 Seiten, Paperback € 18,90. SFr. 33,90. ISBN 3-86137-688-1

Band 101: Mannheim-Runkel, Monika/Ursula Taplik (Hrsg.): **Konzeptentwicklung in der Jugendarbeit.** Reflexion und Dokumentation eines Modellprojekts zur berufsbegleitenden Fortbildung im Kreis Offenbach. Wissenschaftliche Begleitung: Albert Scherr. 1998. 264 Seiten, Paperback € 23,10. SFr. 41,40. ISBN 3-86137-720-9

Band 102: Neuhaus, Dietrich (Hrsg.): **Das Opfer.** Religionsgeschichtliche, theologische und politische Aspekte. 1998. 224 Seiten, Paperback € 20,40. SFr. 36,70. ISBN 3-86137-746-2

Band 103: Schäfer, Karl Heinrich/Ulrich O. Sievering (Hrsg.): **20 Jahre Strafvollzugsgesetz.** Behandlungsvollzug zwischen Erfolgsbilanz und Offenbarungseid? 1998. 164 Seiten, Paperback € 18,90. SFr. 33,90. ISBN 3-86137-762-4

Band 104: Kienzle, Ulrike/Winfried Kirsch/Dietrich Neuhaus (Hrsg.): **Kain und Abel.** Die biblische Geschichte und ihre Gestaltung in bildender und dramatischer Kunst, Literatur und Musik. 1998. 348 Seiten, Paperback € 29,70. SFr 53,40. ISBN 3-86137-763-2

Band 105: Siegele-Wenschkewitz, Leonore (Hgin.): **Typisch evangelisch?** Konfessionelle Profilierung in der Diskussion. 1998. 2, XIV, 136 Seiten, Paperback € 17,80. SFr. 32,10. ISBN 3-86137-780-2

Band 106: Karpf, Ernst/Doron Kiesel/Manfred Wittmeier (Hrsg.): **Partizipation und politische Bildung in Europa.** Deutschland, Italien, Niederlande. 1999. 222 Seiten, Paperback € 20,40. SFr. 36,70. ISBN 3-86137-847-7

Band 107: Hubert, Harry/Doron Kiesel (Hrsg.): **Zum Wohle des Kindes.** Kinder und Jugendliche im Spannungsfeld von Familienrecht und Ausländergesetz. 1999. 318 Seiten, Paperback € 27,70. SFr. 49,70. ISBN 3-86137-848-5

Band 108: Schäfer, Karl Heinrich/Ulrich O. Sievering (Hrsg.): **Strafvollzug im Wandel - Privatisierung contra Resozialisierung?** Vollzugspolitische Entwicklungen vor dem Hintergrund hessischer Tradition. Festgabe für Ministerialdirigent a.D. Dr. Hans Dahlke zum 70. Geburtstag am 10. Oktober 1998. 1999. VI, 178 Seiten, Paperback € 20,40. SFr. 36,70. ISBN 3-86137-874-4

Band 109: Neuhaus, Dietrich/Andreas Mertin (Hrsg.): **Wie in einem Spiegel ...** Begegnungen von Kunst, Religion, Theologie und Ästhetik.1999. IV, 308 Seiten, Paperback € 27,70. SFr. 49,70. ISBN 3-86137-881-7

Band 110: Denzler, Georg/Leonore Siegele-Wenschkewitz † (Hrsg.): **Theologische Wissenschaft im »Dritten Reich« .** Ein ökumenisches Projekt. Unter Mitarbeit von Vicco von Bülow. 2000. 198 Seiten, Paperback € 20,40. SFr. 36,70. ISBN 3-86137-939-2

Band 111: Siegele-Wenschkewitz, Leonore †/Friedrich Weber/Karin Weintz (Hrsg.): **Religionspolitik In der Bundesrepublik Deutschland.** Konzepte der im Bundestag vertretenen politischen Parteien, der Bundesregierung, der evangelischen und katholischen Kirche. 2000. 154 Seiten, Paperback € 17,80. SFr. 32,10. ISBN 3-89846-026-6

Band 112: Düringer, Hermann/Karin Weintz (Hrsg.): **Leonore Siegele-Wenschkewitz.** Persönlichkeit und Wirksamkeit. 2000. 386 Seiten, Paperback € 32,80. SFr. 58,90. ISBN 3-89846-023-1

Band 113: Schneider-Ludorff, Gury/Leonore Siegele-Wenschkewitz † (Hg.innen): **Frauenarmut als Herausforderung.** 2000.130 Seiten, Paperback € 17,80. SFr. 32,10. ISBN 3-89846-039-8

Band 114: Düringer, Hermann (Hrsg.): **Christliche Mystik als Thema ökumenischer Theologie und Praxis.** Konturen - Konkretionen - Konsequenzen. 2001. 142 Seiten, Paperback € 17,80. SFr. 32,10. ISBN 3-89846-089-4

Band 115: Düringer, Hermann/Martin Stöhr (Hrsg.): **Martin Niemöller im Kalten Krieg.** Die Arbeit für Frieden und Gerechtigkeit damals und heute. 2001. 164 Seiten, Paperback € 18,90. SFr. 33,90. ISBN 3-89846-090-8

Band 116: Schäfer, Karl Heinrich/Ulrich O. Sievering (Hrsg.): **Strafvollzug und Menschenwürde.** Gustav Radbruch - Wegbereiter des Strafvollzugs des Grundgesetzes. 2001. 112 Seiten, Paperback € 17,80. SFr. 32,10. ISBN 3-89846-137-8

Band 117: Dramm, Sabine/Hermann Düringer (Hrsg.): **Albert Camus und die Christen.** Eine Provokation. 2002. 148 Seiten, Paperback €19,80. SFr. 35,60. ISBN 3-89846-178-5

Band 118: Düringer, Hermann/Horst Scheffler (Hrsg.): **Internationale Polizei - Eine Alternative zur militärischen Konfliktbearbeitung.** 2002. 102 Seiten, Paperback € 16,80. SFr. 30,20. ISBN 3-89846-180-7

Band 119: Mehlhorn, Annette (Hrsg.): **Abgestürzt?** Theologie und Kirche im Zeitalter elektronischer Informations- und Kommunikationstechnologie. 2002. 214 Seiten, Paperback € 22,00. SFr. 39,60. ISBN 3-89846-209-9

Band 120: Frölich, Margrit/Gesine Kleinschmit/Manfred Wittmeier (Hrsg.): **Fremdenfeindlichkeit und Rechtsextremismus:** Eine jugendpolitische Herausforderung. 2002. 296 Seiten, Paperback € 26,60. SFr. 47,90. ISBN 3-89846-134-3

Band 121: Cachandt, Robert/Friedhelm Menzel/Ulrich O. Sievering (Hrsg.): **Selbstbestimmung und Integrität am Lebensende.** Trauern und Trösten in der hospizlichen Arbeit. 2003. 202 Seiten. Paperback € 22,00. SFr. 39,60. ISBN 3-89846-224-2

Band 122: Becht, Lutz/Hermann Düringer/Ansgar Koschel (Hrsg.): **Rückkehr zur völkischen Religion?** Glaube und Nation im Nationalsozialismus und heute. 2003. 252 Seiten, Paperback € 24,00. SFr. 43,20. ISBN 3-89846-269-2

Band 123: Ulshöfer, Gotlind/Peter Bartmann/Franz Segbers/Kurt W. Schmidt (Hrsg.): **Ökonomisierung der Diakonie.** Kulturwende im Krankenhaus und bei sozialen Einrichtungen. 2004. 156 Seiten, Paperback € 19,80. SFr. 35,60. ISBN 3-89846-283-8

Band 124: Bayertz, Kurt/Margrit Frölich/Kurt W. Schmidt (Hrsg.): **I'm the Law!** Recht, Ethik und Ästhetik im Western. 2004. 170 Seiten, Paperback € 20,40. SFr. 36,70. ISBN 3-89846-292-7

Band 125: Düringer, Hermann (Hrsg.): **Monotheismus – eine Quelle der Gewalt?** 2004. 118 Seiten, Paperback € 17,80. SFr. 32,10. ISBN 3-89846-293-5

Band 126: Düringer, Hermann/Jochen-Christoph Kaiser (Hrsg.): **Kirchliches Leben im Zweiten Weltkrieg.** 2004. 296 Seiten, Paperback € 28,00. SFr. 50,20. ISBN 3-89846-310-9

Band 127: Falletta, Martina/Annette Mehlhorn/Ulrich Siegele (Hrsg.): **Georg Philipp Telemanns Passionsoratorium »Seliges Erwägen« zwischen lutherischer Orthodoxie und Aufklärung.** Theologie und Musikwissenschaft im Gespräch. 2005. 304 Seiten, Paperback € 32,80. SFr. 58,90. ISBN 3-89846-311-7

Band 128: Braunsberger-Myers, Andrea/Kurt W.Schmidt (Hrsg.): **Ars moriendi – Die Kunst des (gesegneten) Sterbens.** 2004. 88 Seiten, Paperback € 16,00. SFr. 28,80. ISBN 3-89846-312-5

Band 129: Schmidt, Kurt W.: **Medizin im Film** (Arbeitstitel). 2006. Ca. 120 Seiten, Paperback ca. € 18,00. Ca. Sfr. 32,40. ISBN 3-89846-313-3

Band 130: Düringer, Hermann/Hartmut Schmidt: **Kirche und ihr Umgang mit Christen jüdischer Herkunft während der NS-Zeit.** Dem Vergessen ein Ende machen. 2004. 176 Seiten, Paperback € 22,00. SFr. 39,60. ISBN 3-89846-314-1

Band 131: Emunds, Bernhard/Georg Horntrich/Gerhard Kruip/Gotlind Ulshöfer (Hrsg.): **Vom Sein zum Sollen und zurück. Zum Verhältnis von Faktizität und Normativität.** 2004. 232 Seiten, Paperback € 24,00. SFr. 43,20. ISBN 3-89846-332-X

Band 132: Ulshöfer, Gotlind (Hg.in): **Religion und Theologie im öffentlichen Diskurs.** Hermeneutische und ethische Perspektiven. 2005. 208 Seiten, Paperback € 26,00. SFr. 47,30. ISBN 3-89846-355-9

Band 133: Achtner, Wolfgang/Hermann Düringer/Hubert Meisinger/Wolf-Rüdiger Schmidt (Hrsg.): **Gott – Geist – Gehirn.** Religiöse Erfahrungen im Lichte der neuesten Hirnforschung. 2005. 176 Seiten, Paperback € 24,00. SFr. 43,20. ISBN 3-89846-356-7